Janet Lowe

Jack Welch hat das Wort

Janet Lowe

Jack Welch hat das Wort

Ansichten und Einsichten eines Business-Genies

Aus dem Amerikanischen übersetzt
von Helga Höhlein

verlag moderne industrie

Die Deutsche Bibliothek – CIP-Einheitsaufnahme

Janet Lowe:
Jack Welch hat das Wort : Ansichten und Einsichten eines Business-Genies / Janet Lowe. Aus dem Amerikan. Übers. von Helga Höhlein. – Landsberg/Lech : mi, Verl. Moderne Industrie, 1999
Einheitssacht.: Jack Welch speaks <dt.>
ISBN 3-478-36730-1

Titel der amerikanischen Originalausgabe: *Wisdom from the World's Greatest Business Leader*. Aus dem Amerikanischen von Helga Höhlein

Umschlaggestaltung: Daniela Lang, Stoffen
Satz: mi, Ortrud Müller
Druck: Himmer, Augsburg
Bindearbeiten: Thomas, Augsburg
Printed in Germany 360 730/079903
ISBN 3-478-36730-1

Inhaltsverzeichnis

Vorwort

Jack Welch hat das Wort: Es geht um Unternehmensführung und um einen der höchstgepriesenen und vielleicht auch meistgefürchteten Unternehmensführer – gewiß aber um einen der ungewöhnlichsten und umstrittensten Bosse ganz Amerikas. Das derzeitige Gerede, nur unternehmerische Apostaten vom Stil eines Bill Gates vermöchten die Unternehmenslandschaft radikal zu verändern, können wir getrost vergessen. John Francis „Jack" Welch, seit über 16 Jahren Chairman und Chief Executive Officer der General Electric Corporation, ist zur globalen Legende geworden – der Mann, der den Wiederaufbau der amerikanischen Wirtschaft maßgeblich gestaltet hat. Dreimal wurde Welch einer Umfrage der *Industry Week* zufolge zum „angesehensten CEO" gewählt. 1995 verlor Welch diesen Titel knapp an Gates, den Begründer von Microsoft – ihm fehlte eine einzige Stimme. Die *Business Week* kürte Welch gar zum „Goldstandard, an dem andere CEOs gemessen werden".[1]

Das war nicht immer so. Die *Industry Week* zog denn auch die wenig schmeichelhafte Parallele vom „Mistkerl" (*son of a bitch*) zum „Hauptgeschäftsführer" (*chief executive officer*): Welch, „der meistgerühmte SOB des letzten Jahrzehnts (1980er)" sei nun „der meistgerühmte CEO dieses Jahrzehnts".[2]

1981 übernahm Welch das Ruder bei GE und steuerte unverzüglich Wandel an – einen rasanten, an den Nerven zerrenden Wandel. Die meisten Experten und gewiß auch viele GE-Mitarbeiter konnten nicht begreifen, warum der CEO ein Unternehmen auseinanderreißen und neu aufbauen wollte, das doch in gutem Zustand zu sein schien. Selbst heute gibt es noch Kritiker, die beharrlich die Meinung vertreten, Welch strebe geradezu besessen nach Größe und Macht.

Machen wir uns nichts vor. Welch ist kein Mensch, dem man spontan Zuneigung oder gar Verständnis entgegenbringen möchte. Der einst als hartgesottenster Boß in Amerika verschrieene CEO hat das Managementvokabular um einige der wohl meistgefürchteten Wörter „bereichert“: *Restructuring, Downsizing, Rightsizing.* Mit seinen Maßnahmen zum Umstrukturieren, Abspecken und Zurechtstutzen hat er bei GE Brandherde entfacht, die schon bald die gesamte Arbeitnehmerschaft Amerikas erfassen sollten. Welch selbst behauptet allerdings, er sei nicht pyromanisch veranlagt – er halte nur die Wacht und melde der Welt Rauchsignale. Bald wurden auch andere aufmerksam.

Als Welch 1981 die GE-Geschäftsführung übernahm, meinten die meisten Beobachter, er könne doch von Glück sagen, in ein so erfolgreiches, gutgeführtes, angesehenes und traditionsreiches Unternehmen einzusteigen. Vielleicht ein bißchen langweilig, aber nichtsdestoweniger beeindruckend. In dem Jahr stiegen die Nettoeinnahmen bei GE um 9 Prozent auf fast 1,7 Milliarden Dollar. Nur neun andere Fortune-500-Unternehmen hatten mehr erwirtschaftet. So reagierten die Medien, die GE-Mitarbeiter und viele andere Leute völlig verblüfft, als Welch mit Nachdruck Wandel forderte, bevor es zu spät sei.

Doch Welch kannte das Unternehmen seit vielen Jahren von innen heraus. Seit Abschluß seines Studiums hat er nie woanders gearbeitet als bei GE. Ein Beobachter hat einmal treffend bemerkt: „Jack Welch hat GE gemacht, aber GE hat auch Jack Welch gemacht.“ Als Insider wußte der CEO, was andere noch nicht in vollem Umfang erkannt hatten: GE war in seiner behäbigen Biederkeit auf dem besten Wege zur Verknöcherung. Welch erkannte, daß der Unternehmensszene mit ihrem neuen globalen High-Tech-Umfeld umwälzende Veränderungen bevorstanden. Und er wußte auch: GE war darauf nicht vorbereitet.

Nach fast zwei Jahrzehnten erbarmungsloser Umstrukturierungen und umwerfender Neuerungen kann GE heute den Anspruch erheben, Meuteführer unter den bestgeführten und finanziell erfolgreichsten Unternehmen zu sein. Nur eine Handvoll US-amerikanischer Unternehmungen, so alt wie GE, können sich noch als Branchenführer und ernstzunehmende Konkurrenten in der globalen Arena behaupten. „Welchs GE“, sagt Victor H. Vroom, Professor an der Yale School of Organization and Management, „ist ein

Modell für die Verheißungen – und Probleme – bei der Schaffung des modernen Industrieunternehmens."[3]

Trotz kritischer Stimmen ist Welch nach Meinung vieler Managementexperten ein „knallharter Kapitalist", der all dies zum Wohle von GE und letztlich zum Wohle der gesamten Nation getan habe. Mit der Zeit sahen sich auch andere Unternehmensführer gezwungen, in seine Fußstapfen zu treten und ihre Firmen für den technologiegetriebenen, globalisierten Wettbewerb zu rüsten.

Was für ein Mensch ist dieser gefürchtete und zugleich bewunderte Unternehmensführer? Welch meint, es sei unfair, ihn als den hartgesottensten Boß ganz Amerikas zu titulieren, aber hartgesottenster Konkurrent ganz Amerikas möge er wohl sein. Denn wenn schon GE-Mitarbeiter bei einem Welch-Anruf das große Zittern überkommt – noch mehr zittern die CEOs der Konkurrenzunternehmen, wenn GE wieder einmal Alarm schlägt.

Der *Economist* bezeichnete Welch einmal als „ruhelosen Amerikaner irischer Abstammung".[4] Allerdings trifft diese Bezeichnung nicht zu, wenn „ruhelos" so verstanden wird, daß jemand keine Ruhe findet und sich nur bewegt, um in Bewegung zu bleiben. Wohl aber stimmt die Charakterisierung, wenn jemand niemals zu ruhen scheint. Welch ist ein kontaktfreudiger, wortgewaltiger und geradezu nachrichten- und informationssüchtiger Mensch, der beim Sprechen leicht stottert, an den Fingernägeln kaut und auch nicht jünger aussieht, als er ist. Sein leicht schütteres Haar ist ergraut, aber mit seinen 1,72 Metern wirkt er durchtrainiert und drahtig. Seine durchdringend stahlblauen Augen sprühen vor Neugierde, Interesse und wachem Verstand.

Ein Jahr nach seinem Amtsantritt als CEO von GE ließ *The Wall Street Journal* verlauten: „Mr. Welch bringt es fertig, einen Tag lang eine Fabrik zu besichtigen, anschließend ins Flugzeug zu steigen, ein paar Stunden zu schlafen und sogleich wieder das nächste Programm abzuspulen; und vielleicht macht er noch einen Zwischenstop in Sun Valley, Idaho, um, wie er selbst sagt, ‚fünf Tage wie ein Verrückter die Pisten herunterzubrettern'."[5]

Im Gespräch läßt Welch auch mit seinen 62 Jahren noch hitziges Temperament erkennen: Er holt mit seinen Worten aus wie ein

Volleyballer zum Schmetterball. Er sticht mit Argumenten wie ein Bridge-Spieler, der die besten Trümpfe in der Hand hält. Er spricht in kurzen, unvollständigen Sätzen, im Tonfall eines Polizisten aus Boston. Er ist bekannt dafür, daß er Mitarbeitern ins Wort fällt, sobald diese auch nur einen Augenblick lang zögern. Er ist zuweilen „erregbar bis zum Exzess", wie Edward Hood, ehemals Vice Chairman von GE, einmal einräumte.[6]

Selbst gesundheitliche Probleme vermochten Welch nicht zu bremsen. Im Mai 1995 unterzog er sich einer fünffachen Bypassoperation am Herzen. Im September, am Tag der Arbeit, nahm er seinen Dienst wieder auf. Zwölf Monate später wirkte er fitter als je zuvor und äußerte Journalisten gegenüber: „Ich fühle mich prächtig."[7]

Die *Washington Post* hat Welch einmal als „unglaubwürdigen Propheten" bezeichnet, doch seinem biederen Ruf zum Trotz zeigt sich GE seit langem für Managementinnovationen empfänglich. So sind Konzepte wie strategische Planung, Dezentralisierung und Marktforschung denn auch eindeutig Produkt kreativer GE-Manager. Daher sollte kaum überraschen, daß die GE-Kultur von gesundem Management zeugt – GE hält sich an sein Versprechen, „guten Ideen zum Leben zu verhelfen". Nur hatte man kaum mit der Eigenwilligkeit und Verwegenheit gerechnet, die Welch in sein neues Amt einbrachte.

Welch hat bei GE nicht in herkömmlicher Weise Karriere gemacht. Seine Laufbahn bei GE begann in einer Kunststoff-Fabrik; stets hat er es in seinem Berufsleben verstanden, die üblichen Aufstiegsmöglichkeiten geschickt zu umgehen. Als sich Welch am Wettrennen um den GE-Spitzenposten beteiligte, galt er als Außenseiter, zu jung und zu ungestüm. Welch hat den Job auf seine Weise bekommen, und er nutzt ihn auf seine Weise.

Er ist sich bewußt, daß er als Chairman von GE stets auf offener Bühne steht, daß seine Worte, sein Handeln und sogar seine Körpersprache weltweit beobachtet werden. Ausgerechnet dieser Mann hätte es eigentlich lieber, wenn ihm nicht so viel öffentliche Aufmerksamkeit zuteil würde.

Als Ralph Nader und William Taylor ihr Buch *The Big Boys: Power & Position in American Business* schrieben, wollten sie ein Interview mit Welch führen.

> Welch äußerte Bedenken, als wir ihn im März 1984 um ein Interview baten. Er argumentierte, er sei doch erst „kurze Zeit im Geschäft" – sein Amt als CEO hatte er drei Jahre zuvor angetreten. Allerdings gestand er uns zu, wir könnten uns irgendwann noch einmal melden. Einige Monate später rief ich wieder an, und da reagierte er schon heftiger. Als ich mich schließlich ein letztes Mal um ein Interview bemühte, brauste Welch auf – er bäte darum, in Ruhe gelassen zu werden: „So was habe ich nicht nötig", schrie er, „ich bin auch nichts anderes als einer mit Knickerbockers und Dauerlutscher. Ich will kein Buch über mich. Ich bin bloß ein kniestiger, lausiger Manager. ... Sie können sich auf andere Weise Zugang zum Unternehmen verschaffen. ... Ich will keine Profilierung. ... Ich bin selbst noch ein Grünschnabel. ... Ich bin einer von vielen." Auch sorgfältig gewählte Worte in Schriftform vermochten diesen herrlich hemdsärmelig-genialen, hochgradig belasteten GE-General nicht umzustimmen.[8]

Als *ich* um ein Interview bat, lehnte Welch zunächst ab und teilte mir in einer handschriftlichen Notiz mit, er sei an einem Buch über seine Person nicht interessiert. Joyce Hergenhan, Vice President für die GE-Öffentlichkeitsarbeit, fing dann meine zweite Interview-Nachfrage ab und vermittelte. Sie überredete Welch zu einem Treffen mit mir, aber auch da zögerte er noch. Am Ende eines 90minütigen Interviews hatte er sich ein wenig erweichen lassen: „Ich wünschte, Sie würden davon Abstand nehmen, aber jetzt, nachdem ich Sie kennengelernt habe, fühle ich mich *ein bißchen* wohler."

Dies ist nun mein zweites Buch, in dem ein Unternehmensführer das Wort haben soll. Das erste Buch war der Bestseller *Warren*

Buffett Speaks. Buffett und Welch sind recht unterschiedliche Menschen mit unterschiedlichenVerhaltensweisen, Fähigkeiten, Zielen und Leistungen, aber sie weisen auch Ähnlichkeiten auf. Beide Männer erbringen in dem, was sie tun, absolute Spitzenleistungen. Beide haben sich mit Leib und Seele ihrer Arbeit verschrieben. Beide Männer stehen zu ihrer Zugehörigkeit zur amerikanischen Mittelschicht. Beide besuchten öffentliche Schulen und absolvierten ihr Studium an staatlichen Universitäten. Buffett wurde protestantisch erzogen, Welch ist Katholik; zwar scheint keiner von beiden häufig zur Kirche zu gehen, aber beide bringen unerschütterliche ethisch-moralische Standards in ihre Amtsausübung ein. So wie Buffett dem Mittelwesten zum Triumph über Wall Street verhalf, so führte Welch die Neuengland-Staaten mit ihren Fabrikstädten zum Sieg im internationalen Wettbewerb. Beide Männer beweisen uns das Überleben des amerikanischen Traums. Beide beweisen uns: Ganz alltägliche Menschen verfügen über das Potential an Würde, Kompetenz und Intelligenz, das ihnen die Realisierung ihrer Ziele und Vorstellungen ermöglicht.

Buffett und Welch teilen eine weitere Erfahrung: Beide sind schon mal auf dem Wall-Street-Parkett ausgerutscht – Welch mit der Akquisition von Kidder Peabody und Buffett mit seiner Investition in Salomon Brothers. Von Welchs Erfahrung soll noch ausführlich die Rede sein.

Eine letzte Ähnlichkeit: Beide Männer sprechen offen und freimütig über ihre Ideen. Der Berkshire-Hathaway-Jahresbericht von Buffett wird inzwischen unter professionellen wie individuellen Investoren als Bestseller gehandelt. Und in der *Washington Post* heißt es, Welchs Jahresbrief an die GE-Aktionäre werde von anderen Unternehmensführern und Managementprofessoren im Hinblick auf mögliche Managementinnovationen genauestens studiert und seine Führungstechniken fänden in amerikanischen Unternehmen sogleich Nachahmung.[9]

Natürlich hat Welch auch Fehler und Unzulänglichkeiten. Etwas davon bekam ich bei unserem Interview zu spüren: Sobald ich Welch eine Frage stellte, richtete er seine Antwort ausschließlich an meinen Mann – der hatte vor seiner Pensionierung eine leitende

Funktion in der Luft- und Raumfahrt gehabt und war nur mitgekommen, um sich den Tonbandaufnahmen zu widmen. Und als wir im Verlauf des Interviews auf die Bedeutung von Diversität zu sprechen kamen, meinte Welch, GE sei sehr bemüht, auf allen Unternehmensebenen Amerikaner afrikanischer Herkunft zu beschäftigen. „Die Gleichberechtigung der Frau ist inzwischen kein Thema mehr“, fügte er noch hinzu. Zwar sind in der Tat einige GE-Spitzenpositionen mit Frauen besetzt; dennoch ist kaum davon auszugehen, daß in einem so großen Konzern die Benachteiligung von Frauen aufgrund ihrer Geschlechtszugehörigkeit gänzlich aus der Welt geschafft wäre.

Einigen Beobachtern zufolge ist es Welchs größte Beitragsleistung für GE, Technologie und Märkte in Einklang gebracht zu haben. Andere meinen, seine Funktion als „Agent des Wandels“ sei besonders hervorzuheben. Wie dem auch sei – Welch hat GE in dem Sinne „amerikanisiert“, daß er den Demokratieprozeß, das Mitspracherecht des gewöhnlichen Mitarbeiters, in die Unternehmensarena eingebracht hat; zugleich ist es ihm gelungen, GE in eine globale Führungsposition zu katapultieren.

Experten – wie auch Welch selbst – weisen darauf hin, daß nicht alle Ideen vom CEO persönlich, sondern vielmehr aus ganz unterschiedlichen Quellen stammen. Aber Welch hat es hervorragend verstanden, gute Ideen zu erkennen, zu sondieren und in die Praxis umzusetzen – und das in einem Unternehmen, das so viele Mitarbeiter beschäftigt, wie Akron im Staat Ohio Einwohner hat, und das über Einkünfte verfügt, die dem von rund der Hälfte aller Nationen der Welt erwirtschafteten Bruttosozialprodukt entsprechen.

Abschließend einige Hinweise, die dem Leser zur Orientierung dienen sollen. Da dieses Buch im wesentlichen Welchs eigene Kommentare wiedergibt, entsteht letztlich ein Bild von GE, wie Welch es erhofft und anstrebt – was nicht unbedingt dem GE entspricht, wie andere es sehen oder wie es gar in Wirklichkeit ist. Zuweilen ist zwischen Jack Welch und dem von ihm geleiteten

Unternehmen nur schwer zu unterscheiden, doch sollte der Leser immer wieder darum bemüht sein. So gut ich konnte, habe ich diesen Unterschied deutlich werden lassen.

Auch mag das Buch den Anschein der Verherrlichung von Jack Welch erwecken, wenngleich ich versucht habe, diesen Eindruck zu vermeiden. Sicher – ich hätte kaum ein Buch über ihn geschrieben, wenn ich nicht überzeugt gewesen wäre, daß wir vieles von ihm lernen können. Dennoch sollte die Gesamtpersönlichkeit geschildert werden: Was für ein Mensch ist Welch – wie und warum tut er das, was er tut? Wenn man jemandem genau zuhört, wie er über dieses oder jenes Thema spricht, erfährt man im Lauf der Zeit eine ganze Menge über den Betreffenden. Hören wir nur, welche Wörter Welch am häufigsten benutzt: *Spiel*, *wetteifern*, *Schnelligkeit*, *Leistung, gewinnen*. Besonders das Konzept des Gewinnens scheint für Welch eine fast spirituelle Bedeutung anzunehmen, gleich neben Aufklärung oder Gnade. Ermutigend ist auch die Feststellung, wie häufig Welch von *Freiheit*, *Wahrheit*, *Qualität* und *Liebe* spricht.

Welch pflegt in seinen Reden und schriftlichen Mitteilungen Warnungen an Einzelpersonen wie auch an Unternehmen auszusprechen, denen möglicherweise das „Aus" droht. Die Mitarbeiter bei GE haben sich mittlerweile das diplomatische Geschick der Beschäftigten im Auswärtigen Amt angeeignet, wenn es um die Interpretation seiner Äußerungen geht. So stellte die Autorin während eines im hausinternen GE-Organ *Monogram* veröffentlichten Interviews die Frage, ob Welch irgendwelche neuen Überlegungen mitzuteilen hätte. Die Antwort lautete: „Sie haben ganz recht, ich messe Kommunikation einen hohen Stellenwert bei. ... Aber je mehr ich davon verstehe, desto mehr gelange ich zu der Auffassung, daß wir uns vielleicht ein wenig zu sehr auf Techniken konzentriert haben, zum Beispiel darauf, gerade diese Form der Veröffentlichung zu wählen oder noch ein Videoband aufzunehmen. Sicher, das Medium ist wichtig, und so gut wie alle unsere Bereiche haben Hervorragendes bezüglich der Bereitstellung guter, offener Informationen über Konkurrenten, über Kunden, über Märkte geleistet – aber wir müssen mehr als das tun."[10]

Kurz darauf war es aus mit der betriebsinternen Publikation – eingestellt.

Welch weist häufig darauf hin, die Welt der Unternehmen sei voller Widersprüche und erfolgreiche Unternehmensführer der Zukunft müßten das Paradoxe als das Normale begreifen. Nun – auch die Persönlichkeit des Jack Welch mutet paradox an, und gerade das, so meint Dr. Steve Kerr als Leiter der Aus- und Weiterbildung bei GE, sei das Interessanteste an ihm. Seine Komplexität mache ihn zu einer unverwechselbaren, zuweilen anstrengenden, aber stets faszinierenden Persönlichkeit.

Des weiteren sollte bei der Lektüre des Buches berücksichtigt werden, daß Welch seine Kommentare nicht in der hier dargestellten Reihenfolge abgegeben hat. Vielmehr findet der Leser Welchs Äußerungen kapitelweise nach Themen oder Ideen geordnet, die einen Einblick in sein Leben und seine Persönlichkeit vermitteln. In den Anmerkungen am Ende des Buches kann der Leser nachprüfen, wo und wann Welch einen bestimmten Kommentar abgegeben hat. Und wer die für GE und Jack Welch wichtigen Ereignisse im Überblick nachvollziehen will, sei auf den „Chronologischen Überblick" im Schlußkapitel verwiesen.

1988 – nur sieben Jahre, nachdem Welch die Leitung von GE übernommen hatte – stellte die britische Tageszeitung *Financial Times* Fragen, die so manchen bewegten:

> Wie sieht es im neuen GE denn nun wirklich aus? Ist die traditionelle Fähigkeit des Konzerns, langfristige Strategien zu entwickeln und zu wahren, vollends durch einen Prozeß abgelöst worden, der, wie Welchs zahlreiche Kritiker behaupten, nur nackten Opportunismus und die Flucht vor den Japanern unterstützt, besonders seit dem Verkauf des 3-Milliarden-Dollar-Bereichs Unterhaltungselektronik (GE-RCA) im Vorjahr? Oder hat Welch, ganz im Sinne der langen Tradition bei GE, Pionierleistungen im Hinblick auf neue Managementtechniken zu bieten und eine ungewöhnlich effektive Methode zur Leitung

eines 30-Milliarden-Dollar-Riesenkonzerns gefunden, fast so, als ob er Jungunternehmer wäre und die Verantwortung für einige erst kürzlich erfolgte Neugründungen übernommen hätte? Und wenn Welchs Ansatz funktioniert – wird er den CEO überleben? Welche Konsequenzen ergeben sich für andere Unternehmen, große wie mittelgroße, die das alte GE-Modell übernommen haben oder vielleicht noch gerade dabei sind?[11]

Die Antwort auf zumindest eine dieser Fragen hatte ein Jahr zuvor in der *Business Week* gestanden: „Man mag ihn sympathisch finden oder nicht – Jack Welch hat mit Erfolg ein großes amerikanisches Unternehmen von den bürokratischen Exzessen der Vergangenheit befreit und eine durch Fürsorge für die Arbeitnehmerschaft geprägte Unternehmenskultur in eine Kultur umgewandelt, in der das Gewinnen auf dem Markt mehr zählt als alles andere. Man mag das sympathisch finden oder nicht – in Zukunft wird der Führungsstil auch vieler anderer US-Unternehmen ähnlich wie bei GE aussehen."[12]

Den übrigen Fragen bin ich im vorliegenden Buch nachgegangen. Letztlich hat der Leser selbst zu entscheiden, wie er zu Amerikas meistbeachtetem und unnachgiebig vorwärts drängendem Agenten des Wandels steht.

Welch schließt seine Reden meist mit der höflichen – und aufrichtig gemeinten – Bemerkung: „Ich danke für Ihre Aufmerksamkeit." In ähnlichem Sinne möchte auch ich meine einleitenden Worte beenden: Ich danke meinen Lesern für ihre Aufmerksamkeit.

Janet Lowe

Danksagung

Mein Dank gilt Myles Thompson, meinem Lektor bei John Wiley & Sons, Inc., sowie Jennifer Pincott, Robin Goldstein, Laurie Thompson und anderen Verlagsmitarbeitern für ihre engagierte und fachkundige Unterstützung.

Danken möchte ich darüber hinaus meiner Verlagsagentin Alice Fried Martell für ihre zuversichtliche und umsichtige Betreuung. Joyce Hergenhan und Dr. Steve Kerr von General Electric haben mir bei den Vorarbeiten zu diesem Buch sehr geholfen. Auch von Art und Lorena Goeller, Randall Michler, Barbara Yagerman und Bill Bryant erhielt ich Unterstützung. Und meinem Mann Austin Lynas bin ich dankbar für seine Geduld und Ausdauer.

Innerhalb eines Jahrzehnts: Von Letterman zu Seinfeld

„Ich liebe *Seinfeld*. Das ist für mich Sensationsfernsehen. Das geht mir unter die Haut. Hinter keinem anderen Programm bin ich so her wie hinter diesem."[13]

Jack Welch hat allen Grund, wenn er diese außerordentlich populäre NBC-Fernsehshow so liebt. *Seinfeld* war die erfolgreichste Fernsehserie aller Zeiten. Erstmalig wurden mehr als 1 Million Dollar pro Werbeminute gezahlt – eine Ehre, die zuvor nur dem Super Bowl zuteil geworden war. Und *Seinfeld* ist nicht nur als solches ein ungewöhnlich beliebtes Sendeprogramm: In Anbetracht der hohen Einschaltquoten gelang es der zu General Electric gehörenden National Broadcasting Company (NBC), vor und nach der Sendung andere Shows einzuschieben und damit auch deren Popularität zu verbessern. 1997 dominierte die NBC denn auch die Einschaltquoten zur Hauptsendezeit sowie für Nachrichtensendungen im Vormittags-, Abend- und Nachtprogramm.

Hohe Einschaltquoten führen natürlich zu höheren Werbesätzen und höheren Gewinnen. 1996 holte die NBC das Siebenfache der Werbegelder herein, die von der ABC als dem einzigen ebenfalls profitablen Sender eingenommen wurden. Im selben Jahr trugen die NBC-Gewinne zusammen mit weiteren 500 Millionen Dollar Einnahmen aus dem Kabelgeschäft und in den Fernsehstationen fast 1 Milliarde Dollar zum Gesamtgewinn von GE bei. *Seinfeld* war mit 200 Millionen Dollar im Jahr gewinnbeteiligt.

Die NBC hat mit ihrer *Milton Berle Show*, mit *Bonanza* und *Cheers* und Dutzenden weiterer Klassiker unter Beweis gestellt, daß sie beachtenswerte Fernsehprogramme zu gestalten vermag. Dennoch – die Popularität von *Seinfeld* und die Rentabilität der NBC werden Jack Welch als ganz persönlicher Sieg zugeschrieben. Die NBC-Erfolgsstory ist die Jack-Welch-Legende im Kleinformat.

Als Jack Welch 1985 die Akquisition der RCA (Dachorganisation der NBC) für bare 6,3 Milliarden Dollar ankündigte, kannte seine Euphorie kaum Grenzen: Dieser Coup war nicht nur die bis dahin größte Unternehmensakquisition, sondern bedeutete auch so etwas wie die „Heimkehr des verlorenen Sohnes". GE hatte die RCA im Jahr 1919 gegründet – kurz nach Erwerb der Rechte für

Guglielmo Marconis Radiotechnologie. Zur großen Enttäuschung seiner Führungskräfte sah sich GE 1933 in Anbetracht drohender kartellrechtlicher Auseinandersetzungen gezwungen, die RCA zu veräußern.

„Welch erwartet keinerlei Verdauungsbeschwerden, nachdem er die RCA geschluckt hat", schrieb die *Newsweek*. „Er wird die RCA auch künftig mit dem für ihn typischen Führungsstil des Sich-Heraushaltens leiten. Von NBC-Chairman Grant Tinker und seinem Team sagt er: ‚Das sind Leute unseres Schlages. Die wissen, wie man Nummer 1 ist und bleibt, und wir wissen, wie man solchen Leuten zu Geld verhilft. ‘"[14]

Die RCA war in der Tat eine Goldgrube. „Das Netzwerkgeschäft stellt ein Gegengewicht zu unseren eher zyklisch ablaufenden Fertigungsgeschäften dar", erläuterte Welch.[15]

Aber es sollte nicht lange dauern, bis sich die NBC und GE in unternehmenskulturelle Auseinandersetzungen verstrickten, die in noch nie dagewesener Form öffentlich ausgetragen wurden. Die Talkshow-Moderatoren im NBC-Abendprogramm reagierten spontan und bissig auf die Akquisition – besonders David Letterman, der das GE-Management unter anderem mit *„Knuckleheads"* titulierte. [Die deutsche Übersetzung „Schwachköpfe" ist da noch relativ harmlos.]

Unmittelbar nach Ankündigung der Akquisition zog Letterman mit einem Kamerateam zum alten GE-Gebäude in New York City. „Man weiß ja nie, was einen erwartet, wenn man so einen nagelneuen Boß kriegt. Als General Electric den Betrieb (RCA und NBC) aufkaufte, dachte ich mir, ich sollte mal hier beim GE-Gebäude inmitten von Manhattan vorbeischauen, um meine neuen Arbeitgeber kennenzulernen und die Dinge, wie soll ich sagen, gleich in die richtigen Bahnen zu lenken." Der Videofilm zeigte Letterman, wie er gemächlich die Lexington Avenue entlang schlenderte, einen Obstkorb vor sich her tragend. „Irgendwann im August wird wohl die Übernahme erfolgt sein, und wir sind doch alle ein bißchen neugierig, was das für die NBC, wie wir sie heute kennen, zu bedeuten hat – für das Programm und im besonderen für mich persönlich. Und da wüßte ich natürlich gern, ob ich denn mit einem Job rechnen darf. Dies ist also das Gebäude von General Electric, ich habe hier eine kleine Aufmerksamkeit mitgebracht. Wir haben uns gedacht: Was soll's? Schauen wir doch einfach mal vorbei und sagen ‚Guten Tag', einfach mal gucken, was hier so läuft. Dagegen können die doch nichts haben, oder?"

Am Eingang der GE-Zentrale schmetterte ihnen eine Stimme aus dem Lautsprecher entgegen: „In diesem Gebäude darf nicht gefilmt werden. Bitte räumen Sie den Eingang zum GE-Gebäude." Aus der Drehtür trat eine Frau, in Begleitung eines Wachpostens. „Ich glaube nicht, daß das erlaubt ist. Dazu liegt uns keine Genehmigung vor." „Soll das heißen, daß wir eine Genehmigung brauchen, um einen Obstkorb vorbeizubringen? Das kann ja heiter werden, die Zusammenarbeit mit solchen Leuten. Wenn man einen Obstkorb abliefern will, braucht man dafür Formulare", stichelte Letterman.

Letterman gab nicht auf und verschaffte sich höflich, aber mit Nachdruck Zugang zum Gebäude, woraufhin der Wachposten das Ausschalten der Kameras verlangte. Letterman zeigte sich einverstanden und streckte dem Wachmann die Hand hin. Der tat das gleiche, besann sich dann aber eines Besseren und zog die Hand im letzten Augenblick zurück, den Daumen noch hochgereckt. „Bitte die Kamera abschalten." Schließlich hielt er die Hand vor das Kameraobjektiv.

Der „Gentleman von der Wache" wurde zum Star in Lettermans Show. „Es mag Ihnen entgangen sein – wir haben soeben den offiziellen General-Electric-Händedruck zu sehen bekommen", spottete Letterman. Und zeigte dann in endloser Wiederholung die Geste mit der ausgestreckten Hand und dem hochgereckten Daumen. Die Zuschauer bogen sich vor Lachen.

Welch sagt, der Vorfall habe ihn nicht weiter aufgeregt. Der Videofilm wurde im GE-Sitzungssaal und im GE-Ausbildungszentrum in Crotonville gezeigt. „Das war doch lustig", meinte Welch und lachte. „Von da an haben wir den Wachmann immer aufgezogen, wenn wir das Gebäude betraten – mit dem GE-Händedruck."[16]

Doch Letterman ließ nicht locker und lästerte, der Chef des kleinen GE-Unternehmensbereichs Haushaltsgeräte beabsichtige wohl eine Miniserie zur Entwicklung des Toastherdes. Auf die Frage eines Studenten der Harvard Business School, ob es ihn störe, daß David Letterman GE-Führungskräfte häufig als *„Pinheads"* – als „Trottel" – bezeichnete, entgegnete Welch, das sei ihm egal, solange Letterman steigende Einschaltquoten erziele.[17]

Doch bald schon geriet die NBC mächtig unter GE-Beschuß. Zwar dominierte die NBC die Einschaltquoten zur Hauptsendezeit wie auch in den Nachrichtensendungen am Vormittag und im Abendprogramm, aber Welch war der Meinung, der Sender könnte weit rentabler arbeiten, besonders im kostenaufwendigen Nachrichtenbetrieb. 1987 fuhr der NBC-Nachrichtensender Jahresverluste in Höhe von 150 Millionen Dollar ein – was Welch für völlig unnötig hielt.

Hingegen hielten es die Führungskräfte im Nachrichtensender aufgrund ihrer bedeutsamen Zugehörigkeit zum „vierten Stand" der Demokratie ihrerseits für ihre vorrangige Pflicht, hervorragende Programme zu produzieren, zumal der stets rentable Unterhaltungsbereich die Schlappe im eigenen Ressort wieder ausgleichen konnte. Einige Mitarbeiter im Nachrichtensender empfanden es gar als Beleidigung, daß Welch ihrem Bereich keinen höheren moralischen Anspruch zugestand als den übrigen GE-Bereichen.

Welch wiederum vertrat die Auffassung, sämtliche GE-Produkte, von der Glühbirne bis zum Kühlschrank, müßten sich dem öffentlichen Vertrauen würdig erweisen: „Bei jedem GE-Flugzeugtriebwerk ist uns bewußt, daß uns die Leute ihr Leben anvertrauen. Das ist öffentliches Vertrauen und in vieler Hinsicht größer als bei einem Sender."[18]

Die Entlassung Hunderter von Mitarbeitern im GE-Turbinenbereich, sagte Welch, sei genauso schlimm wie Einsparungen im TV-Nachrichtenbereich. Die Nachrichtenleute seien dafür verantwortlich, die Öffentlichkeit zu informieren, aber auch Turbinenarbeiter seien wichtig. Die seien sogar im Nachteil. „Die haben nämlich keine Presse, die über ihre Situation berichten könnte", argumentierte Welch.[19]

Besonders erzürnt war Welch, als die NBC 300 Millionen Dollar für die Übertragungsrechte bei den Olympischen Spielen 1988 in Seoul zahlte und dann nur einen 30prozentigen Anteil erzielte. Welch behauptete, die Olympia-Berichterstattung der NBC sei langweilig: „Bei denen ist das eine halbe Nachrichtenveranstaltung und kein triumphales Sportereignis", klagte Welch. „Das ist doch so, als ob der Start einer Raumfähre ansteht und die über frankoamerikanische Beziehungen reden."[20]

Grant Tinker, der die NBC zur Nummer 1 gemacht hatte und aus dem Unternehmen ausstieg, obwohl Welch ihn gern gehalten hätte, kommentierte die veränderte Situation wie folgt: „Ich hatte mir bei der Leitung der NBC vorgestellt, daß wir den Sender auf Touren bringen und letztlich eine Menge Geld hereinholen; das haben wir uns ein bißchen kosten lassen. Na und? Je mehr sich der Sender zu einem Betrieb entwickelt, der nur noch auf Maximierung des Ergebnisses unter dem Strich getrimmt wird, desto mehr geht der NBC die Luft aus."[21]

Auch an anderen Fronten kam es zu Konflikten zwischen GE und NBC:

- Bei der Renovierung der NBC-Zentrale in New York City an der Rockefeller Plaza Nr. 30 wollten die Mitarbeiter anstelle des großen RCA auf dem Gebäude die Initialen des Senders haben. Welch hingegen wollte die Beziehung zwischen dem Sender und dem Unternehmen festigen: Er bestand darauf, das traditionelle RCA-Logo durch das GE-Symbol mit seinen verschlungenen Lettern *G* und *E* zu ersetzen.

- GE stieß seinen Miami-Sender WSVN-TV ab und erwarb dafür WTVJ-TV, eine früher zur CBS gehörige Fernsehstation. Zum ersten Mal hatte ein Netzwerk eine Station akquiriert, die einem konkurrierenden Sender angeschlossen war. GE zahlte dafür aufsehenerregende 270 Millionen Dollar.

Anläßlich der NBC-Managementkonferenz 1987 in Fort Lauderdale beschrieb Welch seine GE-Vision und den Stellenwert der

NBC. Er fragte: „Wo ging es der NBC denn besser – unter der RCA oder unter GE?“ Die Antwort gab er gleich selbst: „Ich würde sagen, für die guten Leute ist das ein explosiver Deal. Für die Pfeifen gilt das natürlich nur begrenzt.“[22]

Welch ließ dann die ernüchternde Bemerkung folgen, Pfeifen hätten bei GE keine große Zukunft zu erwarten und sollten sich lieber nach etwas anderem umsehen.

> „Wir werden Jahr für Jahr Gewinnzuwachs von Ihnen verlangen. Da brauchen Sie gar nicht mit den Achseln zu zucken. Das sind nun mal die Spielregeln. ... Sie nehmen Ihr Schicksal selbst in die Hand. Sonst tun wir es.“[23]

Welch gab den Führungskräften nachdrücklich zu verstehen, daß er die NBC liebe; und wenn der Sender weiterhin hohe Einschaltquoten erziele, könne GE sogar Exxon überholen und an IBM herankommen – den Rivalen mit dem bislang höchsten Unternehmenswert. „Und je höher unser Marktwert ist, desto mehr können wir kaufen“, sagte Welch.[24]

Mittlerweile lagen GE und NBC offen im Streit. „Diese Typen [Welch und der von ihm ernannte NBC-Chef Robert Wright] haben doch gar kein echtes Interesse an ihren Betrieben“, sagte Larry Grossman, vormals Leiter des NBC-Nachrichtensenders. „Die wollen doch nur Firmen kaufen und verkaufen. GE ist eben ein Risikokapitalunternehmen. Dann bekommen Jack und Bob [Wright] glänzende Augen. ... Leute und Produkte interessieren die doch gar nicht.“[25]

Aber nicht alle Anwesenden faßten die Äußerungen von Welch auf der Fort-Lauderdale-Konferenz als Beleidigung auf. „Ich fühlte mich keineswegs eingeschüchtert; ich verstand das eher als Anregung“, sagte Warren Littlefield, der die Welch-Botschaft offensichtlich voll begriffen hatte. Littlefield wurde später mit Leitung und Vorsitz des NBC-Unterhaltungssektors beauftragt.[26]

Während die Führungskräfte beim Sender und insbesondere der NBC-Nachrichtenbetrieb mit Welchs Ideologie zu kämpfen hatten, tat sich der kalifornische NBC-Unterhaltungsbereich merkwürdigerweise wesentlich leichter.

Michele Brusten, Leiterin der NBC-Produktionseinheit für Unterhaltungssendungen, sagte: „Keiner bei uns mochte die RCA. Wir wurden wie Kinder behandelt." Dagegen respektiere und fördere GE Kreativität, Diskussionen und den freien Ideenfluß von Hollywood.[27]

Köpfe rollten – bei der NBC fand ein Führungswechsel statt. David Letterman wurde als Nachfolger von Johnny Carson übergangen und wechselte daraufhin zur CBS. Die von der NBC ausgestrahlte *Tonight Show with Jay Leno* stieg zur erfolgreichsten Talkshow im Abendprogramm auf.

Trotz der knapperen Budgets und der höher gesteckten Finanzziele erreichte die NBC 1989 Rekordleistungen: Für 68 Wochen in Folge konnte der Fernsehsender mit den höchsten Einschaltquoten aufwarten.

Aber auch nachdem das NBC-Management die Forderung nach höchstmöglicher Effizienz akzeptiert hatte, war der Streit nicht ganz beigelegt. Auf einer späteren Managementkonferenz wollte man Welch in die Zange nehmen: „Wann hört dieser Druck zur Rentabilitätssteigerung endlich auf?" „In den 80ern und 90ern jedenfalls nicht", gab Welch zur Antwort.[28]

Die Wunden heilten nur langsam. 1992 hatten sich die NBC-Mitarbeiter immer noch nicht von dem Schock ihrer persönlichen Begegnung mit Jack Welch erholt. So äußerte eine Führungskraft gegenüber der Zeitschrift *Working Woman*: „Die meisten Leute hier wünschen sich die Zeiten vor GE zurück oder würden lieber in einem anderen Unternehmen arbeiten."[29]

Doch im Jahr 1997, als NBC für *Seinfeld* 120 Millionen Dollar – mehr als für jede andere TV-Show bisher – gezahlt hatte, war die NBC unbestritten in allen Bereichen des Netzwerk-Fernsehens in Führung gegangen. Die Qualität war gleichbleibend hoch, die Gewinne kletterten steil an. Die Zeitschrift *Fortune* schrieb, unter der Leitung von Robert C. Wright – dem von Welch gesetzten Juristen, der nach Meinung der Kritiker von Tuten und Blasen keine Ahnung hatte – sei aus dem Sender ein „TV-Kraftwerk" geworden.[30]

Star-Moderator Jerry Seinfeld beschloß, seine Show zum Ende der TV-Saison 1997/1998 einzustellen. Er wünschte seinen Abgang zu einem Zeitpunkt, zu dem die Show immer noch ein Hit war.

Die NBC hatte sich inzwischen zum Kernstück des GE-Informationsbereichs entwickelt, und 1997 war das gewinnträchtigste Jahr überhaupt. Welchen Schluß man daraus ziehen kann? Gute Managementpraktiken bewähren sich in jedem Bereich und Betrieb. Man kann sowohl Höchstleistungen erbringen als auch Gewinne erwirtschaften. Und eigentlich ist mit langfristigem Überleben nur zu rechnen, wenn beides gewährleistet ist.

Welch behielt auch in anderer Hinsicht recht. Der Druck hörte nicht auf. Mitte der 90er Jahre ging die Zahl der Fernsehzuschauer generell zurück, wobei das verbliebene Publikum auch noch zwischen einer zunehmenden Zahl neuer Netzsender und einem umfassenden Angebot an Kabelprogrammen wählen konnte.

Im Sommer 1997 war es dann soweit, daß alle Sender Kosteneinsparungen vornehmen und Leute entlassen mußten. „Die Zukunft wird ganz anders aussehen", sagte John Eck, der neu ernannte Qualitätsverantwortliche bei der NBC. „Jetzt geht's ums Überleben."[31] Für Welch gehörte die Neuausrichtung der Denk- und Sichtweisen bei der NBC zur Normalität seines Jobs.

> „Die Leute sagen: ‚Jack, wie können Sie sich nur mit der NBC abgeben; Sie haben keine Ahnung vom Fernseh-machen ...'"

Dazu sein Kommentar:

> „Ich habe auch keine Ahnung, wie man ein Triebwerk baut. Und ich kann auch keine Turbine bauen. Unser Job bei GE ist der Umgang mit den Ressourcen – mit Menschen und Finanzen. Es geht darum, großartige Talente heranzuziehen, ihnen jede erdenkliche Unterstützung zu geben und dann alles Weitere ihnen zu überlassen. Das ist die ganze Managementphilosophie bei GE, und die gilt für Turbinen, Triebwerke und Sender gleichermaßen."[32]

Eine amerikanische Odyssee

Die Jugend in Salem

Fragt man Jack Welch nach seinem Geburtsort, sagt er *„Pibiddy"* – er spricht dann Peabody mit Massachusetts-Akzent aus. Jack Welch ist in der nahegelegenen Stadt Salem aufgewachsen, in einer der Mittelschicht angehörenden Nachbarschaft mit großen alten Häusern und hohen Bäumen, auf drei Seiten von Friedhöfen umgeben.

Das Haus an der Locust Street Nr. 15 ist ein zweistöckiges Gebäude, weder besonders groß noch besonders klein. Hohe Eichen und Ulmen stehen in unmittelbarer Hausnähe. Heute ist am Ende der Straße an einem Übergang ein Schild zu sehen: Vorsicht, alte Menschen. „Nebenan wohnt mein Vetter. Eine Familie dort an der Ecke, die St. Pierres, hatten sieben Kinder; ich glaube, drei oder vier von ihnen leben noch hier in der Gegend. All die Jahre. Die Leute kümmern sich hier gewissenhaft um ihren Besitz", sagt Welch.[33]

Trotz der Tatsache, daß die Stadt wegen ihrer Hexenprozesse und anderer Spukgeschichten im 17. Jahrhundert berüchtigt ist, hatte der junge Jack Welch mit Geister-Nachbarschaft nicht viel im Sinn.

> „Meine Eltern waren wirklich kluge Leute: Mein Vater hat mir immer erzählt, ein Friedhof sei der beste Nachbar, den man haben könne. Der sei ruhig, der schreie einen nicht an. Das habe ich natürlich auch geglaubt. Ja, so war es wohl."[34]

Die Welch-Familie war typisch das, was die Amerikaner als Mittelschicht und die Briten als Arbeiterklasse bezeichnen. Die Welchs waren weder arm noch sonderlich wohlhabend. Der Vater war bei der Eisenbahn (Boston & Maine Railroad) beschäftigt, und die Mutter kümmerte sich zu Hause um den Sohn. Die Familie konnte sich sogar einen Sommersitz leisten. Als Einzelkind, sagt Welch, habe er wohl mehr Liebe, Zuwendung und Anerkennung erfahren als viele andere Kinder.

„Meine Eltern waren um die 40, als ich geboren wurde – sie hatten es schon 16 Jahre versucht. Mein Vater war Eisenbahnschaffner, ein guter Mann, arbeitsam, passiv. Er ging morgens um 5 Uhr zur Arbeit und kam abends um halb acht nach Hause. Meine Mutter und ich fuhren meist zum Bahnhof in Salem, Massachusetts, um ihn abzuholen. Der Zug hatte oft Verspätung, und dann saßen wir stundenlang da und erzählten uns was. Ich hatte eine enge Bindung an meine Mutter. Sie war eine dominante Mutter. Sie hat immer gemeint, ich könnte alles. Es war meine Mutter, die mich erzog und mir beibrachte, wie es im Leben zugeht. Sie wollte, daß ich selbständig würde. Nimm dein Schicksal selbst in die Hand – das war so ihre Vorstellung. Sie sah, was Realität war. Keine beschönigenden Worte. Wenn ich nicht spurte, haute sie mir eine runter. Aber immer positiv. Immer konstruktiv. Immer aufbauend. Und ich liebte sie abgöttisch."[35]

„Wenn ich auf meine Mutter zu sprechen komme ... sie war mein ein und alles."[36]

Grace Welch ließ nie einen Zweifel daran, daß sie an Jacks Fähigkeiten glaubte. In Anspielung auf sein gelegentliches Stottern sagte Welch:

„Sie erklärte mir, ich hätte nicht etwa einen Sprachfehler. Mein Gehirn arbeite eben zu schnell."[37]

Welch mag die eine oder andere Eigenschaft seiner Mutter geerbt haben:

„Wenn man zu ihr kam und sagte, man fände ihre Brille schön, verschenkte sie die einfach. Sie machte die Steuererklärungen für die Leute in der Nachbarschaft. Sie konnte fix mit Zahlen umgehen. Aber wenn ihr einer querkam, erinnere ich mich, dann vergaß sie ihm das nie. Sie hielt loyal zu ihren Freunden,

> aber wer sie ihrer Meinung nach ungerecht behandelt hatte, bekam ihren Unwillen zu spüren."[38]

Welch sagt, seine Mutter hätte ihm drei wichtige Lektionen beigebracht: Man müsse aufrichtig und offen im Gespräch sein, sich der Realität stellen und sein Schicksal selbst in die Hand nehmen.

Grace Welch starb 1966; Jack Welch sagt, von diesem Zeitpunkt an habe er, früher ein überzeugter Christ, sein Interesse am katholischen Glauben verloren.

Als Jugendlicher spielte Jack häufig im „Pit" – in einer verlassenen Kiesgrube, wo sich die Jungen aus der Nachbarschaft spontan zum Baseball und Basketball trafen. Es ging rauhbeinig und ungehobelt zu dort in der Grube, aber Welch verschaffte sich Respekt: Er übernahm die Spielleitung und oft auch die Organisation der Spiele. Auf diesem Spielfeld, sagt Welch, schlugen seine Führungsfähigkeiten Wurzeln.

> „Das sind so Erlebnisse, die einem das Selbstbewußtsein stärken. Das kennen wir alle. Wenn man zum Mannschaftskapitän gewählt wird, wenn man auf dem Spielfeld steht und eine Mannschaft zusammenstellt, fühlt man sich spontan verantwortlich für so ein Team; das kommt ganz von selbst – man hat das mehrmals so gemacht, und dann schauen die anderen zu einem auf und akzeptieren, was man tut."[39]

Einer seiner Freunde aus der alten Kiesgrube, Lawrence McIntyre, ist Verwalter der Parks und Erholungsgebiete in Salem geworden. Er stimmt Welch zu. „Wir waren eine Gruppe von etwa 15 Jungen, die es alle zu was gebracht haben. Viele von uns haben kein College besucht. Wir haben nur hart gearbeitet und sind letztlich was geworden. Jack und wir alle sind damals in einem stark wettkampfgeprägten Umfeld aufgewachsen, und als wir dann hinaus in die Welt gingen, sagten wir uns: Mann, wir schaffen alles. So brutal wie in der Kiesgrube kann es nirgendwo zugehen."[40]

Auf der High School in Salem war Welch begeisterter Hockeyspieler. Als seine Popularität bei GE auf den Tiefststand gesunken war, lieferte seine Hockey-Schulzeit Gesprächsstoff für boshaftes Gerede. Die Mitarbeiter witzelten, Welch habe damals mehr Zeit in der Strafecke verbracht als jeder andere Mannschaftsspieler. „Das ist doch lächerlich", sagt Welch. „Ich weiß wirklich nicht, wo das herkommt. Das ist doch das Letzte. Ich war ein kleiner Mittelfeldspieler. Sie sehen ja, ich bin nicht sonderlich groß geraten. Ich habe keine Stockschläge ausgeteilt. Ich war an der Mittellinie. Und da kriegt man beim Hockey nicht viele Strafpunkte. Als Abwehrspieler schon eher."

> „Wenn so ein Gerede erst einmal anfängt, gibt es so manches, was einem dann angedichtet wird. Das ist immer so. Diese Geschichten sind lächerlich, einfach *lächerlich*."[41]

Welch mag seine Mitspieler nicht gerade attackiert haben, aber sicher hat er mit vollem Einsatz gespielt. Samuel Zoll, ein Freund aus Welchs Kindertagen, erinnert sich: „Er war ein netter, normaler Junge, aber immer auf Wettkampf aus, durchsetzungsfähig und streitsüchtig."[42]

Schon als Jugendlicher muß sich Welch seines Draufgängertums bewußt gewesen sein. In Welchs Schulzeitung wird er mit seiner Lieblingsbemerkung zitiert: „Sind wir noch Freunde?"[43]

Obgleich Welch in einer Stadt aufgewachsen ist, die aus ihrer Geschichte Kapital schlägt, hält er nicht sonderlich viel von Nostalgie. Im Jahr 1994 wurde der CEO nach seinen Rücktrittsplänen gefragt. Seine Antwort gibt zu erkennen, wie er zeitlich orientiert ist:

> „Wenn ich aufhöre, Neues dazuzulernen, und anfange, über die Vergangenheit und nicht mehr über die Zukunft zu reden, dann gehe ich."[44]

Welch erinnert sich gern an seine Kindheit und meint, er habe es leicht gehabt.

Der erste in der Familie, der ein College besucht

Welchs Mutter war streng religiös, und Jack war Meßdiener in der St. Thomas the Apostle Church, aber er ging nicht in die Gemeindeschule: Jack war erst auf der Pickering Elementary, einer öffentlichen Grundschule, die er zu Fuß von zu Hause aus erreichen konnte, und später besuchte er das reguläre humanistische Gymnasium in Salem.

Dort begeisterte er sich vor allem für Hockey; sein Team führte auch mal in der Verbandsliga, stand aber nicht immer an der Spitze. In Welchs erstem Schuljahr dort war im Jahresbericht der Salemer High School (*The Witch*) zu lesen, das Team habe die Ausscheidungsspiele nicht geschafft. Aber „gegen Saisonende kam Leben in die Mannschaft, als die Spieler ihren Erzrivalen Beverly mit 1:0 schlugen."

Welch wurde zum „redseligsten und lautesten Jungen" der Klasse gekürt, und die Literaturzeitung der Schule gab Jacks heimlichen Wunsch preis, später mal „eine Million verdienen" zu wollen.[45]

Welch und zwei seiner Freunde in der High School wurden als Kandidaten für ein Navy-ROTC-College-Stipendium ausgewählt, und das bedeutete Befreiung von den Kosten für Unterkunft, Verpflegung und Unterricht. Welch war enttäuscht, als seine Freunde ihr Stipendium bekamen, er aber nicht. „Ich weiß nicht, wo bei mir das Problem lag. Ich kannte nicht genug Leute. Ich kann mich erinnern, wie mein Vater unseren Kongreßabgeordneten anrief und dergleichen. Er hat das wohl nicht so gut hingekriegt", meinte Welch.[46]

Die University of Massachusetts besaß zwar nicht das Prestige der nahegelegenen Colleges Amherst und Smith, kann aber dennoch mit vielen namhaften Studienabsolventen aufwarten – darunter auch Jack Smith, Vorsitzender von General Motors. Und der spartanische UMass-Campus, wie eine alte Fabrikstadt aus New England in sanft geschwungene grüne Hügel eingebettet, erwies sich als fruchtbarer Boden für Jack Welch.

„Wenn ich am Massachusetts Institute of Technology studiert hätte, wäre ich einer von ganz vielen gewesen und hätte mich nie von der Masse absetzen können. Dadurch, daß ich eine kleine staatliche Schule besucht habe, hatte ich das Glück, eine Menge Selbstvertrauen entwickeln zu können. Schauen Sie, ich bin fest davon überzeugt, daß all diese Erfahrungen das eigene Selbstbewußtsein stärken: das mütterliche Knie, Mannschaftsspiele im Sport, Schulbesuch, Zeugnisse und Abschlüsse. Da waren Klassenkameraden in meiner High School, die waren besser als ich und gingen nicht zur UMass, sondern zum MIT. Und die landeten dann irgendwo im Mittelfeld unter den gescheitesten Studenten des Landes. Und die konnten letztlich kein Selbstvertrauen entwickeln und erfuhren keine Verstärkung. Also ich jedenfalls erbrachte erstklassige Leistungen in meinem verfahrenstechnischen Studium an der UMass, und ich hatte sehr nette Professoren, gute Leute."[47]

„Die UMass hat mir eine Menge Anstöße gegeben, denn ich war der erste in meiner Familie, der je ein College besucht hat. Ich hatte buchstäblich keine Idee, was ich eigentlich werden wollte. Ich hatte einen Onkel, der war Ingenieur in einem Kraftwerk in Salem, Ingenieur war also immerhin etwas. Ich schrieb mich für Chemie ein und entwickelte dann eine echte Leidenschaft für Chemie. Und Chemie und Ingenieurtechnik paßten gut zusammen."[48]

„Ich wollte etwas leisten. Ich wollte einen akademischen Grad erlangen. Aber ich wußte nicht, was auf mich zukommen würde."[49]

Das wußte auch seine Mutter nicht. Grace Welch hatte die üblichen Träume – sie hätte es gern gesehen, wenn ihr Sohn Priester oder Arzt geworden wäre.

In seinem zweiten Studienjahr trat Welch der Verbindung Phi Sigma Kappa bei und zog in ein Verbindungshaus am Campus-Teich. „Ich war der einzige Ingenieur – oder zumindest einer von ganz wenigen dort. Die meisten waren Football-Spieler", erinnerte sich Welch.[50]

> „Dort bekamen wir stets eine gewisse akademische Achtung zu spüren. Wir tranken mehr Bier und trugen mehr Streitigkeiten aus als alle anderen. Und wir klopften nächtelang Karten, aber ich hatte hervorragende Zensuren."[51]

Welch war die ganzen vier Jahre in der Studentenvertretung tätig und übernahm eine ehrenamtliche Funktion bei der Betreuung jüngerer Studenten. Seine Professoren machten ihm Mut zur Fortsetzung seines Studiums und waren ihm bei der Bewerbung um Stipendien behilflich. Welch meint, er hätte eben Glück gehabt, aber das Foto im College-Jahresbericht zeigt einen äußerst vielversprechenden jungen Mann: Welchs klare Gesichtszüge fesseln den Betrachter – der intensiven Ausstrahlung von Ernsthaftigkeit und Begeisterung kann sich kaum einer entziehen.

Auch der Geschäftsmann William Mahoney aus Massachusetts, Dekan an Welchs UMass-Fakultät, erkannte die frühen Anzeichen für künftigen Erfolg. „Man brauchte ihm nur in die Augen zu schauen. Er blickte stets einen Schritt voraus. Er haßte es, Verlierer zu sein, selbst beim Touch-Football", sagte Mahoney.[52]

> „Alle meine Professoren – viele von ihnen sind schon gestorben – waren bis zu ihrem Tod meine Freunde. Ich war so etwas wie ihr Zögling. Sie haben mich durchgezogen. Professor Richardson und Professor Ernie Lindsey, Direktor am Institut für Verfahrenstechnik. Die mochten mich einfach und kümmerten sich um mich, die haben mich gefördert."[53]

> „Dann entschloß ich mich zu einem weiterführenden Studium, weil ich im College gute Zensuren bekommen hatte. Ein Profes-

sor sagte: ‚Sie sollten noch auf eine Universität gehen.' Ich bekam ein Stipendium und ... entschied mich dann für die University of Illinois, die einen sehr guten Ruf in Verfahrenstechnik hatte. Ich hätte auch woanders hingehen können, denn ich war der beste Student an einer Fakultät, die eben nicht das MIT war, und da war es leichter, mit guten Leistungen zu glänzen."

Noch während seiner Studienzeit an der University of Illinois lernte Welch bei einer Fastenandacht Carolyn Osburn kennen. Die beiden heirateten 1959 und bekamen zwei Söhne und zwei Töchter. Jack und Carolyn ließen sich 1985 scheiden; allem Anschein nach trennten sie sich gütlich. Beide haben inzwischen wieder geheiratet.

Welch sagt, nach Beendigung seines Studiums habe er nur ein Karriereziel vor Augen gehabt:

„Mit 30 wollte ich 30.000 Dollar verdienen."[54]

Sport war alles

Jack Welch war in seiner Jugend unermüdlich im Mannschaftssport aktiv: Baseball, Basketball und Hockey wurden entweder in den Straßen von Salem oder in einer verlassenen Kiesgrube ganz in der Nähe seines Zuhauses gespielt.

„Wir waren alle Sportskanonen. Ich meine, wir trieben stundenlang Ballspiele, wir spielten nächtelang Straßenhockey. Das zählte bei uns. Sport war alles."[55]

Welchs Eltern fuhren oft mit ihrem Sohn zum Fenway Park, wo sie auf der Zuschauertribüne saßen und den Red Sox beim Baseball-

Spiel zusahen. Welch wurde zu einer wandelnden Enzyklopädie für alles, was das Team betraf.

Welch begegnete Joyce Hergenhan, Senior Vice President für Öffentlichkeitsarbeit bei Con Edison, zum ersten Mal, als er bei einem Abendessen ein Einstellungsgespräch mit ihr führte. Er wußte, daß auch sie sportbegeistert war, und fragte:

„Wer spielte 1946 bei den Red Sox am zweiten Mal?"
„Bobby Doerr", kam die Antwort.
„Ja, aber wer fing den Ball?" fragte Welch.
„Oh, Sie meinen, als Enos Slaughter in einem einzigen Durchgang vom ersten Mal aus punktete?"
„Was sollte ich wohl sonst meinen?" brummte Welch.
„Johnny Pesky!" Die Antwort kam blitzschnell.[56]

Joyce Hergenhan war eine der ersten GE-Mitarbeiter, die Welch nach seinem Amtsantritt als CEO einstellte. Inzwischen ist sie Mitglied im Corporate Executive Council von GE.

Es wäre untertrieben, wollte man Welch lediglich eine gewisse Sportleidenschaft bescheinigen. Man sieht ihn bei Sportsensationen wie den French Open und dem Kentucky Derby. Am häufigsten aber begibt er sich auf die besten Golfplätze: 1997 hat er mit Präsident Bill Clinton Golf gespielt, als der in Nantucket Ferien machte. Welch spielt als ständiges Mitglied im Golfverein Augusta National.

Genauso aggressiv wie beim Spiel setzt sich Welch auch bei der Arbeit ein. Einmal ist er einen ganzen Tag lang mit ausgerenktem Knie Ski gefahren. Ein früherer Zimmergenosse aus College-Zeiten hat Welch als einen durchschnittlich begabten, aber gefürchteten Gegner in Erinnerung: „Jack war nicht mit besonderer Grazie oder sportlicher Begabung gesegnet. Er siegte, indem er sich einfach mehr anstrengte.“[57]

Welch gibt das auch zu:

> „Mein Hockey-Spiel war auf der Schule ganz gut, aber besser bin ich nie geworden. Das hat echt Spaß gemacht, in der 8. und 9. Klasse. ... Ich war der beste Werfer in ganz Salem. Ich spielte gegen höhere Klassen, aber als ich dann selbst zu den Älteren gehörte, saß ich auf der Bank, weil ich nie schneller geworden bin. Ich war gut in Kurvenbällen und so. Auf dem College das gleiche. Im Gymnasium spielte ich im Star-Hockey-Team. Und im College? Ich war auf den Schlittschuhen nicht schnell genug. Ich habe den Leistungssport schon früh drangegeben – bis auf Golf.“[58]

Die Welchs wohnen in der Nähe des Fairfield Country Club und haben einen zweiten Wohnsitz in Nantucket. An beiden Orten können sie ihrer Golfleidenschaft frönen. „Mein Spiel hat ein gänzlich neues Niveau bekommen“, sagt Welch.

Nachdem Welch den größten Teil seines Lebens Golf gespielt hatte, mußte er von einem Tag auf den anderen unter veränderten Bedingungen spielen (6 Vorgaben). Ein Jahr nach seiner Herzoperation spielte er erstmalig 70 Löcher. Aber diese Leistungsverbesserung führt er nicht auf die Operation zurück.

> „Es war meine zweite Ehe, die meinem Golfspiel zu einem gänzlich neuen Niveau verholfen hat. Meine Frau war Anwältin in New York, und an einem der ersten gemeinsamen freien Wochenenden zog ich los zum Golfspielen. Sie sah mich an, als ob ich ... da hatte sie sich ein Wochenende freigenommen, und ich wollte auf den Golfplatz? Ich hatte das mein Leben lang so gemacht, ich kannte es gar nicht anders. Sie sagte: ‚Moment mal, so nicht.‘ Und dann sagte sie: ‚Ich muß lernen, mit dir zu golfen. Du mußt mir beibringen, wie man Golf spielt.‘ Das habe ich dann auch gemacht, und inzwischen spielt sie mit einstelligen Vorgaben. Nach acht Jahren. Dadurch, daß

ich ihr das Golfspielen beigebracht habe, konnte ich Golf von einer ganz anderen Seite kennenlernen. Und habe ein gänzlich neues Niveau erreicht. Ist das nicht erstaunlich?"[59]

Walter Wriston, vormals CEO von Citicorp, und seine Frau Kathy hatten Welch mit seiner zweiten Frau Jane Beasly, einer ehemaligen auf Fusionen und Akquisitionen spezialisierten Anwältin, bekannt gemacht. Die beiden heirateten 1989. Welch beeilt sich zu sagen: „Es ist eine wunderbare Ehe."[60]

Auch die Naturwissenschaft zeigt Wirkung in Welchs Spiel:

„Ich glaube, beim Golf ist es so, daß die Technologie in dieser Kurve verläuft, und der Altersprozeß verläuft so, und die Technologie entwickelt sich einfach schneller als der Altersprozeß. Die Golfschläger sind immer größer und breiter geworden."

„Ich schlage mit der größten Dicken Bertha. Ely Callaway hat sich mir gegenüber immer als sehr großzügig erwiesen. Er hat mir Golfschläger zur Verfügung gestellt – wir besitzen nämlich die Hälfte von Callaway seit so einer dämlichen Investition, die GE früher mal getätigt hat. Aber das hat sich gelohnt. Ely Callaway ist ein wunderbarer Freund. Kürzlich hat er mir einen neuen Driver geschickt – damit schaffe ich Treibschläge über anderthalb Kilometer."

„Jeder Golfer wird im Lauf der Zeit besser. Wir spielen auf einem Niveau, über das wir alle nur staunen können. Auf Plätzen, von denen wir früher nur träumen konnten. Die Technologie hat sich enorm entwickelt. Es ist schon merkwürdig zu erleben, wie die Technologie das Altern überholt."[61]

Schnelle Strömungen bleiben eisfrei

In dem Filmklassiker *The Graduate* aus dem Jahr 1967 erteilte ein Freund der Familie dem jungen Dustin Hoffman Karriereratschläge. „Kunststoffe", flüsterte er Hoffman ins Ohr. Welch begriff, worum es ging – für ihn war das ein keineswegs müßiger Rat. 1967 war Welch nämlich strebsamer Jungmanager in der Kunststoffsparte von General Electric.

Als Welch 1960 sein Studium an der University of Illinois mit einer Promotion in Verfahrenstechnik abschloß, konnte er zwischen drei Stellenangeboten wählen. Er entschied sich für GE. „Das war ein Unternehmen in Massachusetts, wo ich her bin, und irgendwie war es so, als ob ich wieder nach Hause käme. Das mag lächerlich klingen, aber damals war mir das irgendwie wichtig."[62]

Welch und seine erste Verlobte luden ihre Habseligkeiten in den nagelneuen VW-Käfer, den ihm sein Vater zum Examen geschenkt hatte, und fuhren nach Pittsfield, rund 250 Kilometer von seiner Heimatstadt entfernt. Dort trat er seinen ersten Vollzeit-Job an – mit einem Jahresverdienst von 10.500 Dollar.

Welchs erster Arbeitsplatz war eine GE-Anlage mit einem einzigen Laborassistenten, aber schon bald leitete er eine kleine Firma, die der Gesellschaft zu einem gänzlich neuen Material verhalf. In Konkurrenz zu Unternehmen wie Dow Chemical und DuPont trug Welch mit seiner Arbeit dazu bei, daß sich der GE-Unternehmensbereich Kunststoffe von einer kleinen 28-Millionen-Dollar-Sparte zu einem Milliarden-Dollar-Geschäft mauserte.

Welch genoß die freizügige Atmosphäre in der F&E-Anlage:

> „In der ersten Zeit unseres Kunststoff-Geschäfts waren wir voller Tatendrang – fasziniert, an manchen Tagen brillant, an anderen eher träge, aber arrogant waren wir nie, denn das konnten wir uns nicht leisten – weder bei Kunden und Lieferanten noch gegenüber den Kollegen."[63]

Es gab Probleme mit der Farbe und der Verformbarkeit der Kunststoffe, für die Welch zuständig war, doch Welch setzte alles daran, eine Lösung zu finden. Er erzielte gute Fortschritte, aber nach Ablauf des ersten Jahres gestand ihm GE nicht mehr zu als die übliche Gehaltserhöhung um 1.000 Dollar. Die Erklärung? Jeder bekam dieselbe Gehaltserhöhung, ob er nun gute oder schlechte Arbeit geleistet hatte. Frustriert kündigte Welch und nahm einen verfahrenstechnischen Job bei der Firma International Minerals & Chemicals in Chicago an. Nur wenige Tage, bevor er bei seinem neuen Arbeitgeber anfangen sollte, holte ihn Ruben Gutoff, einer der GE-Bereichsleiter, mit der Zusage zurück, er würde mehr Verantwortung und ein höheres Gehalt bekommen. „Da hat mir einer gesagt, daß man mich schätzt", sagte Welch.[64]

1968 wurde Welch jüngster geschäftsführender Direktor bei GE. Er war 33 Jahre alt und leitete einen Geschäftsbereich, der die Kunststoffe Lexan und Noryl produzierte und vermarktete. Zuvor waren Kunststoffe nicht sehr gefragt gewesen – bis Welch den Herstellern von Baby-Fläschchen, Autos und Haushaltsgeräten vorführte, wieviel billiger, leichter und haltbarer seine Kunststoffe im Vergleich zu den bisher verwendeten Materialien waren. Er wurde auf allen möglichen Märkten aktiv und brachte sogar einen wissenschaftlichen Mitarbeiter dazu, den GE-Toaster in ein Kunststoffgehäuse zu packen. Seine Gruppe entwickelte schließlich einen Werbespot für das Fernsehen: Ein Bulle trampelt durch einen Porzellanladen – alles geht zu Bruch, nur das Lexan-Geschirr bleibt heil. Das zeigte Wirkung. Kunststoffe setzten sich überall durch, von Autos über Haushaltsgeräte bis hin zu Schuhen. Die meisten Verbraucher denken heute gar nicht mehr darüber nach.

„Ich hatte das große Glück, bei GE an einem Arbeitsplatz anzufangen, wo ich der einzige Mitarbeiter meiner Art war. Ich stellte dann meinen ersten Techniker ein. Ich war Kaiser, König,

Prinz – Sie wissen, wie ich das meine? Ich lud meinen Mitarbeiter zu mir nach Hause ein. Stellte ihn meiner Familie vor. Er lernte meine Kinder kennen. Wir bauten eine Versuchsanlage auf, und als wir etwas zu Geld gekommen waren, stellten wir erst zwei, dann drei und später vier weitere Leute ein. Das war schon sehr ungewöhnlich. Man fängt in irgendeiner kleinen Klitsche an und sagt sich: ‚Mach was draus, Jack.' Ich weiß noch, wie wir in das Metallwarengeschäft gingen, mein Techniker und ich, um das Material für die Kessel zu kaufen. Die Leute reden von Kommunikation über alle Führungsebenen hinweg – das hatten wir damals schon. Wir beide. Wir redeten miteinander. Für uns war unser Arbeitsplatz eine Art Familienbetrieb. Wir waren alle Freunde. Mit der Zeit lernte ich dann größere GE-Einheiten kennen, und da stieß ich auf mehr Bürokratie – mit Führungsebenen und all dem Kram. Da ging es schon nicht mehr freundschaftlich zu. Dort bestand das Unternehmen aus ernsthaft verteidigten – territorialen – Kästchen. Aber Unternehmen sind so gar nicht. Unternehmen leben von Ideen, von Spaß, von spannenden Aktivitäten und Festivitäten, von *so* was."[65]

„Diese wahnwitzigen Tage in einem Team, das aus Pittsfield einen Kunststoffbereich machen wollte, werden wohl immer zu den aufregendsten und denkwürdigsten Zeiten in meinem Leben gehören. In einem solchen Umfeld kann einfach kein Bürokratismus aufkommen, so wie sich bei schneller Strömung kein Eis bilden kann."[66]

Mit 37 Jahren wurde Welch Gruppenleiter im 1,5-Milliarden-Dollar-Bereich Komponenten und Materialien. Dazu gehörten sämtliche Kunststoffe und die medizinischen Systeme von GE. Während andere Gruppenleiter in die neue Unternehmenszentrale nach Fairfield, Connecticut, übersiedelten, wollte Welch nicht weg:

„Ich blieb in Pittsfield, Mass., trotz mehrfacher Beförderung. Ich und ein älterer Kollege, Gerhardt Neumann; der leitete unseren Motorenbereich; ein typischer Deutscher. Er blieb auch in seinem Bereich. Die anderen Gruppenleiter von hier zogen '74 alle nach Fairfield. Ich fand Unterstützung bei einem Vice Chairman namens Herm Weiss, dem die *Sports Illustrated* anläßlich ihres 25jährigen Bestehens eine Titelgeschichte als einem großartigen Sports- und Geschäftsmann gewidmet hatte. Ich kam hin [in die Zentrale] und fragte ganz einfach, ob ich in Pittsfield bleiben könnte, und das hat er mir zugestanden. Reg Jones ist fast ausgeflippt. ‚Sie ... wie konnten Sie *den* fragen? Sie hätten doch mich fragen müssen.' Ich hatte meine Kinder und wollte nicht, daß sie aus ihrer Umgebung gerissen würden. Ich leitete meine große Gruppe von einem Hotel in Pittsfield aus."[67]

Welch installierte in seinem Büro ein Spezialtelefon. Alle Einkaufsagenten kannten die Nummer, und wenn einer der Einkäufer einen Preisnachlaß von seinem Lieferanten ergattert hatte, konnte er die gute Nachricht gleich telefonisch weitergeben. Dann gratulierte Welch dem Mann spontan zu seinem Verhandlungsgeschick, ein paar Dollar bei seiner Stahlbestellung oder was auch immer heruntergehandelt zu haben. Anschließend schickte Welch noch einen persönlichen Dankesgruß.

Für Welch war das eine sehr prägende Zeit. Er sagt selbst, jeder sollte die Möglichkeit haben, in einer schnell wachsenden Branche, beispielsweise im Kunststoffbereich oder bei den Finanzdienstleistungen zu arbeiten:

„Ich habe bei GE gute und schlechte Bereiche kennengelernt. Mir haben die Leute in den schlechten immer leid getan, weil sie nie einen guten Betrieb erlebt haben. Die taten nichts anderes, als auf dem Weinberg zu schuften, dem sie zugeteilt waren. Die verglichen sich immer nur mit ihrem nächsten Konkurrenten. Wenn die einen Ertrag von, sagen wir, neun hatten und der Konkurrent einen von sieben, dann hielten die sich schon für gut. Die Tatsache, daß sie einen von 15 hätten erreichen können, wollte ihnen nur schwer in den Kopf."[68]

Welchs Erfolg mag ungewöhnlich erscheinen, ist aber für GE bezeichnend, sagt der Unternehmensberater Tom Peters: „Alle größeren international gewachsenen Erfolge in den GE-Bereichen, von High-Tech-Turbinen über den Finanzdienstleister GE Credit Corporation (GECC) und den Informationsdienst GE Information Services Company (GEISCO), sind irgendeiner passionierten Kämpfernatur in irgendeinem kleinen Betrieb zu verdanken – mit Arbeitsleistungen, die sich stets am Rande oder leicht außerhalb der formalen unternehmenspolitischen Richtlinien und zentralen Systeme bei GE bewegen."[69]

Als nächstes wurde Welch zum Senior Vice President und Leiter des Konsumgüter- und Konsumdienstleistungsbereichs ernannt. Gleichzeitig wurde er Vice Chairman des GE-Finanzdienstleistungsbereichs (GE Credit Corporation). Nach 17 Jahren in Pittsfield zog die Familie Welch schließlich doch nach Fairfield, Connecticut. Der Job an der Spitze von GE war zu verlockend:

„Irgendwann in '77 rief Reg an, um mir mitzuteilen, daß wir nun zur neuen Konfiguration übergehen würden. Er sprach von einem ‚Wettrennen', das schwierig für mich werden würde. Er sagte: ‚Wenn Sie jetzt nicht kommen, sind Sie aus dem Rennen, also müssen Sie jetzt kommen.' Also zogen wir um, und ich brachte das Ganze hinter mich. Ich faßte den Entschluß, Vorsitzender zu werden. Ich wollte Chairman werden. In den zwei Jahren nach meinem Umzug hierher wurden erst mal drei Leute zum Vice Chairman ernannt, und wiederum zwei Jahre später wurde ich dann tatsächlich Vorsitzender."[70]

Und so lautet die Version von Reg Jones: „Ich machte ihm klar, daß er endlich aus seinem Provinzkaff in Massachusetts herauskommen müßte, aus seinem Elfenbeinturm, wo alle ehrfürchtig zu ihm aufschauten; daß er, wenn er noch etwas werden wolle, wohl oder übel hierher kommen müßte, wo es echte Konkurrenz gibt."[71]

Der Konkurrenzkampf geriet zu einem hitzigen Machtkampf. Von allen Kandidaten war Welch der untypischste Bewerber um das höchste Amt bei GE. Die GEler bezeichneten ihn als „Eigenbrötler" oder gar als „Sonderling". In einem Arbeitsgutachten bekannte Welch in aller Offenheit, es sei sein Ziel, CEO zu werden, gestand aber zugleich ein, er müsse noch an seinen sozialen Fähigkeiten arbeiten. Doch Jones gefiel, was er sah: „Wir brauchen Unternehmerpersönlichkeiten, die bereit sind, wohlüberlegte Geschäftsrisiken in Kauf zu nehmen – und sich gleichzeitig darauf verstehen, im Rahmen einer größeren Unternehmensgemeinschaft in harmonischem Einvernehmen zu arbeiten. Die intellektuellen Anforderungen sind Lichtjahre von den Anforderungen weniger komplexer Organisationen entfernt", sagte Jones.[72]

Im Dezember 1980 erfolgte die Ankündigung, der nächste Chairman von GE würde Welch sein. An zweiter Stelle hatte der Kerntechniker Edward E. Hood, 50, gestanden, an dritter Stelle der Physiker John F. Burlingame, 58.

> „Ich glaube, ich bin heute der glücklichste Mensch in Amerika, und ganz sicher meint es das Schicksal besonders gut mit mir."[73]

Mit 45 wurde Welch der jüngste Vorsitzende, den GE je gehabt hatte. Das Unternehmen war 92 Jahre alt, und Welch war erst der achte CEO.

Jones wußte, daß große Anforderungen an Welch gestellt würden. Deshalb wies er ihn an: „Die an der Wall Street halten uns für die alternden Wunderknaben des elektromechanischen Zeitalters, die wollen nur noch abwarten, ob wir es bis ins Elektronikzeitalter schaffen. Wir werden ihnen zeigen, daß General Electric entschlossen ist, Nutznießer und nicht Opfer der Mikroelektronik-Revolution zu sein. Deshalb müssen Sie unsere technologische Renaissance unter allen Umständen vorantreiben."[74]

Welch zollt seinem Vorgänger Reg Jones großen Respekt, ließ aber bald deutlich werden, daß er kein Reg Jones war. Beispielsweise sagte er, wenn das Management nicht schnell genug voranmache, werde er den Leuten „in den Hintern treten" – dergleichen wäre dem vornehm-höflichen Jones, einem gebürtigen Briten, wohl kaum über die Lippen gekommen.

Sowohl Jones als auch Welch haben ihren eigenen, wenngleich sehr unterschiedlichen Stil realisiert. „Hätte Hollywood die GE-Story verfilmt, wäre David Niven in der Rolle von Jones zu sehen gewesen. Welch dagegen ist mehr ein Spencer-Tracy-Typ", erläuterte ein Reporter von *Barron's*.[75]

Welch sagt, er habe seinen Job ohne Gesamtkonzeption angetreten; trotz seiner forschen Art mußte er sich eingestehen, daß ihm die neue Aufgabe einen gewissen Respekt abnötigte:

> „Wenn Sie die Leitung einer Institution übernehmen, haben Sie zu Anfang immer etwas Bammel. Sie haben Angst, ihr das Kreuz zu brechen."[76]

Erinnerungen sind Welch nicht sonderlich wichtig, doch manchmal denkt er an die Anfänge seiner Karriere bei GE zurück:

> „Es gibt Tage, da unterschreibe ich dies und jenes und schiebe Akten auf meinem Schreibtisch hin und her und sitze in Konferenzen herum und fahre schließlich nach Hause in dem Gefühl, eigentlich überhaupt nichts an dem Tag geleistet zu haben ... und dann denke ich zurück an die Tage, als das Kunststoff-Geschäft noch brandneu war ... als Neugründung galt ... als Reinfall ... als ein Häufchen Irrer. Und jeden Tag ging man – wenn überhaupt – nach Hause in dem Gefühl, große Dinge geleistet oder zumindest versucht zu haben. Das ist etwas Wunderbares, eine Atmosphäre, die wir in allen Bereichen unseres Unternehmens schaffen – oder neubeleben – wollen."[77]

Es mag für Welch auch mal langsame Tage geben – sie halten aber nicht lange an und tun seiner Begeisterung keinen Abbruch:

> „Ich *mag* diesen Job nicht nur. Ich *liebe* diesen Job. Wenn man sich im Unternehmensalltag wohl fühlt und gern mit gescheiten, begeisterungsfähigen Leuten zusammenarbeitet – ich liebe mein Team, weil ich mir die Leute selbst ausgesucht habe. Natürlich sind die nach so langer Zeit auch meine Freunde. ... Gestern war ich den ganzen Tag lang im Unternehmensbereich Turbinen- und Kraftwerksbau; am Tag davor habe ich den Unternehmensbereich Flugzeugtriebwerke besucht und mir dort das Programm angeschaut; und davor war ich im Unternehmensbereich Kunststoffe. Die NBC war am letzten Mittwoch dran. Am Wochenende haben wir ein Energieversorgungsunternehmen gekauft. Und ein Versicherungsunternehmen haben wir am Wochenende gekauft. Wir haben im Verlauf des Wochenendes einen Dreijahresvertrag mit unseren Gewerkschaften abgeschlossen. Das war ein großer Erfolg. Unser sechster Erfolg in Folge. Das ganze Wochenende über haben wir hier Transaktionen abgewickelt, und für die Ver-

handlungen mit den Gewerkschaften war ein anderes Team dorthin gefahren. Wissen Sie, hier läuft so vieles. Das macht einfach Spaß."[78]

Mach was aus deinem Job!

Und wie viele Stunden am Tag nimmt die Unternehmensführung bei GE in Anspruch?

„Ich arbeite lange genug, um meinen Job getan zu kriegen."[79]

Welch beginnt seinen Tag mit einem knapp fünf Kilometer langen Fußmarsch auf einem Laufband. Kurz nach 7 Uhr holt ihn ein Wagen ab und bringt ihn ins Büro.

Er ist in keinem externen Verwaltungsrat vertreten und konzentriert sich den ganzen Tag nahezu ausschließlich auf die Leitung von GE. Häufig läßt sich Welch mit dem unternehmenseigenen Sikorskij-Hubschrauber zu den New Yorker GE-Büros im Rockefeller Center oder zum GE-Managementinstitut in Crotonville fliegen. Mindestens einmal im Jahr reist er nach Europa, häufig im Frühjahr, um die europäischen GE-Unternehmen zu besuchen. Von einer Suite im Pariser Hotel Bristol aus begutachtet Welch die Aktivitäten seiner europäischen Manager. Im Herbst reist er alljährlich für mehrere Wochen in den Fernen Osten, um den Anlagen und Unternehmen in Asien einen Besuch abzustatten.

„Ich führe einmal wöchentlich ein Telefonat mit den Bereichsleitern und erkundige mich nach dem Stand der Dinge. Wir sind uns ja nicht fremd. Wir kennen uns alle. Und wir mögen uns. Wir sind der 60-Milliarden-Dollar-Tante-Emma-Laden von nebenan. Das mag sich albern anhören, aber wir sind ein Unternehmen, in dem sich eine Menge Leute wohl fühlen."[80]

Bei Sitzungen mümmelt Welch Obst und Gemüse und hält schon mal eine Erdbeere oder eine Möhre in der Hand, wenn er argumentiert. Er malt wie ein Irrer Skizzen auf Servietten und durchwühlt haufenweise Berichte, um seine Argumentation mit einem ganz bestimmten Diagramm verdeutlichen zu können. Welch ist ständig in Aktion; und obwohl er ein Verfechter des Informationszeitalters ist, benutzt er keinen PC bei der Arbeit: „Ich brauche keinen. Ich wüßte nicht, was ich damit sollte.“[81]

Auf den Vorwurf hin, Arbeitsplätze abgebaut zu haben und die verbliebenen Mitarbeiter über Gebühr zu beanspruchen, entgegnete Welch:

> „Wenn mir einer sagt, er arbeite 90 Stunden in der Woche, sage ich ihm: ‚Da machen Sie was falsch. Ich gehe am Wochenende Skilaufen; ich ziehe freitags mit meinen Freunden los und feiere Partys. Das müssen Sie auch so halten, sonst stimmt was nicht bei Ihnen. Stellen Sie eine Liste mit den 20 Aktivitäten auf, die Ihnen 90 Wochenstunden Arbeit abverlangen; 10 davon sind bestimmt unsinnig – und sonst muß eben ein anderer für Sie einspringen.‘“[82]

Welch hält es für seine vornehmlichste Aufgabe, die richtigen Manager zu finden und zu motivieren. Seit Übernahme des GE-Vorsitzes im Jahr 1981 hat Welch die Einstellung eines jeden seiner rund 500 Bereichsleiter höchstpersönlich abgesegnet. Richard Stonesifer, inzwischen in den Ruhestand getretener Vorsitzender und CEO des GE-Unternehmensbereichs Haushaltsgeräte, sagt, daß Welch „die Gehaltserhöhungen sämtlicher Führungskräfte, 130 bis 140 an der Zahl, genehmigt und die Programme für die nicht zum amtlichen Handel zugelassenen Aktien persönlich überprüft.“[83]

Das sind aber nur die Details. Sein eigentlicher Job, sagt Welch, sieht ganz anders aus:

> „Mein Job ist es, gute Ideen aufzutreiben, zu übertreiben und unternehmensweit zu vertreiben – mit Lichtgeschwindigkeit."[84]

> „Ich bin der festen Überzeugung, daß es meine Aufgabe ist, mit der Gießkanne in der einen Hand und einem Sack Dünger in der anderen durch die Gegend zu laufen und alles zum Blühen zu bringen."[85]

Qualitäten eines Unternehmensführers: Welchs Führungsstil

Die persönliche Herausforderung: Fair sein

„Die größte Herausforderung ist Fairneß. Keiner bringt einem bei, Richter zu sein."[86]

Ehrlichkeit ist unerläßlich, sagt Welch.

„Man muß den Leuten klaren Wein einschenken, denn die Wahrheit kennen die sowieso längst."[87]

Jack Welch sagt, er erwarte von GE-Mitarbeitern, daß sie Gewinner sind – aber ehrliche Gewinner:

„Höchstleistung und Wettbewerbsstärke sind mit Ehrlichkeit und Integrität durchaus vereinbar. Der A-Student, der 4-Minuten-Mittelstreckler, der Hochsprungsieger – allesamt starke Gewinner – können ihre Rekordleistungen erzielen, ohne dabei zu betrügen. Leute, die betrügen, sind schlichtweg schwach."[88]

„Ein Professor legte einmal seinen Betriebswirtschaftsstudenten einen hypothetischen Fall vor. Er sagte: ‚Nehmen wir einmal an, Sie leiten einen Betrieb für ein größeres Unternehmen und wollen eine Bestellung in der Größenordnung von 50 Millionen Dollar tätigen, sollen dafür aber einem Agenten 1 Million Dollar auf ein Schweizer Bankkonto zahlen. Würden Sie das tun?' Ungefähr 40 bis 50 Prozent der Studenten meinten, das tun zu wollen. Ich war geschockt! Geschockt! Ich habe den Studenten gesagt, irgendwer müsse ihnen wohl was Falsches beibringen. Und dabei ging es nicht um die Auslegung von Gesetzesvorschriften; das war schlicht ein Fall von Bestechung."[89]

„Letzten Endes zählt nur Ihre Integrität."[90]

Anmerkung: Bei GE hat es so manchen Skandal gegeben, aber Welch war in keinem Fall persönlich involviert. (Über weitere Einzelheiten wird im nächsten Kapitel berichtet: „Schmutzige Diamanten und andere GE-Skandale".)

Temperament eines Bosses

„Ich bin Optimist, einer, dem man häufig vorwirft, für ihn sei das Glas immer halb voll. Vermutlich stimmt es, was man mir vorwirft."[91]

„Ich halte mich nicht für besonders risikofreudig. Ich schätze mich eher als jemanden ein, der um gewissenhafte Durchführung der erforderlichen Analysen bemüht ist, damit die richtigen Entscheidungen getroffen werden können – aber ich bin eindeutig jemand, der bereit und bestrebt ist, solche Entscheidungen auch zu treffen."[92]

Welch hat Beharrlichkeit und Ausdauer bei seinen Forschungsarbeiten an der University of Illinois gelernt:

„Sie laufen in 27000 Sackgassen. Es klappt nicht. Sie fangen von vorn an. Sie haben schon keine Hoffnung mehr bei all Ihren Fragen, Sie drängen und bohren und treiben aber trotzdem weiter. Sie müssen unbedingt eine Lösung finden; sonst würden Sie Ihr ganzes Leben lang nach der ultimativen Antwort suchen."[93]

Welch kann auch ungeduldig sein. Tom Peters erinnert sich an folgenden Zwischenfall: „Von Welch heißt es, er habe irgendwelchen Leuten vom Einkauf irgendwelche Aufgaben zugewiesen. Wochen später traf er sich mit ihnen, um den bisherigen Fortschritt zu diskutieren. Zu seinem großen Ärger konnten sie aber von keinerlei Fortschritt berichten, nur von gewichtigen Analysen und halbfertigen Bemühungen um eine Koordinierung mit anderen Abteilungen. Welch war wütend. Er brach die Sitzung auf der Stelle ab und ordnete an, man würde sich nach vier Stunden erneut treffen. Tagesordnung? Fortschrittsbericht. Den hat er dann auch bekommen. In den vier Stunden wurde mehr geleistet als in all den Wochen zuvor.“[94]

Karl Weick, Experte für Organisationsentwicklung, weist auf ein Welch-Paradoxon hin: „Welch bringt die Verhaltensforscher in echte Schwierigkeiten. Seinen Spitzenführungskräften gibt er zu verstehen: ‚Wenn ich Ihnen 200.000 Dollar zahle, kann ich verdammt noch mal von Ihnen erwarten, daß Sie sich mit voller Kraft für Wandel einsetzen.‘ Demgegenüber zeigt die Verhaltensforschung, daß sich Leute eher verpflichtet fühlen, wenn sie öffentlich, unwiderruflich und freiwillig handeln. Vielleicht ist es so, daß Welch deshalb Engagement von seinen Leuten bekommt, weil er ihnen dauernd vorhält, sie brauchten ja nicht im Unternehmen zu bleiben und all das zu tun – sie könnten ja auch woandershin gehen. Und wenn sie dann bleiben, tun sie es aus freien Stücken.“[95]

So sehr andere davon überzeugt sein mögen – Welch selbst kann nicht verstehen, warum man ihn einen rabiaten Boß nennt:

> „Die Leute, mit denen ich zu tun gehabt habe, strengen sich mehr an und haben an ihrer Arbeit mehr Freude, wenngleich nicht immer von Anfang an; letztlich aber gewinnen sie mehr

Selbstachtung, weil sie mehr erreichen, als sie vorher für möglich gehalten hätten."[96]

„Der Vorwurf, ich sei schroff und gefühllos, ist überzogen. Das hat man mir von Anfang an nachgesagt. Allerdings war das bis zu einem gewissen Maß verständlich. Ich habe nämlich Veränderungen herbeigeführt, die das Leben der Leute umgekrempelt haben. Und die brauchten einen, dem sie die Schuld geben konnten."[97]

„Man soll mich ruhig für anspruchsvoll halten. Da draußen warten sechs Unternehmen, die hinter jedem Auftrag her sind. ... Die Atmosphäre bei GE ist von einer gewissen Strenge geprägt, aber nicht von Furcht."[98]

Faszination des Sieges

Für Jack Welch ist Wettbewerb nicht lediglich eine Episode, die man hinter sich bringen muß, wenn man Erfolg haben will, sondern ein fortwährender alltäglicher Tatbestand. Und für Welch ist das gut so: Jack Welch ist in seinem Element, wenn der Wettbewerb besonders heftig tobt.

1994 äußerte Welch vor dem Economic Club of Detroit, die Tatsache, daß die Vereinigten Staaten solche Zeiten des Wohlstands erlebten, bedeute nichts anderes, als daß die Nation ins Auge eines Wettbewerbshurrikans gelangt sei. Die USA seien durch die eine Seite des Sturms hindurch, und nun sei mit einer weiteren heftigen Runde internationalen Wettbewerbs zu rechnen:

„Das Paradoxe ist, daß diese brutal wettbewerbsintensiven Zeiten zugleich die aufregendsten, lohnendsten und erfüllendsten Zeiten für die Leute sind, die das Glück haben, grenzenlosen Unternehmen anzugehören."[99]

An späterer Stelle seiner Ansprache vor einem vornehmlich aus Automobilherstellern bestehenden Publikum hörte sich Welch an wie ein Hockey-Trainer, der seine Spieler anweist, wo sie den Puck hinzuschießen haben:

„Wir dürfen keine Märkte und auch keine Kunden aufgeben, weil unsere Konkurrenz nicht aufgibt. Sie kennen sich mit Automodellen aus – und ich weiß, daß es bei Turbinen und Flugzeugtriebwerken und medizinischen CT-Scannern eine Wertmarke gibt, einen Schnittpunkt, wo niedrige Kosten und genau die richtigen Produkteigenschaften zusammenkommen. Wenn man diese Wertmarke trifft, schwinden die Produkte zusehends von den Regalen und aus den Ausstellungsräumen. Jedes einzelne unserer Unternehmen muß die verzehrende Leidenschaft entwickeln, so schnell und so schlank und dem Kunden so nahe zu sein, daß wir diese Wertmarke ständig vor Augen haben."[100]

„Jeder Arbeitstag führt uns an die schartige Grenze eines Konkurrenzkampfes."[101]

Das Wohlergehen einer ganzen Nation steht auf dem Spiel. Anfang der 80er Jahre ging die Produktivität im ganzen Land alarmierend zurück:

„Die US-Wirtschaft sieht sich zur Zeit durch aggressive Konkurrenten aus dem Ausland herausgefordert. Die nationale Produktivität ist rückläufig, und eine Branche nach der anderen muß ihre Position als Produktführer an andere Nationen abtreten. Unternehmen, die nicht zur Selbsterneuerung bereit sind und es nicht fertigbringen, die alten Technologien zugunsten neuer über Bord zu werfen, könnten in den 90ern schnell ins Hintertreffen geraten. Wir sind entschlossen, daß dies bei General Electric nicht passieren darf."[102]

Eine der GE-Sparten mußte dies auf schmerzhafte Weise erfahren:

„Im GE-Unternehmensbereich Turbinen- und Kraftwerksbau hatte sich nach Jahrzehnten des Wachstums und Aufschwungs folgende Kundeneinstellung durchgesetzt: ‚Wir bauen Turbinen. Wir fordern dafür den und den Preis. Wollen Sie eine haben?' Es bedurfte einer erniedrigenden Bestellflaute über mehrere Jahre hinweg, bevor der Bereich seine Arroganz überwand und größere Kundenfreundlichkeit entwickelte."[103]

Trotz seiner Wettbewerbsbesessenheit treibt Welch die Mitarbeiter nicht nur mit furchteinflößenden Feindgeschichten zum Handeln an. Der Organisationsexperte Karl Weick hat noch ein anderes Welch-Paradoxon festgestellt: „Welch betrachtet die Japaner offensichtlich als Konkurrenten, Partner, Freund und Feind zugleich: Dies ist ein gutes Beispiel, wie sich einer nicht in das Entweder-Oder-Denkklischee zwängen läßt. ..."[104]

Welch glaubt, daß der Aktivismus der Anteilseigner die US-Unternehmen vorantreibt:

„Es gibt Leute hierzulande, die häufig über den Aktivismus der Anteilseigner, über Ungeduld und Leistungsansprüche klagen, aber meiner Meinung nach haben sich gerade die Nachsichtigkeit und die Geduld der europäischen und japanischen Anteilseigner dahingehend ausgewirkt, daß ihre Unternehmen an Biß, Vorwärtsdrang und Wettbewerbsstärke eingebüßt haben."[105]

Welch hält auch viel vom „konstruktiven Konflikt": Eine Idee, die einem aggressiven Angriff nicht standzuhalten vermag, ist eine schwache Idee.

Der NBC-Manager Brandon Tartikoff hat einmal gesagt, es sei die Konkurrenz, die Jack Welch allmorgendlich aus dem Bett treibt: „Er ist wie ich. Er will gewinnen."[106]

Anmerkung: Tartikoff war der jüngste Geschäftsführer in der Geschichte des Senders, als er, gerade 30 Jahre alt, die kränkelnde NBC-Programmgestaltung übernahm und zum größten Branchenerfolg entwickelte. Tartikoff starb 1997 im Alter von 48 Jahren an der Hodgkinschen Krankheit.

Eine typische Sitzung mit Chairman Welch

Meistenteils hat eine Sitzung mit Jack Welch etwas von einem *Roadrunner*-Cartoon an sich. Jack eilt vondannen mit dem zufriedenen Kommentar: „Ist prima gelaufen." Seine Mitarbeiter fühlen sich beim Verlassen den Sitzungsraumes eher wie der gewisse Wile E. Coyote – überfahren, angepfiffen, vom Sockel gekippt. Doch wenn man das Spielchen erst einmal kennt, ist es nicht mehr so schlimm.

Dazu meinte ein Mitarbeiter: „Man kann Jack nicht mal ‚Guten Tag' sagen, ohne auf Konfrontationskurs zu gehen. Wenn einer nicht bereit ist, Auge um Auge, Zahn um Zahn mit Jack zu argumentieren, kann der ihn gar nicht brauchen."[107]

John Opie, Vice Chairman bei GE, läßt verlauten, die Mitarbeiter bereiteten ihre Sitzungen mit Welch so vor, daß sie sich für den großen Auftritt gerüstet fühlen. „Man zieht sich warm an. Man ist kampfbereit." Wenn Welch dann den soeben unterbreiteten Akquisitionsvorschlag nicht gut findet, sagt er etwa: ‚Sie sind wohl verrückt, das ist viel zuviel Geld. Sehen Sie zu, daß Sie den Laden für die Hälfte kriegen.' Man sollte sich besser eine dicke Haut zulegen, sonst kommt man nicht ohne Schrammen davon."[108]

David Orselet, ein inzwischen in den Ruhestand getretener GE-Manager, warnt: „Eines dürfen Sie mit Jack nie machen – Sie dürfen nichts schönreden. Wenn er Sie dabei erwischt, bekommen Sie Probleme. Echte Probleme. Sie müssen schon gründlich informiert sein. Vertreten Sie Ihren Standpunkt, aber geben Sie zu, wenn Sie etwas nicht wissen."[109]

Frank P. Doyle, früher Senior Vice President für Arbeitsbeziehungen, hat einmal gesagt: „Das ist ein richtiges Spektakel, eine lautstarke, konfrontative Auseinandersetzung. Wir haben hier mehr Dezibel als anderswo. Ich habe schon zu Jack gesagt, was hier bei uns als Gespräch gilt, würde von den RCA-Leuten als Raubüberfall aufgefaßt werden."[110]

Einer ehemaligen, nicht näher benannten GE-Führungskraft zufolge geht es auf einer Welch-Sitzung so zu: „Jack verfolgt Sie durch den ganzen Raum und bombardiert Sie mit Argumenten und Einwänden. Sie fechten so lange, bis er Sie das tun läßt, was Sie wollen – und es versteht sich, daß Sie alles in Ihren Kräften Stehende tun werden, damit es dann auch klappt. Das Ganze ist ein Ritual. Es kommt einer vertraglich eingegangenen Verpflichtung gleich."[111]

„Doch wenn Welch Ihre Idee wirklich nicht mag, dann merken Sie das auch. Leonard Vickers, ehemals Vice President für Marketing bei GE, erzählt, wie er einmal die Präsentation einer Werbeagentur mit Welch diskutieren mußte: „Ich habe der Agentur in meiner feinen englischen Art zu verstehen geben wollen, daß ihre Präsentation nicht ganz unseren Vorstellungen entsprach. Jack packte sich lediglich die Präsentationstafel, knallte sie auf den Boden und sagte: ‚Da so was mögen wir nicht! So nicht!'"[112]

Dr. Steve Kerr, Direktor des GE-Management-Trainingszentrums in Crotonville, sagt, als er neu bei GE gewesen sei, hätte man ihm gleich erzählt, das Problematische an Welch wäre, daß der so eine „Scheißliste" mit Leuten führe, die einen schlechten Eindruck auf ihn gemacht hätten. Einer der Kollegen hatte zunächst beigepflichtet, dann aber hinzugefügt: „Man da kann aber auch wieder runterkommen."

Kerr sagt, Welch ändere tatsächlich gelegentlich seine Meinung über Mitarbeiter und sei sogar zu deren Förderung bereit, wenn sie ihr angekratztes Image aufpoliert hätten.[113]

„Er bildet sich schnell eine Meinung", sagt Kerr. „Wenn einer so dezidierte Meinungen hat wie Jack, ist es schon angebracht, wenn eine solche Meinung auch mal geändert wird."[114]

Einige Beobachter behaupten, im Lauf der Zeit brächten die GE-Führungskräfte Welch zunehmend Ehrerbietung entgegen und seien weniger bereit, gegen ihn anzutreten. Eine bemerkenswerte Ausnahme ist Gary Wendt, Leiter des Unternehmensbereichs Finanzdienstleistungen (GE Capital Services), der bei GE als „Profit-Dynamo" gilt. Wäre Wendt nicht schon 55 Jahre alt und mit seiner umstrittenen Scheidung heftig in die Schlagzeilen geraten, hätte er als potentieller Nachfolger für Welch gute Aussichten.

„Wendt ist die einzige Spitzenführungskraft bei GE, die Jack nicht in den Hintern kriecht“, wird ein nicht namentlich genannter GE-Manager zitiert.[115]

Und der Buchautor Richard Tanner Pascale schreibt: „Diejenigen, die Welch persönlich kennen, sehen seinen groben Konfrontationsstil und sein plattmachendes Streben nach Erfolg bei weitem wettgemacht durch seine Aufrichtigkeit, seinen Mut und seinen hingebungsvollen Arbeitseinsatz. Aber starke Führungspersönlichkeiten werfen lange Schatten. Die meisten GE-Manager ‚erleben‘ Welch nur aus zweiter oder dritter Hand. Und von weitem erweckt er leicht den Eindruck eines Autokraten und Instrumentalisten.“[116]

Sinn für Humor

Man müßte schon „vor Ort“ sein, um mit Sicherheit beurteilen zu können, ob Jack Welch einen Scherz macht oder nicht. Welch ist mit Henry Kissinger befreundet, aber als Nancy Kissinger anrief und Welch fragte, ob er ihr bezüglich der Reparatur eines Haushaltsgerätes behilflich sein könne, tönte es aus der Leitung: „Wofür hältst du mich eigentlich – für einen Schlosser?“ Welch nahm sich des Problems an und hat Qualitätsverbesserung in den letzten Jahren zur Priorität Nummer 1 gemacht.

Auf die Frage, ob er auch meine, er und der kürzlich verstorbene GM-Vorsitzende Alfred Sloan seien die zwei größten Unternehmensführer des Jahrhunderts, bemerkte Welch: „Ich habe Alfred Sloan nie persönlich kennengelernt.“[117]

Welch sagt selbst, die einen verehrten ihn, andere verschmähten ihn. Welch sagt, je nachdem, wen man frage, sei er wohl „irgendwas zwischen einem Scheich und einem Schwein.“[118]

Welch erzählt gern die Geschichte vom arroganten, aufgeblasenen Ochsenfrosch: Der hatte von anderen Fröschen gehört, die von Prinzessinnen geküßt und daraufhin in schöne Prinzen verwandelt worden waren. „Er hielt sich für einen exzellenten Kandidaten. Er ging zu einer Wahrsagerin und erzählte ihr, er sei sicher, daß irgendwo eine schöne Frau auf ihn warte. Die Wahrsagerin schaute in ihre Kristallkugel und, fürwahr, sprach: ‚Ich sehe eine schöne junge Frau, wie sie dich beobachtet ... deinen Körper stundenlang erforscht ... unbedingt alles über dich in Erfahrung bringen will.‘ ‚Ich hab es gewußt‘, sagte der Frosch. ‚Wo treffe ich diese Frau?‘ Die Wahrsagerin schaute wieder in ihre Kristallkugel. ‚In ihrem biologischen Labor‘ war die Antwort.“[119]

Bezeichnend für das Temperament von Jack Welch ist die Tatsache, daß er ein unverhohlener Fan des unverschämt-witzigen Talkshow-Moderators Don Imus ist.

> „In uns allen steckt eine Menge von Don. Die meisten haben nur nicht die Courage, so zu sein wie Don. Unsere Anzüge geraten uns zu Zwangsjacken.“[120]

Die Welt des Jack Welch: General Electric

Eine Maschine namens General Electric

General Electric ist 119 Jahre alt und gilt als eines der gewinnträchtigsten und mächtigsten Unternehmen in Amerika. Mittlerweile beschäftigt GE 240.000 bis 260.000 Mitarbeiter in über 100 Ländern. In den Vereinigten Staaten gibt es nur eine Handvoll Unternehmen, die mit der Tradition und dem Ansehen von GE aufwarten können. General Electric ist ebenbürtig mit so altehrwürdigen und einflußreichen japanischen Konglomeraten wie Mitsubishi und Sumitomo, mit den europäischen Konzernen Unilever und Nestlé sowie mit den tief verwurzelten amerikanischen Riesen DuPont und Coca-Cola Company.

Seit seiner Gründung hat GE 19 Präsidenten, 23 Rezessionen, die Weltwirtschaftskrise 1929, sechs Kriege und zahllose Steuerreformen überlebt. In all den Jahren sind an GE mehr Patente vergeben worden als an jedes andere US-amerikanische Unternehmen.

Und so sieht Jack Welch General Electric:

> „GE ist ein Siedekessel an Ideen und Lernprozessen, mit Zehntausenden von Leuten, die abwechselnd die Rolle des Lehrenden und des Lernenden übernehmen."[121]

Mit der bildlichen Vorstellung von einer Unternehmensmaschine verdeutlicht Welch, wie sich die verschiedenen GE-Unternehmensbereiche zu einer umfassenden Unternehmenseinheit zusammenfügen: Die Maschine wird von den einzelnen Bereichen angetrieben, die sich wie Kolben vor- und zurückbewegen. Der Treibstoff, der die Kolben mit Energie versorgt, ist das vom Topmanagement zugeführte Kapital. Schubverstärkung erfährt die Maschine durch die Gewinne. Und außerdem wirft die Maschine Extra-Cash zur Finanzierung von Dividenden, Akquisitionen und Expansionen ab.

Welch weiß, daß es viele Konzepte zur Beschreibung von GE gibt. Es komme ganz auf die Sichtweise der Betroffenen an: Aktionäre, Kunden, Lieferanten, Mitarbeiter und sogar die Bürger der Gesellschaft, in der das Unternehmen tätig ist.

> „GE kommt wohl der amerikanischen Wirtschaft als Mikrokosmos am nächsten – mit rund einem Drittel unserer Gewinne jeweils im Dienstleistungsbereich, im High-Tech-Bereich und in irgendeiner Branche aus dem Fertigungsbereich ..."[122]

Früher waren die Wirtschaftsexperten der Auffassung, wenn GE die US-amerikanische Wirtschaft im kleinen widerspiegele, könne der Konzern auch kein schnelleres Wachstum erfahren als die Wirtschaft im großen. Welch erkannte, daß es zwei Möglichkeiten zur Überwindung der Grenzen beim Bruttosozialprodukt gab: Man mußte besser sein als das durchschnittliche US-amerikanische Unternehmen, und man mußte global expandieren.

Zwar wollte Welch die Wachstumsgrenzen eines volkswirtschaftlich agierenden Unternehmens nicht als gegeben anerkennen, aber er strukturierte GE ganz nach dem Vorbild der Vereinigten Staaten – mit unternehmenspolitischer Demokratie (zumindest annähernd) und einer kapitalistischen Wirtschaftsform. Dieses System, sagt er, verschaffe GE einen Wettbewerbsvorteil:

> „Was unser System auszeichnet, ist Freiheitlichkeit. Es ermöglicht Leuten wie mir, GE-Vorsitzender über eine Generation hinweg zu werden. Es ermöglicht talentierten jungen Ingenieuren in unserem Unternehmen einen schnellen Aufstieg. Wenn wir Bürokratie und Starrheit in unser System bringen, spielen wir unseren Konkurrenten auf den globalen Märkten in die Hand."[123]

Welch hat auch das Erscheinungsbild von GE aus Kundenperspektive verändert:

„Früher verbrachten die GE-Führungskräfte mehr Zeit mit der Unternehmenspolitik als mit ihren geschäftlichen Transaktionen. Die Leute beschwerten sich, GE agiere mit dem Gesicht zum CEO und kehre dem Kunden den Hintern zu."[124]

In Anbetracht der globalen Entwicklung, sagt Welch, könne ein Unternehmen keine Arbeitsplatzsicherheit mehr garantieren. Nur die Kunden seien dazu in der Lage:

„Wenn wir eines mit Sicherheit wissen, dann dies: Was immer wir tun, um dem Kunden zu größerem Erfolg zu verhelfen, zahlt sich für uns bar aus."[125]

Welch hat die Beziehung zwischen Unternehmen und Mitarbeitern revolutioniert, sagt Daniel McGlaughlin, vormals Leiter des GE-CAD-Bereichs. In den letzten Jahren, so McGlaughlin, hätten die GE-Mitarbeiter ihr Gehalt bezogen, ob sie nun etwas geleistet hätten oder nicht. „Doch Welch führte eine neue Art von Vertrag ein, demzufolge das Unternehmen Möglichkeiten, Ressourcen und Umfeld bereitstellt und der Mitarbeiter dafür seine Fähigkeiten und seine Energie einsetzt."[126]

All das ließ sich auf einen vertrauten Nenner bringen – *Wettbewerb*:

„Der neue psychologische Vertrag, wenn es denn so etwas gibt, hat zum Inhalt, daß die Arbeitsplätze bei GE die besten Arbeitsplätze der Welt sind – für Leute, die bereit sind, sich in den Wettbewerb einzubringen. Wir verfügen über die besten Ressourcen für Aus- und Weiterbildung und über ein Umfeld, das alle Möglichkeiten für persönliches und berufliches Wachstum verspricht."[127]

Wenn Kritiker behaupten, das Arbeitsumfeld bei GE habe seine Menschlichkeit eingebüßt, hält Welch entgegen, das Unternehmen sei „starrköpfig, aber warmherzig"[128].

„Aufgabe des Unternehmens ist es, eine offene, faire und zugleich anregende Atmosphäre zu bieten, in der die Mitarbeiter über die notwendigen Ressourcen verfügen, um selbst aktiv zu werden und zu gewinnen. Aufgabe der Leute ist es, dieses Spielfeld zu nutzen und sich 110prozentig zu engagieren."[129]

GE-Manager müssen sich den wirtschaftlichen Realitäten stellen, aber dennoch für ihre Mitarbeiter sorgen:

„Wenn sie nicht hingehen und sich um ihre Mitarbeiter kümmern, werden die sich nicht für ihren Chef einsetzen. Deshalb müssen Sie Ihren Leuten ständig zeigen, daß Sie Interesse an ihnen haben. Unser Unternehmen funktioniert doch nur, wenn unsere Leute mitmachen. Wir können da gar nichts ausrichten."[130]

Obwohl Welch in geringerem Maß als andere CEOs bemüht ist, den Aktionären zu Diensten zu sein, will er durchaus auch deren Interessen berücksichtigen:

„Was wir erreichen wollen, ist ein angemessenes Gleichgewicht zwischen Aktionären, Mitarbeitern und Gesellschaft. Das ist ein schwieriger Balanceakt, denn wenn Sie die Aktionäre nicht zufriedenstellen, sind Sie nicht flexibel genug, all das zu tun, was Sie tun müssen, um den Mitarbeitern und der Gesellschaft gerecht zu werden. In unserer Gesellschaft müssen wir wohl oder übel die Aktionäre zufriedenstellen."[131]

Die Aktionäre sind nicht zu kurz gekommen: GE-Aktienkapital, das 1981 – zur der Zeit, als Jack Welch den Vorsitz übernahm – für 100 Dollar erworben werden konnte, ist heute 2.194,30 Dollar wert. Die Aktionärsrendite hat sich im Durchschnitt um 23 Prozent erhöht. Damit war der Preisanstieg für die GE-Aktie in all den Jahren fast doppelt so hoch wie beim Dow-Jones-Aktienindex und 76 Prozent höher als beim S&P-500-Aktienindex.

Welch muß natürlich auch Rechenschaft ablegen – vor dem GE-Verwaltungsrat:

„Meines Erachtens ist es Aufgabe des Verwaltungsrats, einen für den Gesamtkonzern verantwortlichen Vorsitzenden und CEO zu bestellen und hohe Standards von ihm zu fordern; und wenn der Betreffende dazu nicht in der Lage ist, ihn seines Amtes zu entheben. Das ist vermutlich die vorrangige Verantwortung des Verwaltungsrats. Wissen, in welche Richtung sich das Unternehmen entwickelt. Den Betreffenden auswählen. Und dann den Weg frei machen. Und wenn der nicht spurt, ihn herzitieren und ihm sagen: ‚Sie können Ihre Sachen packen und nach Hause gehen.'"[132]

GE – nur ein alltäglicher 79-Milliarden-Dollar-Familienbetrieb?

Finanzkenndaten von General Electric
15. Mai 1997

Summe der Aktiva:	272,4 Milliarden Dollar
Gesamtumsatz:	79,18 Milliarden Dollar (13 % Erhöhung gegenüber Vorjahr)
Gewinn:	7,3 Milliarden Dollar (11 % Erhöhung gegenüber Vorjahr)
Marktwert des GE-Aktienkapitals:	200 Milliarden Dollar (höchster Marktwert der Welt; Börsenkurs um 65 Dollar)
Mitarbeiterzahl weltweit:	um 260.000

GE 1981: Beginn der Welch-Revolution

Summe der Aktiva:	20 Milliarden Dollar
Umsatz:	27,24 Milliarden Dollar
Gewinn:	1,65 Milliarden Dollar
Marktwert des GE-Aktienkapitals:	12 Milliarden Dollar (auf Platz 11 in den USA, Börsenkurs bei angepaßtem Aktiensplitting um 4 Dollar)
Mitarbeiterzahl weltweit:	440.000

Jenseits der nationalen Grenzen

Bis zum Jahr 2000 wird es so sein, daß die Hälfte des GE-Gesamtumsatzes im Ausland erwirtschaftet wird.

Im Jahr 1989 kommentierte Welch stolz:

> „Volle 40 Prozent der heutigen GE-Reingewinne stammen von außerhalb der Vereinigten Staaten. ... Dank der Nachfrage nach unseren Produkten und Dienstleistungen konnten wir 1988 einen positiven Beitrag in Höhe von 3,1 Milliarden Dollar zur Handelsbilanz der USA leisten."[133]

Welch erkannte nach Ende des kalten Krieges ein enormes Potential:

> „Hinter uns liegt ein halbes Jahrhundert Krieg, Angst, Haß und riesiger Verteidigungsausgaben. Vor uns liegen die Chancen einer zunehmend friedvollen Welt. Rußland, Osteuropa und China haben sich über Nacht von militärischen Zielen zu marktwirtschaftlichen Möglichkeiten gewandelt. Grenzen und Märkte öffnen sich und schaffen ein enormes Potential für schnelle, kreative, wettbewerbsstarke Unternehmen."[134]

> „Wer nicht in Deutschland aktiv ist, der ist es auch in Europa nicht. Und wer nicht in Asien aktiv ist, der ist es nirgends."[135]

Manche Leute bezeichnen GE als reifes Unternehmen mit künftig eingeschränktem Wachstumspotential, doch Welch behauptet, die Globalisierung lasse dieses Konzept hinfällig werden:

„Welches Unternehmen könnte wohl als reif gelten in Anbetracht von Volkswirtschaften mit über 2 Milliarden Menschen in Indien, China und Südostasien?"[136]

„Mexiko boomt – mit einer Regierung, die sich nachdrücklich für offene Märkte einsetzt, mit Importen, die von 40 Milliarden Dollar im letzten Jahr [1992] auf 115 Milliarden Dollar im Jahr 2000 anwachsen werden. Von New York oder Raleigh aus ist der Flug nach Mexiko kürzer als nach Los Angeles, und diesen Markt darf Amerika nicht verpassen. Südostasien hat ein Bruttosozialprodukt, das sich alle zehn Jahre verdoppelt – mit einem enormen Infrastruktur- und Technologiebedarf, der für wettbewerbsstarke amerikanische Unternehmen wie geschaffen ist. Indien mit seinen annähernd 125 Millionen Mittelschichtverbrauchern und einem vielversprechenden neuen Regierungsansatz hin zur Marktliberalisierung bedeutet ebenfalls eine ungeheuer große Chance für das nächste Jahrhundert. Sicher sind diese Länder weit weg. Und die Kulturen sind völlig anders. Aber deshalb werden auch nur die leidenschaftlich wachstumsbesessenen Unternehmen an den riesigen Vorteilen eines siegreichen Marktwettbewerbs teilhaben können."[137]

„Wir [die Vereinigten Staaten] und Mexiko müssen Partner werden; wir müssen gemeinsam einen Weg finden, um Mexiko zum Erfolg zu verhelfen. Meiner Überzeugung nach ist Mexiko ein großartiges Land und wird dies auch in Zukunft sein."[138]

Auf die Frage, wie GE in so vielen Teilen der Welt, in denen der Konzern tätig ist, mit den kulturellen Unterschieden fertig wird, erwidert Welch mit einem Achselzucken:

„Über kulturelle Unterschiede mache ich mir keine Gedanken. Meines Erachtens kann die Gegenfrage nur lauten: ‚Welche Alternativen haben wir?' Ich meine, es ist doch so: Wenn man nicht in dem betreffenden Teil der Welt vertreten ist und daran teilnimmt, fühlt, Ideen bekommt, ihn berührt und beschnuppert – dann ist man denen [der Konkurrenz] ausgeliefert. Man muß einfach in jedem Markt präsent sein. Die Leute sagen, ich ginge in China ein zu hohes Risiko ein. Aber welche Alternativen habe ich denn? Außen vor bleiben? Kann sein, daß China es nicht schafft, kann sein, daß wir es in China nicht schaffen. Aber es gibt keine andere Alternative als die, dort nach Möglichkeit Fuß zu fassen und auf dem riesigen Markt mit seinen hochintelligenten Menschenmassen mitzumischen. Wir kennen China nicht. Jedesmal, wenn ich in China gewesen bin, ist mir bewußt, wie vieles ich nicht weiß. Ich bin dreimal dort gewesen im letzten Jahr. Wir haben eine Best-Practices-Studie durchgeführt. Wir haben mit wer weiß wie vielen Unternehmen gesprochen. Wir wissen nur soviel: Wir werden dort Präsenz zeigen."[139]

„Inzwischen kämpfen wir alle in der globalen Arena, und in diesem Wettkampf gibt es nicht mal die übliche Minute Pause zwischen den Runden."[140]

Helden

In Unternehmen wie GE, sagt Welch, gebe es nur eine Art von Helden:

„Held ist, wer Ideen hat."[141]

GE kann mit vielen historischen Persönlichkeiten aufwarten – zu nennen wären der Erfinder Thomas Edison, der legendäre Ingenieur Charles Steinmetz und Charles Coffin, der die Leitung von GE übernahm, als die Investoren Edison aus dem Amt jagten. Coffin gilt als Vater des professionellen Managements. Alle diese Helden trugen dazu bei, die Organisation in eine gemeinsame Geschichte und Kultur einzubinden. Ihrem Vorbild eiferten die nachfolgenden Generationen nach.

Fred Borch wurde CEO von GE ungefähr zu der Zeit, als Welch Mitarbeiter im Unternehmen wurde, und Welch zufolge war dieser Mann seinerzeit genau der Richtige:

> „Borch ließ tausend Blumen blühen. Er führte uns zur Modulbauweise und in die Unterhaltungsbranche, zog GE Credit durch seine Anfangsschwierigkeiten, ging Risiken in Europa ein und ließ den Bereichen Flugzeugtriebwerke und Kunststoffe freien Lauf für ihre Aktivitäten. Nach seinem Rücktritt zeigte sich, daß GE wieder einmal Fuß in zukunftsträchtigen Branchen gefaßt hatte."[142]

Welch hat auch Anregungen außerhalb von GE gefunden. So zitiert er gelegentlich Helmuth von Moltke, einen preußischen General aus dem neunzehnten Jahrhundert, der als militärischer Instrukteur in türkischen Diensten stand. Von Moltke schrieb, detaillierte Militärstrategien würden, sobald die Schlacht erst begonnen hätte, unweigerlich durch unvorhergesehene Ereignisse zunichte gemacht:

> „Von Moltke war überzeugt, eine Strategie sei kein ausführlicher Aktionsplan, sondern vielmehr die Fortentwicklung einer zentralen Idee durch kontinuierlich veränderliche Bedingungen."[143]

> „Sam Walton war ein echter amerikanischer Held, zumindest für mich. Aber einer bestimmten Gruppe von Leuten hat er nur Ärger gebracht – solchen Managern von reifen Unternehmen jedweder Größe, die als selbstredende Entschuldigung für Stagnation anführen, ihre Märkte seien reif und deshalb sei alles ihrer Kontrolle entzogen. Sam Walton nun hat uns in eine dieser ausgesprochen reifen Branchen geführt und einen Weg gefunden, ihr zu Wachstum, Wachstum und nochmals Wachstum zu verhelfen, zweistellig, Monat für Monat, Jahr für Jahr. Und erreicht hat er das durch Innovation, durch Kundenzentriertheit und vor allem durch Schnelligkeit."[144]

Welch wurde auch von Peter Drucker beeinflußt, der als Berater für GE und als Dozent in Crotonville tätig war:

> „Wir müssen uns Peter Druckers außerordentlich schwierigen Frage stellen: ‚Wenn Sie nicht schon in diesem Bereich tätig wären – würden Sie sich heute dazu entschließen?' Und sollte die Antwort negativ ausfallen, müssen wir uns die zweite schwierige Frage stellen: ‚Was werden Sie diesbezüglich unternehmen?'"[145]

Die Heilige Stadt

Kaum war Welch zum Vorsitzenden von GE bestellt, als er sich Jim Baughman, den damaligen Leiter des GE-Managementinstituts in Crotonville im Staat New York, vorknöpfte und ihm verkündete:

> „Ich will eine Revolution, und die soll von Crotonville ausgehen."[146]

Crotonville mit seinem waldigen, rund 20 Hektar umfassenden Institutsgelände hoch über dem Hudson River hat schon immer eine zentrale Rolle in der GE-Unternehmenskultur gespielt, doch Welch wollte dem von GE betriebenen Institut für die Ausbildung von Führungskräften zu noch größerem Einfluß verhelfen.

Schon in den 50er Jahren hatte die Unternehmensleitung von GE einen einzigartigen Bedarf an Managementtraining erkannt. Chairman Ralph Cordiner erwarb die Immobilie vom Hopf Institute in Ossining, New York, und richtete dort das erste privat von einem Unternehmen betriebene Trainingszentrum ein. Crotonville hat inzwischen mehrfach Nachahmung gefunden – so bei IBM mit seiner Sands Point School und bei Hitachi mit dem Management Development Institute in Japan. Crotonville, das sogenannte „Harvard der amerikanischen Unternehmensszene" hat den folgenden offiziellen Auftrag: „Lösungen für das GE von heute suchen und Führungspersönlichkeiten für das GE von morgen ausbilden".

> „Wir streben die Antithese blinden Gehorsams an. Wir wollen, daß die Leute das Selbstvertrauen haben, gegensätzliche Standpunkte zu vertreten, alle Fakten auf den Tisch zu bringen und abweichende Meinungen zu respektieren. Dies ist die von uns bevorzugte Lernmethode; auf diese Weise bilden wir uns ein ausgeglichenes Urteil. Wir halten die von diesem Ansatz erzeugte Partizipation, Einbeziehung und Überzeugungskraft für wertvoll."[147]

Bildung und Ausbildung, ob nun in Crotonville oder woanders, haben für Welch stets einen prioritären Stellenwert. GE investiert 500 Millionen Dollar jährlich in Ausbildungs- und Trainingsprogramme, und diese Summe wird sich bis zur Jahrhundertwende noch verdoppeln.

In Anbetracht der Tatsache, daß jeder neue GE-Manager mindestens zweieinhalb Tage in Crotonville verbringt und daß sich dort alljährlich 5000 Mitarbeiter, Kunden und Lieferanten einfinden, ist das Institutsgelände eher als klein zu bezeichnen. Rotwild zieht über das ehemalige Farmland im Norden von Tarrytown. An klaren Tagen schimmert das World Trade Center in New York City am Horizont, rund 50 Kilometer entfernt. Den Hügel gleich an der Zufahrt zum Institutsgelände nimmt ein Hubschrauber-Landeplatz ein – er erinnert daran, daß Chairman Jack Welch jeden Moment eintreffen könnte.

Crotonville hinterläßt den Eindruck eines diskreten Kurorts gehobener Preisklasse. An jeder Tür befinden sich Ständer mit Golfschirmen. Wenn es regnet, nehmen sich die Leute einen, laufen zum nächsten Gebäude und lassen ihn dort stehen. Und dann überall frische Blumen; Schalen mit Weintrauben, Pflaumen, Äpfeln und Bananen; und Coffee-Bars, über die Gebäude verteilt. In jedem Toilettenraum stehen eine Flasche Mundwasser und ein Stapel kleiner Einwegtassen.

In vier Gebäuden können 146 Studenten wohnen. Außer dem großen Speiseraum steht im Wohnheim eine voll eingerichtete Küche zur Verfügung, so daß sich die Gäste, wenn sie nach einem Flug von Asien oder Europa unter der Zeitverschiebung zu leiden haben, Mineralwasser oder einen Eisriegel holen und zu jeder Tages- und Nachtzeit eine Suppe oder eine tiefgefrorene Pizza machen können. Im Freizeitgebäude ist eine Bar eingerichtet. Nirgends auf dem Institutsgelände sind Kassen anzutreffen.

Dr. Steve Kerr, derzeit Leiter in Crotonville, räumt schmunzelnd ein, es gebe tatsächlich so etwas wie einen [nicht immer erwünschten] „Crotonville-Effekt“ – die durchschnittlichen zwei Pfund Gewichtszunahme pro Woche, die man dort verbringt. „Bei GE heißt es: Wenn es sich lohnt, lohnt es sich dicke.“[148]

Jeder GEler, der nach Crotonville kommt, kennt den „Pit“: Die „Grube“ ist ein kleines, intimes Auditorium, wo der Vortragende in einer brunnenähnlichen Vertiefung steht, und vom Podium aus sind wie in einem Theater auf mehreren Rängen Sitzreihen im Halbkreis angeordnet. Die Bezeichnung „Pit“ geht auf Welchs Lieblingsspielplatz in der Jugend zurück, aber für GE ist dieser „Pit“ das griechische Forum. Welch läßt im „Pit“ keine Journalisten und Analysten und auch sonst kaum einen Außenstehenden zu, um einen freien, ungehinderten Ideenaustausch zu gewährleisten – wohl auch, weil er selbst, wenn er in Crotonville ist, so gut wie alles offen kundtut, was ihm in den Sinn kommt.

Welch führt selbst einen Managementkursus für Unternehmensleiter in Crotonville durch – gewöhnlich einmal im Monat. „Es wäre Zeitverschwendung für ihn gewesen, aber er hätte einen großartigen Professor abgegeben“, sagt Kerr.[149]

GE geht auch mit seinen Programmen im Crotonville-Stil nach Japan und andere weitab gelegene Standorte und bietet „virtuelle“ Crotonville-Trainingskurse über verschiedene elektronische Mittel an. Darüber hinaus plant Kerr ständige Crotonville-Dependancen in Europa.

Kerr, ein ehemaliger Professor der University of Michigan und Fakultätsdekan an der University of Southern California Business School, erläutert, daß viele der in Crotonville benutzten Konzepte von anderen Quellen übernommen worden sind. „Crotonville hat zur Theorie des Managements nicht viel beigetragen, aber sein Beitrag zur Praxis ist enorm“, sagt Kerr.

Sogar das berühmte Workout-Programm von GE stützt sich in vielen Details auf das Konzept *Partizipatives Management* und die Ansätze japanischer Qualitätszirkel. „Crotonville hat den Camelot-Ruf, das Mekka für die Ausbildung von Führungskräftenachwuchs zu sein; Tatsache ist, daß wir manches wirklich sehr gut und anderes wiederum weniger gut machen. Wir haben hier keine Geheimniskrämerei. Unsere Stärke liegt nicht in der Erarbeitung großartiger wissenschaftlicher Erkenntnisse, sondern darin, daß wir solche gut umzusetzen verstehen."[150]

Auf die Frage, ob denn Crotonville so gut sei wie sein Ruf, meint Kerr, es könnte gut sein, daß dies nicht der Fall ist. „Crotonville hat eben einen Camelot-Ruf." Trotzdem, sagt Kerr, seien er und sein Crotonville-Institut „gewissenhafte Lernende" in bezug auf die Kunst des Managements.[151]

In der Tat ist es so, daß Crotonville genau die Rolle übernommen hat, die sich Welch erhoffte, als er CEO wurde: „Es war der Klebstoff, der alles zusammenhielt, als der Prozeß des Wandels zum Tragen kam."[152]

GE-Fachsprachliches

Jede Kultur hat ihre eigene Sprache; Jack Welchs GE bildet da keine Ausnahme. Viele Schlagwörter, Ausdrücke und Abkürzungen wurden bei GE geprägt oder populär gemacht. Im Lauf der Zeit haben solche Ausdrucksweisen über alle GE-Grenzen hinweg Anwendung gefunden:

Bullet Train: Die Vorstellung vom Hochgeschwindigkeitszug verdeutlicht den GE-Ansatz gegenüber Wandel. Man kann die Geschwindigkeit des Zuges hier und da durch Modifikationen erhöhen, aber wenn der Zug sehr viel schneller fahren soll, sind radikale Veränderungen in der Konstruktion des Zuges und des gesamten Systems angesagt.

MBO: *Management by Objectives* ist ein Konzept, das gemeinschaftlich von Peter Drucker und GE entwickelt worden ist. Dem MBO-Konzept zufolge ist jeder Manager für eine Gewinnstelle verantwortlich und soll ganz bestimmte Zielvorgaben erreichen; im Fall von GE ging es um 7 Prozent Umsatzrendite und 20 Prozent Investitionsrendite. Der Ansatz hat allerdings einen fatalen Systemfehler: Die Manager tendieren dazu, einen Bereich „abzuernten" und die langfristigen Gewinne zugunsten kurzfristiger Gewinne zu erschöpfen. Bis zu dem Zeitpunkt, zu dem der Bereich in sich zusammenzufallen droht, ist der betreffende Manager längst befördert worden und hat mit den Problemen nichts mehr zu tun. Als mehrere hochrangige GE-Führungskräfte 1959 beschuldigt wurden, Preisabsprachen getroffen zu haben, wurde vermutet, der Druck, schwierige Zielvorgaben realisieren zu müssen, hätte sie zu solchem Vorgehen veranlaßt.

SBU: Darunter ist die Organisation eines Unternehmens oder Unternehmensbereichs in strategische Geschäftseinheiten (*Strategic Business Units*) zu verstehen.

Smart Bombing: Der Ausdruck bezeichnet den Prozeß des Auslandsmarketing, demzufolge GE jedes Land für sich im Detail analysiert und dann eine ganz spezifische Kombination aus Produkten, Markenartikeln, Fertigungsanlagen, Marketing und Einzelhandelsstrategien zusammenstellt, um die Unternehmensleistung jeweils zu maximieren. Dieses Vorgehen steht in Einklang mit einem vertrauten GE-Leitspruch: „Wir managen Märkte, keine Fabriken."[153]

Strategische Planung: Dieser alte GE-Ausdruck bezeichnet ursprünglich einen sehr komplizierten Ansatz zur rechtzeitigen Erfassung künftiger Entwicklungen und zur bestmöglichen Vorbereitung eines Unternehmens auf veränderte Bedingungen. GE spricht inzwischen von CAP (*Change Acceleration Process*) und versteht darunter den Prozeß proaktiven Wandels.

SWOT-Analyse: Mit dieser Methode können Unternehmer neue Chancen und Herausforderungen analysieren. Wer die mit einer Situation verbundenen Stärken (*strengths*), Schwächen (*weaknesses*), Chancen (*opportunities*) und Gefahren (*threats*) kennt, verfügt über eine bessere Entscheidungsgrundlage. Im Lauf der Jahre haben GE-Manager auch gelernt, Probleme mit Hilfe von zwei weiteren beliebten Managementinstrumenten zu lösen – mit der Ursache/Wirkung-Analyse und der Ursachenanalyse.

TPC: Darunter ist die Analyse von Unternehmensproblemen unter technischen, politischen und kulturellen Aspekten zu verstehen.

POIM: Diese Strategie wurde vom GE-Management in den 50er Jahren entwickelt, ist inzwischen aber aus der Mode gekommen. Das Akronym *POIM* steht für Planen, Organisieren, Integrieren und Messen.

Es mag nicht gerade Welchs Absicht gewesen sein, dem GE-Jargon noch weitere Sentenzen hinzuzufügen, aber gerade er hat der amerikanischen Arbeitswelt zwei der gefürchtetsten Wörter beschert:

Downsizing: Ein leicht beschönigendes Synonym lautet auf *Rightsizing*. In beiden Fällen ist die Entlassung von Mitarbeitern angesagt.

Rationalisierung: Die Umstrukturierung eines Unternehmens mit dem Ziel größerer Effizienz bedeutet gewöhnlich Personalabbau.

Welch würde es begrüßen, wenn die Unternehmenswelt seine Definition von „Unternehmensloyalität“ übernehmen würde:

„Loyalität ist eine Seelenverwandtschaft unter Menschen, die gegen die Welt draußen antreten und gewinnen wollen. Durch ihre persönlichen Wertvorstellungen, Träume und Ambitionen fühlen sie sich zueinander und zu einem Unternehmen wie GE hingezogen, das ihnen die Ressourcen und Möglichkeiten zum Erfolg bietet.“[154]

Schmutzige Diamanten und andere GE-Skandale

Während der Amtszeit von Jack Welch als CEO hat General Electric auch Skandale erlebt. So wurde GE im Jahr 1989 von Bundesstaatsanwälten in Philadelphia im Rahmen seiner Personalbeschäftigungssysteme in 108 Fällen des Betruges beschuldigt: Die für den Bau einer neuen Raketenspitze für das Minuteman-System der US-Luftwaffe zuständigen Manager hätten Arbeitsnachweise gefälscht und die Regierung um 800.000 Dollar betrogen. Auf rund 100 der im Verlauf von drei Projektjahren vorgelegten 100.000 Lohnkarten waren inkorrekte Eintragungen vorgenommen worden.

GE wurde unverzüglich, wenngleich nur vorübergehend, von jeglichen Geschäftsaktivitäten mit der US-Regierung entbunden – der Konzern durfte Uncle Sam nicht mal mehr Glühbirnen verkaufen. Dem Unternehmen drohten Umsatzverluste von mehr als 5 Milliarden Dollar.

Zunächst behauptete GE, man sei sich keiner Schuld bewußt. Doch nach weiteren Ermittlungen lautete die Geschichte anders: Der Konzern bekannte sich im Sinne der Anklage schuldig.

„Die größten Bauchschmerzen verursachte uns der Verteidigungsskandal. Das hat weh getan, wirklich weh getan. Wir lieben unser Unternehmen hier, und da schmeißt einer mit Steinen. Wir sind so vielen Möglichkeiten nachgegangen [in dem Bemühen, herauszufinden, was eigentlich passiert war]. Das dauert seine Zeit, weil die [Mitarbeiter] einem immer mit Argumenten kommen, wie komplex Regierungsvorschriften seien usw. Und dann gelangten wir schließlich zu dem Ergebnis, daß irgend jemand tatsächlich betrogen und das System hintergangen hat. Aber bis zu dieser Erkenntnis haben wir uns immerzu nur im Kreis gedreht. Aber das ist nicht die Schuld der Regierung. Das ist eine Angelegenheit grundlegender Integrität."[155]

Bei GE-Skandalen geht es oft um Militärverträge, wobei man sich häufig an Romanhandlungen mit dunklen Machenschaften auf internationalem Parkett erinnert fühlt. Anfang der 80er Jahre wurde dem israelischen Luftwaffengeneral Rami Dotan im eigenen Land der Prozeß gemacht, weil er gemeinsam mit Mitarbeitern des GE-Unternehmensbereichs Flugzeugtriebwerke über 30 Millionen Dollar aus der US-Regierungskasse für kriegstaugliche Computersysteme auf Privatkonten gebracht hatte. Die GE-Mitarbeiter wurden zu einer Geldstrafe in Höhe von 10 Millionen Dollar verurteilt und mußten eine Gefängnisstrafe absitzen. GE beteiligte sich an den Ermittlungen und einigte sich mit der US-Regierung auf eine Vergleichssumme in Höhe von 69 Millionen Dollar.

John LeCarre, Autor von Spionageromanen, hätte die Story schreiben können, die ans Tageslicht kam, als GE beschuldigt wurde, sich an widerrechtlichen Preisabsprachen beteiligt zu haben. Es ging um Industriediamanten. Die Geschichte begann im September 1991, als Jack Welch mit der ihm eigenen Direktheit Glen Hiner, dem damaligen Leiter des GE-Unternehmensbereichs Kunststoffe, ein Memo schrieb. „Russell muß gehen. Sein Auftritt im Juli war unmöglich, und gestern ist er wohl ganz von der Rolle gewesen."[156]

Edward Russell, Leiter des GE-Diamantenbereichs in Worthington im Bundesstaat Ohio, nahm seinen Rausschmiß keineswegs gelassen hin. Vielmehr rief er beim FBI in Columbus an und teilte dem dortigen Büro mit, GE und eine Schweizer Tochtergesellschaft der DeBeers Group nähmen Preisabsprachen bei Industriediamanten vor. (Die beiden Unternehmen wickeln fast 80 Prozent des Weltgeschäfts mit Diamanten für Schneidwerkzeuge ab.) Anschuldigungen im Zusammenhang mit ausschweifenden Partys, Prostituierten und in Saus und Braus lebenden GE-Managern machten die Runde.

Russell behauptete, er sei geschaßt worden, weil er versucht habe, die Angelegenheit mit den Preisabsprachen GE-Spitzenführungskräften zu Ohren zu bringen. Im April 1992 verklagte Russell GE wegen unrechtmäßiger Entlassung und löste ein internationales Ermittlungsverfahren seitens des US-Justizministeriums aus. Justizvertreter zogen aus in alle Welt und durchsuchten Büros in Belgien, um deutsche und belgische Geschäftsleute überführen zu können. Sie fingen James Whitehead am Zoll ab, als der zu einem Golfturnier in die Vereinigten Staaten zurückreisen wollte. Er wurde nach Columbus befördert, um dort vor der Jury eines Bundesgerichts als Zeuge auszusagen. Später kehrte er freiwillig zur Gerichtsverhandlung in die Vereinigten Staaten zurück, wo er seine Aussage leicht abänderte.

Auf die Frage, warum er nun eine andere Version der Geschichte präsentiere, erklärte Whitehead: „Also, Sie haben mich verhaftet, ins Gefängnis gesteckt und mich auf einen späten Abendflug gebucht. Ich bin erst am frühen Morgen hier gelandet und habe in der Nacht kein Auge zugetan. Unter solchen Umständen war mein Erinnerungsvermögen vermutlich nicht ganz so gut."[157]

Russells Klage gegen GE hat zu keinem Prozeß geführt. Zwei der von Russell erhobenen Anklagepunkte gegen GE wurden von einem Richter zurückgewiesen. Welch und ein Anwalt trafen sich mit Russell zum Lunch und handelten einen außergerichtlichen Vergleich in bezug auf den dritten und letzten Punkt der Anklage aus. Russell zog seine Klage zurück und unterzeichnete eine eidesstattliche Erklärung mit dem Inhalt, seine Entlassung stehe in keinem Zusammenhang mit Preisabsprachen und kartellrechtliche Unregelmäßigkeiten seien ihm persönlich nicht bekannt.

Trotzdem verfolgte das Justizministerium den Fall weiter, bis ein Bundesrichter aus Columbus das Ermittlungsverfahren im Dezember 1994 schließlich einstellte. Nach fünfwöchiger Anhörung von Regierungsaussagen erklärte der Richter den Fall für zu wenig stichhaltig, als daß er vor einer Jury verhandelt werden könnte. Mangels Beweises, so sagte er, „bricht die von der Regierung vertretene Verschwörungstheorie in sich zusammen“.[158]

Welch meint, es sei unwahrscheinlich, daß es ausgerechnet GE gelinge, nur solche Leute einzustellen, die nicht stehlen, betrügen, Drogen konsumieren oder sonstiges inakzeptables Verhalten erkennen lassen:

> „Ob es nun um einen Preisabsprache-Skandal in den 60ern, einen Bestechungsfall in den 70ern oder ein Lohnkarten-Problem im Verteidigungsgeschäft in den 80ern Jahren geht – ein Unternehmen mit 300.000 bis 400.000 Leuten muß immer auf der Hut sein. Allen Vorkehrungen und Schriftbergen zum Trotz wird es immer ein oder zwei schwarze Schafe geben. Unsere Aufgabe – die Aufgabe eines jeden – ist es, Integrität zu predigen und in Wort und Tat zu leben.“[159]

Das Lohnkarten-Problem veranlaßte Welch zur Einführung eines Ethik-Programms, das in einer GE-Broschüre mit dem Titel *The Spirit and the Letter of Our Commitment* niedergelegt ist:

> „Das Programm liegt in allen Sprachen vor. Wir sagen [den Mitarbeitern] genau, an wen sie sich wenden sollen. Wir haben in jedem Betrieb Ombudsleute, und die haben eine Hotline. Diese Konsequenz haben wir aus dem 800.000-Dollar-

Lohnkarten-Fall gezogen. Sonst hätten wir das nicht getan. Aus all dem Schlamassel schafft man letztlich neue Leistungsstandards. Jeder Ernstfall muß schließlich zu etwas führen. Was lernen wir daraus? Wie gehen wir damit um? Wie können wir das Gelernte nutzen?"[160]

Da in anderen Ländern andere unternehmerische Gepflogenheiten herrschen, sind US-amerikanische Rechtsstandards nur schwer einzuhalten; doch Welch zufolge ist das machbar:

„Bei globalen Transaktionen kann man ohne Bestechung gewinnen. Allerdings sollte man technologisch überlegen sein. So gewinnen wir beispielsweise im Turbinenbereich, weil wir die beste Gasturbine haben. Und man muß zu Niedrigpreisen liefern. Doch wenn Qualität, Preis und Technologie stimmen, gewinnt man so gut wie immer – und keiner kann einem an den Karren pinkeln."[161]

Jeder Mitarbeiter bekommt die „Moral-Broschüre" ausgehändigt. Sie beginnt mit einer Grußbotschaft von Welch, in der es unter anderem heißt:

„Integrität ist der Fels, auf dem wir unseren Geschäftserfolg – und unsere Qualitätsprodukte und Qualitätsdienste, unsere aufrichtigen Beziehungen zu Kunden und Lieferanten und letztlich unsere Wettbewerbsstärke – aufbauen. Das Streben von GE nach Leistung und Wettbewerbsstärke steht und fällt mit sittlich-moralischem Wohlverhalten."[162]

Unternehmensführung: Motive und Maximen

Führen – nicht managen

Reginald Jones, Welchs Vorgänger bei GE, verglich die Triebkraft des Unternehmens gern mit der eines Supertankers: „Sobald man den auf Kurs gebracht hat, geht man besser aus dem Weg, sonst wird man überrollt.“[163]

Welch sagt, eine solche Triebkraft setze leidenschaftliches Engagement voraus:

> „Die Welt der 90er und darüber hinaus wird nicht den ‚Managern' oder solchen Leuten gehören, die mit Zahlen zu jonglieren verstehen. Die Welt wird leidenschaftlich engagierten Führungspersönlichkeiten gehören – Leuten, die nicht nur selbst über ein enormes Potential an Energie verfügen, sondern auch die von ihnen geführten Mitarbeiter zu elektrisieren vermögen."[164]

> „In einem Umfeld, in dem wir jede gute Idee von jedem einzelnen Mitarbeiter in der Organisation brauchen, können wir uns keinen Führungsstil leisten, der die Leute kleinhält und einschüchtert."[165]

> „Schwache Manager vernichten Arbeitsplätze. Das sind diejenigen, die das Unternehmen kaputtmachen; das sind Job-Killer."[166]

Auf die Bemerkung, er habe wohl die Manager auf dem Kieker, erwiderte Welch:

> „Ich habe eine Abneigung gegen die Eigenschaften, die gemeinhin mit ‚managen' in Verbindung gebracht werden – kontrollieren, Leute gängeln, sie im dunkeln lassen, ihre Zeit mit

trivialen Aufgaben und Berichten verschwenden. Auf sie herabblicken. Man kann den Leuten kein Selbstvertrauen ‚vermanagen'. Man muß ihnen den Weg freimachen und ihr Selbstvertrauen dadurch stärken, daß man die Voraussetzungen für erfolgreiches Arbeiten schafft und sie dann für ihre Erfolge belohnt. Das Wort *Manager* wird allzu häufig gleichgesetzt mit Kontrolle – kalt, desinteressiert, zugeknöpft, begeisterungsunfähig. Beim Wort *Manager* denke ich niemals an leidenschaftliches Engagement, aber umgekehrt habe ich noch nie eine Führungspersönlichkeit ohne ein solches Engagement erlebt."[167]

Und was erwartet Welch von einem idealen Unternehmensführer?

„Das ist einer, der Visionen von seinem Unternehmen, den Unternehmensaktivitäten und den Unternehmenszielen zu entwikkeln vermag. Einer, der in der Lage ist, der ganzen Organisation Sinn und Zweck des Unternehmens zu vermitteln und durch gemeinsame Diskussion – Zuhören und Reden – Akzeptanz seiner Vision zu erzielen. Und der dann unbeirrt dafür sorgt, daß diese Vision mit Erfolg realisiert wird."[168]

„Gute Unternehmensführer sind vor allem offen. Sie sind nach oben, nach unten wie auch im Umfeld ihrer Organisationen bemüht, Menschen wirklich zu begegnen. Sie bedienen sich nicht nur altbewährter Kanäle. Sie gehen auch informell vor. Sie pflegen einen direkten Umgang mit Menschen. Sie betrachten es als Ehrensache, für andere zugänglich zu sein."[169]

„In kleinen Unternehmen mit weniger Führungsebenen und weniger Versteckmöglichkeiten zeichnen sich die Unternehmensführer in aller Deutlichkeit auf der Leinwand ab. Ihre

Leistung und deren Auswirkung sind für jedermann klar zu erkennen."[170]

Aus eigener Erfahrung heraus kann Welch Unternehmensführern einen guten Rat geben:

„Als Unternehmensführer können Sie sich nicht auf eine maßvoll ausgewogene, überlegte und gewissenhafte Formulierung der Unternehmenspolitik beschränken. Sie müssen wie ein Wahnsinniger kämpfen."[171]

„Am besten stellt man große Ideen ohne Zeitfenster und streng definierte Ziele vor, denn jede Idee, die von der derzeitigen Norm abweicht, stößt auf Widerstand. Wenn man zuläßt, daß die Neinsager die eigene Idee bemessen und quantifizieren, könnten solche Leute zurückschlagen und die Idee zunichte machen, bevor sie sich überhaupt hat entfalten können."[172]

Welch kommt das Verdienst zu, den Wandel vom „Kommando/Kontroll"-Stil zu einem eher interaktiven Führungsstil vollzogen zu haben.

„Es ist nicht so, daß ich GE *verwalte*. Ich *führe* GE."[173]

Visionen sind keine Eintagsfliegen

„Führungspersönlichkeiten – da können Sie jeden nehmen, von Roosevelt über Churchill bis hin zu Reagan – inspirieren die Leute mit klaren Visionen, wie man Verbesserungen erzielen kann."[174]

Und wenn man eine Vision hat, soll man an ihr festhalten:

> „Wenn Sie eine Idee haben, die sich als Eintagsfliege entpuppt, sind Sie weg vom Fenster."[175]

Anläßlich eines Treffens mit Finanzanalysten im New Yorker Pierre Hotel warnte Welch die anwesenden Journalisten davor, Visionen mit Strategien zu verwechseln:

> „Dies wäre der geeignete Moment für mich, einen versiegelten Umschlag aus der Tasche zu ziehen, der die umfassende Strategie für unsere General Electric Company im nächsten Jahrzehnt enthält – wenn ich das könnte. Aber das kann ich nicht, und ich werde auch gar nicht den Versuch unternehmen, die vielen unterschiedlichen Initiativen von General Electric um einer intellektuellen Konzipierung willen zu bündeln. ... Es macht einfach keinen Sinn, nur um der Ordnung willen solche Pläne in eine allumfassende zentrale Strategie einzubinden. ... Gefördert werden die vielen dezentralisierten Pläne und Initiativen dieses Unternehmens nicht etwa durch eine zentrale Strategie, sondern durch eine zentrale Idee – ein einfaches Kernkonzept, das General Electric in den 80ern leiten und unsere vielfältigen Pläne und Strategien ausrichten kann."[176]

Die Journalisten begriffen nicht, was er damit meinte – vielleicht, weil die Vision zu umfassend war und Undeutlichkeiten enthielt. Es war schwierig, aus Welchs Worten einen klaren Bezug zu Unternehmenswachstum und Unternehmensgewinnen abzuleiten:

> „Wir sind bemüht, dem Organismus eines 60 Milliarden Dollar schweren und 114 Jahre alten Unternehmens die Seele und die Energie einer jungen Neugründung einzuverleiben."[177]

„Aufgabe der großen Unternehmen, eine Herausforderung, der wir uns als Bürokraten alle stellen müssen, ist die Schaffung eines Umfelds, in dem die Leute an ihren Träumen basteln können – und das nicht in irgendeiner Garage."[178]

„Wir sind angetreten, ein globales Unternehmen zu gestalten, das die Vorteile des klassischen Großunternehmens bewahrt und zugleich die Nachteile des klassischen Großunternehmens überwindet. Wir haben eine Mischform angestrebt, eine Unternehmung mit der Reichweite und den Ressourcen eines Großunternehmens – dem Organismus eines Großunternehmens – und zugleich mit dem Wissensdurst, dem unbedingten Wunsch nach Austausch und Gemeinsamkeit und dem Drang zum Handeln – der Seele – eines Kleinunternehmens."[179]

„Unsere Herausforderung besteht darin, General Electric zu allen Vorzügen eines Großunternehmens zu verhelfen und dabei mit der Schnelligkeit, der Entschlossenheit und dem Wissen eines Kleinunternehmens zu agieren."[180]

„Wir wissen alle, was wir uns von einem Kleinunternehmen versprechen. Wir kennen seine Eigenschaften: informelles Vorgehen, keine Führungsebenen, Kundennähe, den einzelnen Mitarbeitern das Gefühl geben, daß ihre Arbeitsleistung zählt, damit sie auch an die Konsequenzen ihres Handelns denken."[181]

Welch möchte zwar erreichen, daß GE so vital wie ein Kleinunternehmen ist, aber klein soll GE nicht sein. So schrieb er im GE-Jahresbericht 1995:

„Ausgliederung ist die richtige Antwort für manche Großunternehmen. Für uns ist es die falsche Antwort."[182]

Die organisatorische Größe vermittelt GE Ausdauer und Stehvermögen:

„Wir nutzen die Reichweite und die Ressourcen – die finanziellen, technologischen und bildungsrelevanten Ressourcen – eines Großunternehmens. Und wir wollen sogar noch größer werden. Aber wir haben gekämpft, um die schrecklichen Nebenprodukte des Großseins zu überwinden beziehungsweise zu verhindern: die Arroganz, den Bürokratismus, den Pomp und die alles erstickenden Führungsebenen – Krankheiten, die große Institutionen gemeinhin befallen und die nur schwer in den Griff zu bekommen sind."[183]

„Groß und agil sein ist besser als klein und agil sein. Der einzige Grund für Kleinsein ist der, daß die Leute nicht groß werden können. Keiner will klein bleiben. Ziel ist letztlich doch, weiter zu wachsen."[184]

Welch verhalf GE Schritt für Schritt zur Atmosphäre eines Kleinunternehmens. Zunächst modifizierte er die Struktur des Unternehmens, um anschließend die Arbeitseinstellung der GE-Mitarbeiter zu verändern:

„Wir streben ein Unternehmen an, das einzig und allein darauf ausgerichtet ist, dem Kunden zu dienen, ein Unternehmen, in dem jeder die Faszination des Gewinnens spürt und dafür seinen Lohn empfängt – an Seele und Brieftasche."[185]

„Wir müssen auf das Boß-Element verzichten. Wir müssen mit Hilfe unserer Ideen gewinnen, nicht mit Peitschen und Ketten."[186]

Es dauerte einige Jahre, bis die GE-Mitarbeiter Welchs Vision begriffen. Glen Hiner, ein GE-Manager, der mit Welch im GE-Unternehmensbereich Kunststoffe zusammengearbeitet hat, sagte: „Ich glaube, Jack hatte die Vision schon sehr früh und brachte sie auch ziemlich bald zum Ausdruck. Das Problem war nur, daß er meinte, alles müßte schnell gehen. Er verstand nicht, wie groß GE war. Er verstand nicht, wie tief er vordringen mußte, um all diese Veränderungen zu bewirken. Ich glaube, er wundert sich noch heute über die Fragen, die ihm in Crotonville gestellt werden, über diese anhaltende Begriffsstutzigkeit."[187]

Schließlich sah Welch ein, daß es eine Weile dauern würde, bis man seine Vision verstanden hatte:

„Sie müssen erkennen, das ein Unternehmen eine Abfolge von Versuch und Irrtum darstellt. Es geht nicht um großartige Wissenschaft. Es werden Fehler gemacht. Man treibt den Ball nur vor sich her, und dafür gibt es keine großartige Erklärung. Wenn wir eine Erklärung dafür haben, dann ist es unsere Überzeugung, daß man jeden Mitarbeiter ins Spiel einbeziehen muß. Man darf nicht zulassen, daß einer lediglich die Aufsicht führt. Und daran arbeiten wir Tag für Tag, jeder muß mitspielen; und am Gewinnen müssen mehr Leute teilhaben. Wir haben mehr Pizza-Partys, wir haben mehr Bier-Partys, wir machen mehr Fässer auf als sonst einer. Weil wir jedem zu verstehen geben wollen, daß die Arbeit hier keine Plackerei ist, daß dies hier kein Allerweltsbetrieb ist, sondern daß Arbeiten bei uns Spaß macht. Man verbringt doch den größten Teil des Tages bei der Arbeit. Wie schafft man eine Atmosphäre, in der Arbeiten spannend ist, Spaß macht und sich in geistiger, seelischer und auch finanzieller Hinsicht als lohnenswert erweist?"[188]

„Als Unternehmensführer ist man immerfort dafür verantwortlich, daß alle Umwege und alle Hindernisse beseitigt werden, damit die Vision erst einmal klar zu erkennen ist und dann auch Realität wird."[189]

E. Kirby Warren, Management-Professor an der Columbia University, sagt, Welchs Vision laute schlicht und einfach: „Genug mit all dem Buchwissen *In Search of Excellence*. Wir wollen exzellent *sein*."[190]

Alles messen und nichts verstehen?

„Allzuoft wollen wir alles messen und verstehen gar nichts. Die drei wichtigsten Dinge, die man in einem Unternehmen messen muß, sind die Kundenzufriedenheit, die Mitarbeiterzufriedenheit und der Cashflow. Wenn Sie die Zufriedenheit Ihrer Kunden erhöhen, erhöht sich mit Sicherheit auch Ihr Anteil am globalen Markt. Die Zufriedenheit Ihrer Mitarbeiter beschert Ihnen Produktivität, Qualität, Stolz und Kreativität. Und der Cashflow ist der Puls – das wichtigste Lebenszeichen – Ihres Unternehmens."[191]

Welch hält Projektionen und Budgets für gefährlich, weil sie auf vorsichtigen, konservativen Schätzungen beruhen und letztlich dem Erfolg Grenzen setzen:

„Ich kann Vorausberechnungen nicht ausstehen. Ich muß mir vielmehr die Welt anschauen und agil genug sein, um mit ihr leben und in ihr gewinnen zu können. Das heißt noch lange nicht, daß mir das gelingt. Es bedeutet lediglich, daß ich etwas *tun* muß."[192]

„Rigoroses Budgetieren allein ist Unsinn. Ich halte mich mehr an Ziele, an das Bemühen um bestmögliche Leistungen."[193]

„Zahlen sind nur Resultate. Wir setzen uns ja auch nicht Dollars zum Ziel. Gewinne fließen, wenn ein Projekt erfolgreich durchgeführt wird."[194]

Machen Sie sich nichts vor!

Ein Unternehmen, das sich nicht der Realität stellt, tritt auf der Stelle:

> „Es geht darum, daß wir uns auch in einer schwierigen Unternehmenssituation der Realität stellen. Wir [als Spitzenmanager] können gute Nachrichten hinnehmen, und wir können schlechte Nachrichten hinnehmen. Wir alle sind einflußreiche Leute und werden gut bezahlt, alle. Machen Sie sich nichts vor."[195]

Mit anderen Worten: Seien Sie in allem, was Sie tun, offen und ehrlich!

> „In Unternehmen werden schrecklich viel Rituale zelebriert. Die Leute machen sich doch nur etwas vor. Da schleppen sie dicke Akten mit sich herum und halten sich gegenseitig Präsentationen; davon erfahren die Kunden doch nichts, der Markt weiß nicht, daß Sie wochenlang in Ihrem Büro gehockt haben, um Diagramme vorzubereiten. Deshalb sage ich immer, Sie sollen

sich nichts vormachen, sondern losziehen und sich ums Geschäft kümmern."[196]

„Basteln Sie nicht an den Zahlen herum; sagen Sie, was Sache ist; stellen Sie sich auch unangenehmen Realitäten."[197]

Welch *hilft* den GE-Mitarbeitern, sich der Realität ihrer Situation zu stellen, indem er ihnen die Wahrheit sagt – einmal mehr, wenn diese Wahrheit schmerzt. In seiner Rede auf der Jahreshauptversammlung 1993 teilte Welch den Zuhörern mit:

„Unser Unternehmensbereich Haushaltsgeräte erwirtschaftet Gewinne, aber sein Hauptstandort in Louisville hat gegenüber der Konkurrenz einen signifikanten Kostennachteil. Wir verlieren in der Anlage dort Geld – und jeder weiß das; wir können dort nicht bleiben, wenn es uns nicht gelingt, unsere Gesamtkosten zu reduzieren."

Und weiter sagte er:

„Ob wir in Louisville gewinnen oder verlieren, bleibt abzuwarten, aber fest steht, daß es in unserem Betrieb in Louisville keinen einzigen Mitarbeiter geben wird, der nicht Zugang zu all den Fakten hätte – oder nicht die Möglichkeit bekäme, einen Gewinnbeitrag zu leisten."

Im weiteren Verlauf seiner Rede übermittelte Welch dieselbe ernüchternde Botschaft an die Mitarbeiter des GE-Bereichs Elektromotoren in Fort Wayne, Indiana, wo die Jahreshauptversammlung stattfand:

„Der Bereich insgesamt ist einigermaßen rentabel, aber die Betriebe hier im teuren Fort Wayne machen Verluste. Unser Hauptkonkurrent ist Emerson, bei dem die Kosten infolge von

Werksverlegungen beträchtlich niedriger liegen als bei uns. Unser Unternehmen kann keine Betriebe aufrechterhalten, die eine chronische Verlustquelle darstellen – gleich, ob sie in Louisville oder Fort Wayne oder sonstwo stehen."[198]

Welch schloß seine Ausführungen mit den ermutigenden Worten, die Arbeiter hätten wohl das Potential, damit fertigzuwerden. Dennoch – die meisten Bewohner in Fort Wayne horchten auf.

Anmerkung: In der GE-Anlage in Fort Wayne sind rund 1600 Mitarbeiter beschäftigt, und derzeit werden Gewinne erwirtschaftet. Vom Standort Louisville wird noch an späterer Stelle des Buches („Krieg der Waschmaschinen") die Rede sein.

In einer Sitzung in Crotonville 1986 stellte ein Manager aus dem vor sich hindümpelnden Automatisierungsbereich die Frage, was denn mit seiner Einheit passieren würde. Welch gab zur Antwort:

„Wenn ich an Ihrer Stelle wäre, würde ich mich anderweitig orientieren. Ich weiß, daß Sie das nicht gern hören. Aber wir schaffen das in dem Bereich nicht. In aller Fairneß, Sie müssen sich damit abfinden."[199]

Später am Abend suchte Welch bei einer Cocktailparty noch einmal das Gespräch mit dem Manager, um sich zu vergewissern, daß dieser die schlechte Nachricht auch verkraften konnte.

„Ganz gewiß ist es im Wettbewerb erfolgsentscheidend, daß jeder Mitarbeiter in einem bestimmten Bereich begreift, wie die Welt nun einmal ist, nicht, wie man sie gern hätte, und daß jeder Mitarbeiter auf die Zukunft vorbereitet ist."[200]

Welch besteht darauf, die GEler müßten nach vorn schauen, nicht zurück. Anläßlich der Jahreshauptversammlung 1990 führte er kurz die Leistungen und Erfolge des vergangenen Jahrzehnts auf, um dann den Zuhörern mitzuteilen:

> „So erfolgreich die 80er für GE waren, *sie sind vorbei*, und unsere Energien müssen nunmehr auf die 90er konzentriert sein."[201]

> „Bei GE halten wir uns nicht lange mit Leistungen und Ereignissen auf, die der Vergangenheit angehören."[202]

Informationen austauschen

> „Walter Wriston sagte mir am Tag meines Amtsantritts: ‚Jack, denken Sie daran: Sie werden immer der letzte sein, der von den entscheidenden Dingen erfährt, die in Ihrer Organisation erledigt werden müssen. Alle andere wissen es schon.' Er hatte recht."[203]

Welch hat versucht, all die Kommunikationsfilter zu beseitigen, die das Topmanagement gegen Informationen abschirmen. Die Senior-Führungskräfte von GE (Corporate Executive Council, CEC) treffen sich in jedem Quartal für zwei Tage, um die Leiter der wichtigsten GE-Bereiche über die Ereignisse im gesamten Konzern auf dem laufenden zu halten:

> „Für mich bedeutet gute Kommunikation ganz einfach, daß alle über ein und dasselbe Faktenmaterial verfügen. Wenn alle dieselben Fakten haben, können sie darangehen, Pläne für ihre Bereiche zu machen. Im CEC hat jeder hier das Gesamtunternehmen vor Augen und kann sich selbst ein Bild machen

über die Unternehmensleistung, über das Unternehmensumfeld, über die Unternehmensziele für die nächsten 90 Tage, über die Unternehmensziele für die nächsten zwei Jahre und auch darüber, wo die Schwächen und die Stärken liegen."[204]

Genauso wichtig ist es für Welch, daß der Informationsstrom von unten nach oben und von oben nach unten ungehindert fließen kann:

„Das ganze bürokratische Gedöns, das so oft die Kommunikation verzögert und behindert und innovative und risikofreudige Mitarbeiter entmutigt, ist abgeschafft worden; an seine Stelle ist ein schneller bewegliches, verstärkt aktionsorientiertes und persönlich befriedigenderes Umfeld getreten."[205]

„Wir wollen eine Atmosphäre schaffen, die durch völlige Offenheit geprägt ist. Das mag einem Manager seltsam erscheinen, der vor 25 oder 30 Jahren nur deshalb weitergekommen ist, weil er einen kleinen Wissensvorsprung vor dem Mitarbeiter hatte, der für ihn arbeitete."[206]

„Offenheit ist von entscheidender Bedeutung. Wir haben schnell erkannt, wie wichtig es für ein in vielen Branchen tätiges Unternehmen ist, sich zu einer offenen, lernenden Organisation zu entwickeln. Der ultimative Wettbewerbsvorteil einer Organisation ist ihre Fähigkeit, zu lernen und das Gelernte rasch in Aktion umzusetzen. Dieses Lernen kann in vielfältiger Weise erfolgen – durch großartige Wissenschaftler, großartige Managementansätze oder großartiges Marketing; dann aber muß das Unternehmen das Gelernte schnell aufnehmen und vorantreiben."[207]

Selbst Neulinge sollten mitreden dürfen:

> „Wir müssen auch die Frische, die Respektlosigkeit, den Hang zum Provozieren und Hinterfragen solcher Leute zu nutzen wissen, die voller Ungeduld sind, sich gegen das System stellen und Möglichkeiten zu einem Neubeginn sehen."[208]

In einer Rede anläßlich eines Bereichsleitertreffens 1987 sagte Welch:

> „Wir haben gelernt, was Kommunikation nicht ist. Kommunikation ist nicht eine Rede wie diese oder eine Videoaufnahme. Kommunikation ist auch nicht eine Betriebszeitung. Wirkliche Kommunikation ist eine Einstellung, ein Umfeld. Kommunikation ist der interaktivste Prozeß schlechthin. Kommunikation erfordert, daß man unzählige Stunden für persönliche Gespräche aufwendet. Und Kommunikation bedeutet mehr Zuhören als Reden. Kommunikation ist ein konstanter, interaktiver Prozeß, ausgerichtet auf Konsens(erzielung)."[209]

So edel sich diese Forderung nach Offenheit anhören mag – Kommunikation mit Welch kann auch mal so geraten, daß man sich vorkommt, als ob einem ein Eimer eiskalten Wassers über den Kopf geschüttet würde. Paul Van Orden, Leiter des Verbrauchsgüterbereichs bei GE, hatte mit rückläufiger Qualität, hohen Preisen und niedriger Rentabilität im Unternehmensbereich Haushaltsgeräte zu kämpfen. Eines Tages begegnete Van Orden dem CEO auf dem Flur:

„Wie stehen die Dinge?" fragte Jack Welch. „Was machen die Haushaltsgeräte?"

„Der Bereich hat echt zu kämpfen, Jack", erwiderte Van Orden.

„Kann ich denn irgendwie behilflich sein?" meinte Welch.

Van Orden überlegte einen Augenblick und sagte dann:

„Ja, schon. Sie könnten damit aufhören, den Bereich als Jauchegrube zu bezeichnen."

„Ich nenne den, wie ich will", kam es barsch zurück.

„Ja, dann", sagte Van Orden in aller Liebenswürdigkeit, „vielen Dank für Ihre Hilfe."[210]

Das GE-Credo

Rund 5000 GE-Mitarbeiter haben drei Jahre gebraucht, um die „Wertfibel" von GE, mit einem Beitrag von Welch versehen, zustande zu bringen. Ein Vorentwurf, der 1989 im Unternehmen bekanntgegeben wurde, sollte das Verständnis und die Annahme der GE-Werte durch die Mitarbeiter vorbereiten. Aber: „Mitarbeiter, deren Werte nicht mit den hier zum Ausdruck gebrachten Präferenzen übereinstimmen, werden außerhalb der General Electric Company größere Erfolgschancen haben."[211]

Dieser „Wink mit dem Zaunpfahl" erschreckte so manchen bei GE. Entweder den GE-Werten zustimmen oder aber den Hut nehmen müssen? Welche Konsequenzen würde es dann wohl haben, wenn man in Diskussionen abweichende Meinungen vertrat?

Als die GE-Leute dem CEO ihre Bedenken vorbrachten, trugen sie T-Shirts mit dem verschlungenen GE-Unternehmenslogo und dem Einzeiler: *„Subscribe to our values or else."* Welch verstand die Botschaft und strich den „Droh-Passus" aus der Wertfibel.[212]

Die Konsenserzielung, so Welch, „war ein brutaler Prozeß". Aber die Auflistung der GE-Werte hat für den CEO eine solch hohe Bedeutung, daß er sie auf einer kunststoffbeschichteten Karte ständig bei sich trägt.[213] Sie lautet sinngemäß:

GE-Führungskräfte zeigen Engagement bei stets gleichbleibender Integrität:

- Klare, einfache, realistische und kundenzentrierte Visionen schaffen und allen Betroffenen verständlich machen.

- Stretching ... Aggressive Ziele setzen, Fortschritte erkennen und belohnen und dabei Verantwortung übernehmen und Einsatz zeigen.
- Höchstleistungen anstreben und Bürokratismus mit all dem unsinnigen Ballast meiden.
- Selbstvertrauen entwickeln, alle Mitarbeiter einbeziehen und im Verhalten Grenzenlosigkeit zeigen; sich nachdrücklich für das Workout-Programm als Mittel zur Erzielung von Mitarbeiter-Empowerment einsetzen und für Ideen jedweder Herkunft offen sein.
- Global denken können oder die Fähigkeit zu globalem Denken und globalem Spürsinn entwickeln und bereit sein, vielseitige, globale Teams aufzubauen.
- Ungeheures Energiepotential entwickeln und die Fähigkeit besitzen, andere mit der eigenen Energie zu aktivieren, Wandel fördern und begrüßen, anstatt sich abschrecken oder lähmen zu lassen, Wandel als Chance und nicht als Bedrohung verstehen.
- Mental darauf ausgerichtet sein, Wettbewerbsvorteile durch Qualität, Niedrigkosten und Schnelligkeit zu erzielen.[214]

Sicher, der GE-Wertfibel hätte eine stringent formulierte, auf einfache Ausdrucksweise bedachte, grammatikalisch ausgefeilte redaktionelle Überarbeitung gut getan. Aber hier handelt es sich eben um ein Unternehmen mit Wissenschaftlern und Ingenieuren und nicht um Sprachlehrer.

Welch erwartet von allen GE-Mitarbeitern, daß sie sich die Wertfibel zu Herzen nehmen:

> „Jede Organisation braucht Werte, aber eine schlanke Organisation braucht sie um so dringender. Wenn man auf Stützsysteme samt Personal und Ebenen verzichtet, müssen die Leute

ihre Gewohnheiten und Erwartungen ändern, sonst sind sie dem Streß nicht gewachsen."[215]

Auf dem Bereichsleitertreffen 1992 in Boca Raton, Florida, machte Welch unmißverständlich klar, daß der „Droh-Passus" zwar aus dem Text gestrichen worden war, daß er ihn aber keineswegs vergessen hatte. Es war für GE ein finanziell außergewöhnlich erfolgreiches Jahr gewesen, und alle Anwesenden waren in Hochstimmung. Da hob Welch zu einer seiner berühmt-berüchtigten Realitätspredigten an:

„Schauen Sie sich um: Heute sind fünf Funktionsträger weniger hier als noch im letzten Jahr. Einer ist wegen seiner [unzureichenden] Zahlen entlassen worden, und vier mußten wegen [nicht zu vereinbarender] Wertvorstellungen gehen."[216]

Um sicherzustellen, daß die Führungskräfte die GE-Werte tatsächlich „vorleben", findet eine Personalbeurteilung durch Vorgesetzte, Kollegen und Mitarbeiter statt:

„Um unsere Werte durchzusetzen, nehmen wir bei unseren Leuten eine 360°-Beurteilung vor – mit Stellungnahmen von Vorgesetzten, Kollegen und Mitarbeitern. Das sind die strengsten Gutachten, die man sich vorstellen kann, denn auf diese Weise bekommen die Leute Dinge über sich zu hören, die ihnen noch nie einer gesagt hat."[217]

Auch heute noch hält Welch die soziale Kompetenz eines Managers für genauso wichtig wie die Gewinne, die er erwirtschaftet:

„Selbst verdiente Führungskräfte mit guten Ergebnissen und hervorragenden finanziellen Leistungen, die sich selbst nicht an das halten, was sie predigen, müssen um unserer Werte willen das Unternehmen verlassen. Wir müssen uns von ihnen trennen."[218]

Vier Typen von Führungskräften

Für den Fall, daß die GE-Wertfibel seine Botschaft immer noch nicht deutlich genug zum Ausdruck bringt, erläutert Welch unermüdlich seinen Standpunkt:

> „Was wir hier machen, ist von zerbrechlicher Art. Es baut auf Vertrauen auf. Der Prozeß läßt sich im Handumdrehen umkehren durch Mitarbeiter aller Ebenen, die Unternehmensführung als einen Prozeß der Einschüchterung begreifen, Leute, denen es an Selbstvertrauen mangelt und die deshalb auch nicht in der Lage sind, anderen zu vertrauen und Handlungsfreiheit zuzugestehen. ... Erwarten zu wollen, daß 284.000 Mitarbeiter [Beschäftigungsstand von 1992] ohne Unterstützung, Betreuung und Ermutigung ihrer Vorgesetzten – gleich, welcher Führungsebene – Leistungen erbringen, wäre absurd. Wir sind uns dessen durchaus bewußt und haben uns die verschiedenen Typen von Führungskräften, die wir in unserem Unternehmen haben, genau angeschaut. Wir haben gewissermaßen unser Spiegelbild geprüft. Wir unterscheiden nun vier Kategorien von Führungskräften, und ich denke, die sind nicht viel anders als die Typen, die Ihnen tagtäglich in den Betrieben, in Schulen, in Labors – in allen möglichen Einrichtungen – begegnen."[219]

Welch spricht gelegentlich auch von A-, B- und C-Managern. Seiner Meinung nach ist der Versuch, C-Manager zu A- oder B-Managern machen zu wollen, „ein Anfang ohne Ende". Die C-Leute sind besser in B- oder C-Unternehmen aufgehoben. GE ist ein „A-Plus-Unternehmen", das sich die Allerbesten aus den Reihen der Besten aussuchen kann. „Machen Sie bloß nicht den Fehler, wegzuschauen [von Funktionsträgern mit unzureichenden

Leistungen]. Setzen Sie die rechtzeitig vor die Tür“, wies er seine Senior-Führungskräfte an.[220]

Offensichtlich bezieht sich das Konzept mit den A-, B- und C-Typen auf unterschiedliches Leistungsverhalten. Welch erläutert die vier Manager-Typen und ihren Stellenwert in der GE-Unternehmenskultur.

Zum Typ I gehören Leute, die ihren Verpflichtungen nicht nur bezüglich ihrer Leistungen nachkommen, sondern auch an die von Kleinunternehmen übernommenen GE-Werte glauben und sich aktiv dafür einsetzen. „Deren Zukunft führt nach vorn und nach oben; das sind die Männer und Frauen, die unsere Führungsmannschaft im nächsten Jahrhundert stellen werden.“[221]

> „Typ I ist für alle der Star. Diese Leute kommen ihren finanziellen und sonstigen Verpflichtungen nach und vertreten unsere Werte. Werte wie Vorliebe für Schnelligkeit, Verachtung jeglichen Bürokratentums. Werte wie Freude an Wandel, kein Zurückscheuen davor, Achtung vor allen Menschen und aktive Einbeziehung eines jeden einzelnen in die gemeinsame Sache: Gewinnen.“[222]

Manager vom Typ II sind genau das Gegenteil. Die „kommen den Verpflichtungen nicht nach, teilen nicht unsere Werte – die halten sich nicht lange bei GE“[223], sagt Welch. „Die müssen gehen.“[224]

Mit den Managern vom Typ III ist es schon schwieriger, meint Welch. Die strengen sich mächtig an, aber „kommen ihren Verpflichtungen nicht immer nach, bringen keine guten Zahlen, vertreten aber all unsere Werte. Die können gut mit Leuten umgehen.“[225]

Manchmal setzen Manager von Typ III eine Menge aufs Spiel und verfehlen ihr Ziel:

„Wir unterstützen es, wenn jemand etwas riskiert; Typ III erhält gewöhnlich eine zweite Chance."[226]

Manager, die zu Typ IV gerechnet werden, bereiten die größten Kopfschmerzen: „Das ist einer, der eine gute Bilanz vorzuweisen hat, typischerweise aber Leistungen von seinen Leuten erzwingt, anstatt diese zu motivieren. Das ist ein Autokrat, ein Tyrann, einer, den man gern los wäre – wenn der bloß nicht so gute Zahlen brächte."[227]

„Manager vom Typ IV erbringen ihre Leistungen, ohne den Werten Beachtung zu schenken – oft genug handeln sie diesen sogar zuwider, weil sie ihre Mitarbeiter zermürben, ausquetschen, erdrücken. Einige Leute haben ihr Verhalten ändern können, aber den meisten ist das nicht gelungen. Die Entscheidung, sich von Typ-IV-Managern zu trennen, war so etwas wie eine Wasserscheide – der ultimative Test für uns, unsere Werte wirklich zu leben. Aber das mußte sein, wenn wir erreichen wollen, daß unsere GE-Leute offen sind, ihre Meinung vertreten, mit anderen gemeinsame Sache machen und in diesem neuen, auf Lernen und Gegenseitigkeit angelegten Arbeitsumfeld mutig jenseits der traditionellen ‚Zuständigkeiten' und ‚funktionalen Kästchen' agieren."[228]

Um Manager vom Typ IV loszuwerden, muß man schon Mut aufbringen:

„Wir sind bei GE mit Typ IV fertiggeworden, weil solche Manager zwar kurzfristig gute Leistungen erbringen, aber letztlich nie zu der Produktivität und damit auch zu der Performance fähig sind, die wir auf lange Sicht brauchen. Ein solches Leistungsniveau kann man den Mitarbeitern nicht abringen; das müssen die Leute von sich aus geben – nicht aus Zuneigung zum Management, sondern einerseits aus der Faszination und der persönlichen Befriedigung heraus, die sie durch Einbeziehung ins gemeinsame Gewinnen erfahren, und andererseits aus den Sicherheiten und Vergütungen heraus, die erst durch ein solches Gewinnen ermöglicht werden."[229]

John M. Trani war früher selbst GE-Führungskraft (offensichtlich vom Typ A) und wechselte dann zu Stanley Works, wo er den CEO-Posten übernahm. Sein Kommentar: „Der Welchschen Theorie zufolge wird gehalten, wer was taugt; wer nichts taugt, muß gehen."[230]

Der beste Gemeinschaftsfonds der Welt

GE ist eine „CEO-Schmiede" geworden, die der amerikanischen Wirtschaft mehr Spitzenführungskräfte liefert als irgendein anderes Unternehmen. Wer Aktienanteile an Unternehmen erwirbt, die von GE-Zöglingen geführt werden, hat „den besten Gemeinschaftsfonds der Welt", sagt Steve Kerr, Leiter des GE-Ausbildungsprogramms für Führungsnachwuchs in Crotonville.[231]

Als Larry A. Bossidy zum Geschäftsführer von Allied-Signal Inc. bestellt wurde, schnellte der Kurs der Unternehmensaktien um 13 Prozent in die Höhe. Als Stanley C. Gault die Führung bei Goodyear Tire and Rubber übernahm, stieg der Aktienpreis spontan von 28 Dollar auf 31 Dollar. Und am Tag der Amtsübernahme von Glen Hiner bei der Owens-Corning Fiberglas Corporation erhöhte sich der Aktienwert von 2,25 Dollar auf 23,25 Dollar, um schon einen Monat später bei 36,325 Dollar gehandelt zu werden. Sämtliche Aktien dieser Unternehmen sind seither ständig im Wert gestiegen. Jeder der drei neuen CEOs hat den größten Teil seiner Karriere bei GE absolviert.

Da Welch voraussichtlich bis zum Jahr 2000 im Amt sein wird, blieb talentierten GE-Führungskräften, die selbst ans Ruder wollten, kaum eine andere Chance, als sich neu zu orientieren.

Die Zeitschrift *Management Today* behauptet: „Wohl kein anderes Unternehmen hat einen so einzigartigen Beitrag zu den Praktiken, Sichtweisen und Techniken im Management von Großunternehmen geleistet wie GE."[232] Welch selbst wurde ernsthaft von IBM hofiert, bevor schließlich Louis V. Gerstner 1995 zum CEO bestellt wurde.

Führungskräfte, die einmal einen der GE-Unternehmensbereiche geleitet haben, bringen weitreichende Erfahrungen für ihre neuen Aufgaben mit. Viele GE-Bereiche wären als eigenständige Unternehmen selbst Fortune-500-Kandidaten und werden auch als nahezu eigenständige Einheiten geführt.

> „In unserem Unternehmen hat man [als Führungskraft] die Chance, schon in vergleichsweise jungen Jahren Generaldirektor eines Kleinunternehmens zu werden, es auszubauen und noch besser als die Besten zu machen."[233]

Doch die Einstellung einer GE-geprägten Führungskraft birgt auch eine große Gefahr. In den 80er Jahren, als Welch GE massiv umstrukturierte, wurden viele Führungskräfte entlassen. Bei einigen von ihnen handelte es sich um hervorragende Mitarbeiter, die lediglich im falschen Bereich oder auf der falschen Ebene beschäftigt gewesen waren. Andere hingegen waren ihren Aufgaben tatsächlich nicht gewachsen – Manager vom Typ IV, die Welch zufolge keine Zukunft bei GE hatten. Ein Berufungsausschuß für Führungskräfte ist daher gut beraten, genau zu prüfen, welcher Kategorie ein ehemaliger GE-Mann zuzuordnen ist.

Im folgenden werden einige (ehemalige beziehungsweise amtierende) CEOs aufgeführt, die bei GE „in die Lehre gegangen" sind:

William Anders, General Dynamics
Norman P. Blake, Jr., USF&G
Larry A. Bossidy, AlliedSignal Inc.
Michael J. Emmi, Systems and Computer Technology
Stanley C. Gault, Rubbermaid Inc., später Goodyear Tire and Rubber Corp.
Fred Garry, inzwischen verstorbener Geschäftsführer von Rohr Inc.
Robert Goldsmith, früherer Geschäftsführer von Rohr Inc.
Glen Hiner, Owens-Corning Fiberglas
Clyde Keaton, Clean Harbors
Chuck Lillis, MediaOne Group (früher U.S. West Media Group)
Michael Lockhart, General Signal Corp.
Daniel McGlaughlin, Equifax
Richard Miller, Wang Laboratories
George Schofield, Zurn Industries
Roger Shipke, Ryland Group Inc.
Harry C. Stonecipher, Sunstrand, und später McDonnell Douglas Corp.
John M. Trani, Stanley Works
Walter Williams, Rubbermaid
Thomas Vanderslice, President von GTE, dann CEO von Apollo Computer, anschließend CEO von M/A Com (Hersteller von Mikrowellen-Komponenten)
Alva O. Way, American Express Co.

Jack Welch: Agent des Wandels

Ändern, bevor man ändern muß

„Es gibt alle möglichen Redeweisen, die einen verführen wollen, abzuwarten, bis die Katastrophe hereinbricht – Sätze wie: ‚Was nicht krumm ist, braucht man nicht zu richten.' Oder: ‚Kein Problem – keine Lösung.' Oder: ‚Hände weg von siegreichen Mannschaften!' ... Wir alle reden so leicht daher, eine Abfuhr für einen, der Veränderungen herbeiführen will, wo noch alles in Ordnung zu sein scheint. ... Doch in Wirklichkeit kann es viel klüger sein, eine Institution zu verändern, noch während sie Gewinner ist – ein Geschäft neu zu beleben, noch während damit mehr Geld erwirtschaftet wird, als man sich je hätte träumen lassen."[234]

„Wir haben im Lauf der Jahre einen Managementapparat aufgebaut, der seinerzeit auch angemessen war, hochgelobt von betriebswirtschaftlichen Fakultäten. Sparten, strategische Geschäftseinheiten, Gruppen, Sektoren – sie alle waren darauf angelegt, sorgfältige, gut kalkulierte Entscheidungen zu treffen und geschickt nach vorn und nach oben weiterzuleiten. Dieses System produzierte ausgefeilte Arbeit. Es war gut für die 70er Jahre ... ein zunehmendes Handicap Anfang der 80er Jahre ... und wäre in den 90er Jahren ein Freifahrtschein zum Friedhof geworden. Also mußten wir das abschaffen ... mitsamt zahlreichen Berichten, Konferenzen und endlosen Papiermassen, die sich wie Lava von den oberen Führungsebenen im Unternehmen nach unten ergossen."[235]

Welch sagt, eine Veränderung herbeiführen zu wollen, bevor ein Unternehmen dazu gezwungen ist, sei eine Aufgabe, die dem Schwierigkeitsgrad eines Reifenwechsels bei voller Fahrt gleichkomme. Ein solches Unterfangen sei nicht nur riskant, sondern führe auch zu Kontroversen:

„Da können Sie noch so viele faszinierende Programme durchführen – die Leute scheinen ein Bedürfnis zu haben, emotionsgeladene Kritik an der Umsetzung der Programme zu äußern, anstatt sich auf deren Inhalte zu konzentrieren."[236]

Die größte Stärke von GE ist und bleibt seine Anpassungsfähigkeit:

„Wir wollen ein Unternehmen sein, das sich ständig erneuert, die Vergangenheit abwirft und sich veränderten Bedingungen anpaßt."[237]

Welch macht seinen GE-Leuten klar, daß es zwei Arten von Unternehmen gibt. Die einen sagen, die Zukunft werde sie überraschen, aber es überrasche sie nicht, überrascht zu werden. Die anderen sind wirklich überrascht, sehen sich in keiner Weise auf Überraschungen vorbereitet und widersetzen sich jeglichem Wandel. GE, sagt er, sei ein Unternehmen von der ersten Art.[238]

„Führungsmannschaften, die aus irgendwelchen Gründen – Tradition, Sentimentalität oder eigener Führungsschwäche – an Schwächen festhalten, wird es 1990 nicht mehr geben."[239]

Welch leitete eine „Zwei-Phasen"-Revolution bei GE ein. In der „Hardware"-Phase nahm der CEO eine Umstrukturierung der wichtigsten Bereiche vor – durch Veräußerung, Neuerwerb und Downsizing; in der „Software"-Phase veränderte er die Unternehmenskultur und die Geisteshaltung der GE-Mitarbeiter.

„Die 80er Jahre konfrontierten uns mit zwei unterschiedlichen Herausforderungen. In der ersten Phase bis etwa 1986 mußten wir uns auf die ‚Hardware' konzentrieren und unsere Bereiche sanieren. In der zweiten Phase, etwa von 1987 bis in die 90er Jahre hinein, galt unsere Aufmerksamkeit der ‚Software'. Wir können unsere Wettbewerbsstärke nur dann aufrechterhalten, wenn wir unsere Produktivität verbessern, und dazu bedarf es der Initiativen unserer Mitarbeiter vor Ort."[240]

Die „Hardware"-Veränderungen – insbesondere die zunehmende Ausweitung des Service-Geschäfts – waren für ein seit seiner Gründung eher fertigungstechnisch orientiertes Unternehmen recht schmerzhaft:

„Für die alten Gerätehersteller zählte am meisten, wenn man das eine oder andere Produkt besonders effizient herstellen konnte – damit machte man Karriere."[241]

Die „Software"-Veränderungen erwiesen sich als notwendig, um den „Hardware"-Veränderungen zum Durchbruch zu verhelfen:

„Ein Unternehmen mag seine Produktivität steigern durch Umstrukturierung, Beseitigung bürokratischen Ballasts und Downsizing, aber es wird sein Produktivitätswachstum ohne Veränderung seiner Unternehmenskultur nicht beibehalten können."[242]

„Wie bezieht man die Leute in den Prozeß des Wandels ein? Man muß von der Realität ausgehen. Erst einmal alle Fakten vorlegen. Den Leuten klar und eindringlich erklären, warum ein Wandel erforderlich ist. Wenn alle dieselben Fakten kennen, gelangen sie in aller Regel auch zu derselben Schlußfolgerung."[243]

So paradox es sich anhören mag – Welch behauptet, Wandel müsse konsequent und beharrlich vertreten und einfach formuliert werden:

> [Selbst die Topmanagement-Sitzungen von GE sind geprägt durch] „erbarmungslose Konsequenz, beharrliches Nachfassen und Eintrichtern, noch und noch. Wir ändern unsere Einstellung nicht. Wir kommen nicht vom Thema ab. Wir beschließen nicht allmonatlich etwas Neues."[244]

> „Ich leite nun seit 14 Jahren ein globales Unternehmen, und in diesen 14 Jahren habe ich mich in vielen Dingen geirrt; aber eine Voraussage, die ich mindestens 14mal geäußert habe, ist immer eingetroffen, und die lautet: Es wird alles zunehmend schwieriger; die Krisen werden brutaler, und der Wandel vollzieht sich immer schneller."[245]

Und an anderer Stelle sagt er:

> „Was den Gewinner vom Verlierer unterscheidet, ist letztlich die Einstellung der Mitarbeiter unseres Unternehmens zum Wandel. Wenn die Wandel als Bedrohung begreifen, als ein Unheil, gegen das man sich gesenkten Hauptes stemmen muß, dann werden wir verlieren. Doch wenn wir ihnen Möglichkeiten zu ihrer Weiterbildung bieten und sie ermutigen, diese zu nutzen, bis sie letztlich Wandel als Chance begreifen, Wandel annehmen, Wandel sogar verlangen – dann werden sich uns weltweit alle Türen öffnen, und wir werden gewinnen – auf neuen Märkten, mit exotischen Technologien, mit neuartigen Unternehmungen, mit dramatischem Produktivitätswachstum."[246]

Welch predigt den Wert des Wandels, streitet aber ab, sich selbst gewandelt zu haben:

> „Ich habe mich überhaupt nicht verändert! Ich versuche, mich meiner Umgebung anzupassen. In den 70er Jahren, als ich mithalf, neue Geschäfte – im Kunststoffbereich, im medizinischen Bereich – aufzubauen, war ich wild entschlossen, Wachstum zu erzielen. Und dann kam ich in das bürokratische Getriebe und mußte es abbauen, so daß ich mich 1981 anders verhielt. Und jetzt befinde ich mich wiederum in einem anderen Umfeld. Aber deshalb ist man noch lange kein anderer Mensch. ... Die Ideen waren immer dieselben. Wir haben von Anfang an von Realität, Agilität, Eigenverantwortung und Offenheit gesprochen. Wir haben uns im Lauf der Zeit lediglich um größere Einfachheit und sorgfältigere Übermittlung bemüht."[247]

Allen Protesten zum Trotz – Gertrude G. Michelson, Senior Vice President bei R.H. Macy & Co. und GE-Spitzenführungskraft seit 1976, meint, sie habe einen Reifeprozeß bei Welch beobachtet:

> „Er hat sich vom Konkurrieren zum Kooperieren im weitesten Sinne des Wortes gewandelt – er hat erkannt, daß dies die eigentliche Aufgabe eines Unternehmensführers ist."[248]

Die im Corporate Executive Council (CEC) vertretenen GE-Spitzenführungskräfte treffen sich viermal im Jahr in Crotonville, um die Unternehmenspolitik und die eigenen Fortschritte zu diskutieren. Vor kurzem ist das „Lyceum", der Vortragssaal, in dem der CEC tagt, renoviert worden. Steve Kerr erzählt, die GE-Spitzenleute wären bei Betreten des neugestalteten Saales verwirrt und verunsichert gewesen – sie, die doch so leidenschaftlich schnelles Reagieren auf Wandel predigen. Sie wären umhergelaufen, als ob sie mit den Stühlen „Reise nach Jerusalem" spielten –

völlig aus dem Konzept gebracht, weil auf der linken Seite ein Stuhl weniger stand als vorher und auf der rechten Seite ein Stuhl mehr. Aber, so meint Kerr, sie hätten sich dann doch noch recht schnell orientiert und Platz genommen.[249]

Zum Quantensprung ansetzen

„Keine kleinen Brötchen backen, sondern zum Quantensprung ansetzen."[250]

„Stetige kleine Veränderungen bewirken nicht viel bei Transformationen, wie sie GE vorgenommen hat. Wenn der Wandel in Ihrem Unternehmen nicht groß genug, nicht revolutionär genug ist, kann Ihnen der Bürokratismus einen Strich durch die Rechnung machen. Schauen Sie sich Winston Churchill und Franklin Roosevelt an. Die haben gesagt: ‚So und nicht anders soll es sein.' Und dann haben sie das auch durchgesetzt. Große, kühne Veränderungen, klar und eindringlich übermittelt. Wenn Führungspersönlichkeiten Popularität mit Führung verwechseln und nur mal sachte Vorstöße machen, ändert sich gar nichts. Und das gilt meines Erachtens für Länder ebenso wie für Unternehmen."[251]

„Die meisten Bürokratien – und unsere [bei GE] macht da keine Ausnahme – halten sich leider immer noch an stetige kleine Veränderungen, anstatt sich an grundlegendem Wandel zu orientieren. Sie denken deshalb nur in kontinuierlichen kleinen Schritten, weil sie vorrangig mit internen Angelegenheiten befaßt sind. ... Eine Unternehmenskultur verändern – auf einen ‚Quanten-Wandel' vorbereiten – zu wollen bedeutet, daß man sich nicht ständig nur fragt, wie schnell man vorwärts kommt und wie gut die Leistungen im Vergleich zum Vorjahr oder zum Jahr davor sind. [Vielmehr ist zu fragen:] Wie schnell und wie leistungsstark bin ich im Vergleich zur Welt da draußen? Kommen wir schneller voran, leisten wir mehr – gemessen an solch einem externen Standard?"[252]

„Wie viele Textilunternehmen sind pleite gegangen – auf ihrer Route von Nord nach Süd, auf der Suche nach marginal niedrigeren Lohntarifen, von denen sie sich einen Wettbewerbsvorteil versprachen. Das waren solche Minimallösungen – die hätten ihre niedrigeren Kosten mit einer massiven technologischen Erneuerung des gesamten Prozesses verbinden müssen."[253]

GE hat die „Hochgeschwindigkeitsmentalität" durch den CEO von Yokogawa, den japanischen Partner von GE im Unternehmensbereich Medizinische Systeme, kennengelernt:

„Er sagt, um Japans Hochgeschwindigkeitszug (*bullet train*) 10 Meilen in der Stunde schneller fahren zu lassen, gibt man einfach ein paar PS dazu. ... Aber wenn man die Geschwindigkeit von 150 Meilen pro Stunde auf 300 Meilen pro Stunde erhöhen – die Geschwindigkeit also verdoppeln – wolle, müsse man darüber nachdenken, ob man vielleicht besser die Schienen breiter macht oder die Oberleitung verändert. Man muß sein Kästchendenken aufgeben. Das ist nicht mehr derselbe Zug mit ein bißchen mehr Effet. Das ist eine gänzlich neue Idee."[254]

Und wenn man einen „Hochgeschwindigkeitswandel" bewirken will, braucht man GE-Konzepte wie grenzenlose Teams, Stretch-Ziele, Best Practices und andere.

„Die Idee vom schnelleren Tempo – vom ‚Quanten-Wandel' – betrifft nicht nur dynamische Jungunternehmer, die schnellen Neugründungen, die im Silicon Valley oder in Boston an der Route 128 von sich reden machen. Sie betrifft nicht nur Kleinstbetriebe. Sie betrifft jeden, überall."[255]

Management – eine paradoxe Aufgabe

„Was wir brauchen, sind Unternehmensführer, die um die verborgenen Realitäten wissen und sich mit der zunehmenden Zahl der paradoxen und miteinander verknüpften Zusammenhänge auskennen, mit denen wir uns im heutigen Unternehmensalltag befassen müssen und die uns nicht nur eine schlichte Entweder-Oder-Entscheidung abverlangen."[256]

„Effektive Unternehmensführung bedeutet Akzeptanz und Management paradoxer Zusammenhänge. So müssen wir zugleich kollektiv als einheitliches Unternehmen und individuell als vielfältige Geschäftsbereiche auftreten."[257]

Welch sagt, Manager müßten sehr wohl das eigene Spiel beherrschen, könnten sich aber nicht lange in ihrer Funktion halten, wenn sie nicht zugleich Teamspieler wären:

„Wenn Sie nicht als Teamspieler auftreten können, so wertvolle Beiträge Sie auch geleistet haben mögen, dann ist bei GE kein Platz mehr für Sie."[258]

Viele Unternehmensführer mögen es für paradox halten, daß Welch, der wie der Teufel hinter Kostensenkungsmöglichkeiten her ist, den Prozeß der Budgetierung als „Sargnagel für die amerikanischen Unternehmen“ bezeichnet. Gegenüber dem früheren *Fortune*-Redakteur Marshall Loeb hat Welch folgendes geäußert:

„Die Erstellung eines Budgets ist eine Minimalismus-Übung, denn jeder feilscht nur um die niedrigste Zahl, nicht aber um das beste Ergebnis. ... Stellen Sie sich vor, ich würde bei Ihnen arbeiten, Marshall. Sie kommen in den Sitzungssaal und bedrängen mich: ‚Ich brauche eine Vier.‘ Ich quäle mich den ganzen Tag lang ab, mache Präsentationen mit 50 Diagrammen, sage schließlich, die richtige Zahl sei eine Zwei. Letztlich einigen wir uns auf die Drei. Dann gehen wir nach Hause und erzählen unseren Familien, der Tag im Büro sei mal wieder die Hölle gewesen. Und was haben wir erreicht? Eigentlich haben wir unsere Aktivitäten minimalisiert. Wir haben nicht geträumt, nicht nach den Sternen gegriffen. Ich habe um die niedrigste Budgetzahl gekämpft, die ich Ihnen verkaufen konnte. Das wirft doch nur alles zurück. Wenn Sie statt dessen die Leute auffordern, ihr Möglichstes zu geben und sich nach Kräften anzustrengen, dann sollen Sie mal sehen, was Sie für Zahlen kriegen. Sie bekommen mehr, als Sie brauchen. Da ist nämlich ein Vertrauen entstanden, daß die Leute wirklich ihr Bestes geben.“[259]

Produktivität ohne Grenzen

„Optimismus, Führungskompetenz und Produktivität sind drei der Merkmale, die unserem Land zu einer besonderen Vorrangstellung unter den Nationen der Welt verholfen haben.“[260]

Wenn es nach Jack Welch ginge, würden alle Leute begreifen, wie wichtig Produktivität ist. In den schwierigen Rezessionsmonaten 1992 behauptete der CEO, die US-amerikanische Wirtschaft sei gar nicht so schlecht dran, wie viele Amerikaner meinten:

„Nehmen wir mal an, ich hätte Sie überzeugt – wirklich nur als Annahme verstanden -, die Situation sei doch nicht so schlimm, wie sie aussieht, es gäbe jede Menge Wachstumsmöglichkeiten, das Glas sei halb voll. Dann müssen wir uns doch fragen: Wie bekommen wir das Glas randvoll? Ich bin überzeugt, daß diese Frage nur mit einem einzigen Konzept zu beantworten ist: Produktivität – nachhaltiges Produktivitätswachstum. ... Wenn eines feststeht, dann ist es der direkte Zusammenhang zwischen nationaler Produktivität und nationalem Wohlergehen. Schauen wir uns Amerika in den 50ern an – das Land der Produktivität. Sicher, wir hatten einen enormen Nachholbedarf, aber wir konnten auch ein Produktivitätswachstum von 2,8 Prozent jährlich erzielen. ... Mit dieser Produktivität gelang uns eine 40prozentige Steigerung des realen durchschnittlichen Familieneinkommens, über die ganzen 50er Jahre gerechnet. College, Ferienwohnung, Zweitwagen – alles Dinge, die sich immer nur ganz wenige hatten leisten können – waren nun für die breite Masse erschwinglich und letztlich für jedermann im Bereich des Möglichen."[261]

„Unzureichende Produktivität kann ein jahrhundertaltes Unternehmen innerhalb von zwei bis drei Jahren vernichten und ganz sicher den relativen Lebensstandard einer 200 Jahre alten Nation in weniger als einem Jahrzehnt verändern."[262]

Produktivität, sagt Welch, kann die Inflation besiegen. Wenn die Inflation bei 5 Prozent liegt und die Produktivität bei 1 Prozent, ist ein Unternehmensführer im Vergleich zur Vorjahresleistung mit vier Punkten im Rückstand. „Was also tut der Manager? Er packt umgehend seinen Verkaufsleiter am Kragen und fordert: ‚Sie müssen die Preise erhöhen.' Er meint, keine andere Wahl zu haben, er muß seinen Budgetverpflichtungen nachkommen, denn sonst kann er keine Gewinne machen. Doch was passiert, wenn er die Preise erhöht? Gewöhnlich verliert er Marktanteile. Er drosselt das

Geschäft! Wenn er aber seine Produktivität um 6 Prozent steigern könnte, wäre er schon im Vorteil – trotz Inflation. Der Unternehmensführer kann die Preise senken und Marktanteile hinzugewinnen, oder er kann die Preise erhöhen, um seine Gewinne zu steigern. Er hat sein Schicksal selbst in der Hand.“[263]

„Produktivitätswachstum muß die Ausgangsbasis all unseres Tuns sein. Dieses Ziel verfolgen wir bei GE seit Jahren. Früher einmal meinten wir, wir könnten dies in die Betriebe unserer Geschäftsbereiche ‚hineinmanagen', mit Kontrolle und Hierarchien und Diagramm-gespickten Kunststoffordnern. Aber damit haben wir nichts anderes erreicht, als die Leute in ihrem Elan zu drosseln, ihnen im Nacken zu sitzen, sie bei der Arbeit zu behindern und obendrein noch zu Tode zu langweilen. Anfang der 80er Jahre entdeckten wir dann unsere Vorliebe für Roboter und Automation und packten einige unserer Fabriken damit voll – und unsere Leute schauten verdrießlich bis besorgt zu. Das funktionierte so nicht. ... Jetzt wissen wir, worin Produktivität – echte, unbegrenzte Produktivität – begründet liegt. Sie leitet sich her aus menschlichen Arbeitsteams, mit anspruchsvollen Zielen, ermächtigt, motiviert, gebührend belohnt. Produktivität setzt das Engagement jedes einzelnen Mitarbeiters in der Organisation voraus."[264]

„Wenn ein Unternehmen produktiv wird, gewinnt es Kontrolle über sein Schicksal."[265]

Der GE-Unternehmensbereich Lampen ist ein klassisches Beispiel, ein reifes Geschäft mit hoher Gewinnspanne, das Ende der 80er Jahre seinen Höhepunkt überschritten zu haben schien. Im Zuge der „Hardware“-Revolution war das Lampengeschäft einer der ersten GE-Unternehmensbereiche, der auf dem globalen Markt aktiv wurde.

„Das Lampengeschäft, einer unserer ältesten Bereiche, erwirtschaftete vor nicht einmal fünf Jahren nur 21 Prozent seiner Umsätze außerhalb der Vereinigten Staaten; heute erfolgt der Umsatz zu 38 Prozent auf dem nicht-amerikanischen globalen Markt."[266]

Doch bezüglich der Produktivität war das Lampengeschäft im Rückstand. 1986 übernahm John Opie die Geschäftsführung: Unverzüglich führte er in jedem Teilbereich – von der Fertigung über Verpackung und Vertrieb bis hin zur leistungsabhängigen Vergütung – eine Analyse durch. Innerhalb von drei Jahren erzielte der Unternehmensbereich Lampen eine bewunderswerte Produktivitätsrate von 9 Prozent.

„Das größte Wachstum kommt nicht aus Wachstumsbereichen wie Flugzeugtriebwerke oder Kunststoffe ... wo man es eigentlich vermuten sollte ... sondern aus Edisons 114 Jahre altem Lampengeschäft."[267]

Als Welch die Geschäftsführung bei GE übernahm, hatte der Konzern eine Produktivitätsrate von kaum mehr als 1,5 Prozent jährlich aufzuweisen. Demgegenüber erzielte Japan ein Produktivitätswachstum von 8 Prozent im Jahr:

„Meine Obsession in Sachen Produktivität ist kein akademisches Anliegen. Entschuldigen Sie bitte einen kleinen lokalpatriotischen Abstecher. Bei GE hatten wir Anfang der 80er einen Gewinnzuwachs zu verzeichnen, weil wir eine Produktivitätssteigerung des Bruttosozialprodukts um 1 bis 2 Prozent hatten. Wir konnten die Produktivität erst verdoppeln und dann verdreifachen und hatten schließlich in den 80ern 40 Quartale in Folge, in denen sich unsere Gewinne ständig erhöhten – bis zu den großen zweistelligen Wachstumsraten gegen Ende des Jahrzehnts. Im letzten Jahr [1991] steigerten wir unseren Gewinn je Aktie mitten in dieser Rezession um 5 Prozent. Wir erhöhten unsere Exporte auf 8,6 Milliarden Dollar – eine Steigerungsrate von 21 Prozent gegenüber 1990; und unser positiver Beitrag zur Handelsbilanz der Vereinigten Staaten belief sich auf 5,9 Milliarden Dollar. Allein in Japan fast eine Milliarde Dollar. Warum? Unsere großen Vorteile waren fortschrittliche Technologie und verstärkte Produktivität."[268]

„Produktivität bedeutet nicht das Auswringen eines Wischlappens. Produktivität ist die Überzeugung, daß es unbegrenzte Möglichkeiten gibt, alles und jedes zu verbessern."[269]

„Amerika wurde produktiver. Es steckte weniger hinein und bekam mehr heraus."[270]

Und mit dem Produktivitätswachstum geht es nicht etwa zu Ende. Welch sagt nachdrücklich:

„Nach 30 Jahren Produktivitätswachstum fragt in Japan keiner: ‚Ist es jetzt zu Ende?' Das ist *nie* zu Ende."[271]

„Was wir bisher erreicht haben, ist erst der Anfang. Es zeigt sich, daß dieser Zitrone der Saft buchstäblich nicht ausgeht. Überhaupt geht es nicht ums Ausquetschen: Wir zapfen einen Ozean der Kreativität, Leidenschaft und Energie an, der – soweit unsere Blicke reichen – weder Grund noch Küsten erkennen läßt."[272]

Die Hardware-Revolution

Den richtigen Einsatz wagen

Als Jack Welch 1981 CEO wurde, zählte GE 350 strategische Unternehmensbereiche. Binnen weniger Monate leitete er einen Prozeß ein, der bei GE als „Hardware-Revolution“ bezeichnet wurde, eine Neugestaltung in Form, Umfang und Fokus des multinationalen Konzerns. Zunächst strebte Welch 15 Kernbereiche an, reduzierte die Zahl dann aber auf 14. Mittlerweile sind es 11 Kernbereiche mit einem Angebot an 50 verschiedenen Produkten und Dienstleistungen – von Glühbirnen über Flugzeugtriebwerke und Finanzdienstleistungen zu Fernsehsendern und Toilettenhäuschen.

Zur Entscheidung darüber, welche Hardware-Investitionen GE vornehmen sollte, hat sich Welch einmal wie folgt geäußert:

> „Meine größte Herausforderung besteht wohl darin, genug Geld in die richtigen Projekte zu investieren und keinen Pfennig in die falschen. Auf keinen Fall will ich Kapital nach dem Gießkannenprinzip einsetzen.“[273]

> „In den 70er und frühen 80er Jahren, als die Invasion der japanischen Konkurrenz vielen Branchen in den USA zu schaffen machte, wählte GE seine Märkte mit großer Sorgfalt: Wir blieben nur in solchen Bereichen aktiv, in denen wir starke Wettbewerbspositionen und Technologievorteile aufzuweisen hatten; von Bereichen wie der Unterhaltungselektronik, wo dies nicht der Fall war, haben wir uns getrennt.“[274]

Allmählich entwickelte Welch sein Konzept mit den drei Kreisen – je einen für Fertigung, Technologie und Dienstleistungen; auf diese drei großen Bereiche würde sich GE künftig konzentrieren. Und dann stellte er eine weitere Forderung:

> „In Zukunft sollen die vielen hundert Geschäftsbereiche und Produktprogramme des Unternehmens anhand eines einzigen Kriteriums beurteilt werden: Können sie mit ihren Aktivitäten weltweit die Nummer 1 oder Nummer 2 auf dem Markt sein? Einige der 348 Geschäftsbereiche beziehungsweise Produktprogramme, die dazu nicht in der Lage waren, wurden geschlossen beziehungsweise veräußert. Der Verkauf brachte an die 10 Milliarden Dollar ein. Wir haben 18 Milliarden in die verbleibenden Bereiche und Produktprogramme investiert und durch Akquisitionen im Wert von 17 Milliarden Dollar für weitere Verstärkung gesorgt. ... Von wenigen vergleichsweise kleinen Stützbetrieben abgesehen, sind [1989] insgesamt 14 Weltklasse-Bereiche verblieben ... allesamt in guter Ausgangsposition für die 90er Jahre ... und in ihrer jeweiligen Branche weltweit an erster oder zweiter Stelle."[275]

In einer japanischen Veröffentlichung wurde Welch wegen der Veräußerung seines TV-Geschäfts und anderer Betriebe kritisiert – sogar von einer „Aushöhlung" der amerikanischen Industrie war die Rede. Dazu sagte Welch:

> „Das TV-Geschäft von GE stand weltweit an fünfter, sechster oder siebter Stelle; die japanischen Hersteller waren marktführend in der Branche. Wir hatten einen medizintechnischen Bereich, der bereits weltweit die Nummer 1 war. Größter Konkurrent war Siemens aus Deutschland. Deshalb tauschten wir unser Verlustgeschäft in der Televisionsbranche gegen Thomsons Verlustgeschäft in der medizintechnischen Branche; auf diese Weise wurden wir die Nummer 2 für medizinische Ausrüstungen in Europa. Inzwischen erweist sich der GE-Bereich Medizinische Systeme in Europa als ausgesprochen rentabel, so daß wir mit größerer Gewinnspanne wieder weltweit die Nummer 1 sind. ... Die Tatsache, ob GE ein TV-Geschäft betreibt oder nicht, hat überhaupt nichts zu tun mit irgendwelchen Vor- und Nachteilen für ein Land. Einem Land

oder seinen Arbeitnehmern ist in keiner Weise gedient, wenn diese in schwachen Unternehmen beschäftigt sind. Im übrigen werden die Fernseher nach wie vor in den USA hergestellt. Es kommt doch gar nicht darauf an, wem das Geschäft gehört."[276]

„Die Geschäftsbereiche, die ich abgestoßen habe, waren nicht erst in den letzten zwei oder drei Jahren in die roten Zahlen geraten; die hatten schon 30 bis 50 Jahre der langen GE-Historie vor sich hingedümpelt. Und wer dort beschäftigt war, wußte sehr wohl um die kritische Lage."[277]

Welch entließ im Rahmen seiner Downsizing-Maßnahmen derart viele Leute, daß er den Spitznamen „Neutronen-Jack" erhielt – eine Anspielung auf die Neutronenbombe, deren Zündung die Bevölkerung eliminiert, die bauliche Infrastruktur aber verschont. Welch hat das immer als unfair empfunden:

„Wer Atombomben wirft, will töten. Wir aber wollen einen Erneuerungsprozeß einleiten. Wenn Leute aus unserem Unternehmen ausscheiden, sorgen wir für eine weiche Landung. Leute, die aufgrund unzureichender Leistung gehen mußten, mögen darüber wütend sein, aber keiner wird behaupten können, man sei unwürdig mit ihm umgegangen. Wir können jeden Morgen in den Spiegel schauen in dem Bewußtsein, alles getan zu haben, was wir konnten."[278]

Mit der Zeit akzeptierte Welch die Tatsache, daß der Spitzname mythische Dimensionen angenommen hatte und daß er ihn nie wieder loswerden würde.[279]

Da die meisten Arbeitnehmer davon ausgegangen waren, sie hätten bei GE einen Job auf Lebenszeit, waren die Veränderungen im Zuge der Hardware-Revolution ein harter Schlag für sie:

> „Die Arbeitsplatzsicherheit galt zur damaligen Zeit mehr oder weniger als Selbstverständlichkeit. Und deshalb sind wir einigermaßen stolz auf das, was wir erreicht haben. Wir haben nämlich für die ersten weichen Landungen in der Wirtschaft gesorgt. Wir haben erstmalig eine Kündigungsfrist von sechs Monaten eingeführt; das hätten wir nicht müssen. Und wir haben alle möglichen Vorzüge gewährt. Mein Vorgänger hatte eine Bilanz hinterlassen, die mir den Luxus gestattete, mit solchen Problemen weitaus besser umzugehen als andere Unternehmen, die erst dann damit konfrontiert wurden, wenn es ihnen an den Kragen ging. Wir waren in einer glücklicheren Lage. Wir hatten ein gesundes Unternehmen, das wir sanieren wollten."[280]

Obgleich die dramatischste Phase der Hardware-Revolution 1985 abgeschlossen war, sagt Welch, ein Ende sei nicht abzusehen:

> „Umstrukturierung ist ein Weg und kein Ziel."[281]

Drei große Kreise

Welch konzipierte drei strategische Kreise, die jeweils einen Fokus der zahlreichen GE-Aktivitäten darstellten. Der erste Kreis umfaßte die Kernbereiche des GE-Fertigungsgeschäfts, zum Beispiel Lampen und Lokomotiven. Im zweiten Kreis waren die technologieintensiven Bereiche zusammengefaßt, und der dritte Kreis stellte die Dienstleistungsbereiche von GE dar. Jeder der in diesen drei Kreisen aufgeführten Bereiche mußte in seiner Branche die Nummer 1 oder 2 sein – andernfalls wurde er abgestoßen.

„Alles, was außerhalb der Kreise liegt, werden wir sanieren, schließen oder verkaufen."[282]

„Ich wollte in die Technologie- und Service-Bereiche vorstoßen, weg von der üblichen Fertigung, wenn Sie so wollen. Deshalb habe ich je einen Kreis um Dienstleistungen, Technologie und Fertigung gezogen. Und dann habe ich etwas gesagt, was seinerzeit äußerst umstritten war: Wir müßten entweder sanieren oder verkaufen oder schließen. In den Jahren 1981 und 1982 war das sehr umstritten. In den 90ern gehört das zum Unternehmensalltag. Aber damals war das sehr umstritten, besonders für ein Großunternehmen. ... Und daraus resultierten dann all die Vorwürfe, ich ginge mit rücksichtsloser Härte vor. Was macht dieser Kerl da? Neutronen-Jack. Das ist auch so was, was darauf zurückgeht. Aber letztlich war es eine Möglichkeit, sehr vielen Menschen zu vermitteln, was wir tun wollten und was nicht. Und wenn sich die Leute außerhalb der Kreise wiederfanden, sagten die: ‚Wo bin ich hier – in einer Kolonie von Aussätzigen? Ich bin zu GE gekommen, und jetzt bin ich ‚draußen'? In diesem Zusammenhang gab es jede Menge Diskussionen. Für mich war das eine Vision. Ein Weg, den wir gehen würden. Und letztlich bedeutete auch das nichts anderes, als offen zu sein, sich der Realität zu stellen. Realität: In der Zeit damals war in der amerikanischen Unternehmensszene von Realitätssinn nicht viel zu spüren. ... Ich hatte das hier im Unternehmen in einem Diagramm dargestellt. Bei einer Gesprächssitzung wie dieser in einem Raum wie diesem griff ich mir eine Serviette oder so was und malte das einfach darauf, und ein Journalist nahm das Ganze [FORBES, 1984] und machte eine Grafik daraus. Das war eigentlich recht hilfreich – der kleine Artikel und auch, daß der das so gemacht hat; das fand dann nämlich viel Beachtung. Es sei eine ganz neue Vision, eine neue Zukunft, hieß es im Artikel. Das Ganze war einfach und übersichtlich, aber traumatisch. Wenn sich ein

Geschäftsbereich nicht innerhalb der Kreise befand, dann war das für die Organisation schon ein Hammer."[283]

„Ich meine, die drei Kreise mit den Fertigungsbereichen, den High-Tech-Bereichen und den Dienstleistungsbereichen sind gut geeignet, um unser komplexes Unternehmen sowohl intern als auch extern plausibel darzustellen. Sie ermöglichen eine angemessene Ressourcen-Allokation und fördern ganz gewiß die langfristige Fokussierung. Die 15 Unternehmensbereiche in diesen Kreisen bieten GE die beste Gewähr, im Jahr 1990 wahrlich weltweit führende Unternehmen zu betreiben."[284]

Anmerkung: Die 15 Unternehmensbereiche wurden im Lauf der Zeit zu 11 Bereichen zusammengefaßt.

In der Kernkonstellation der Geschäftsbereiche wurden 90 Prozent der GE-Gewinne erwirtschaftet:

Fertigung: Ausrüstungen für die Bauindustrie, Lampen, Hilfsmittel und Geräte, Motoren, Transportsysteme und Turbinen.

High-Tech: Raum- und Luftfahrt, Flugzeugtriebwerke, Industrieelektronik, Materialien (Kunststoffe und High-Tech-Materialien) sowie Medizinische Systeme.

Dienstleistungen: Bautechnik, Finanzdienstleistungen, Informationsdienste und Nukleare Dienste.

Die GE Trading Company, Ladd Petroleum und die Halbleiter-Sparte zählten zu den Bereichen, die außerhalb der Kreise plaziert waren; diese Bereiche würden nie globale Marktführer sein, aber sie galten als erfolgsentscheidend für die Geschäftsbereiche innerhalb der Kreise.

Ganz offensichtlich „draußen" waren folgende Bereiche: Haushaltswaren, zentrale Klimaanlagen, Bild und Ton, Kabel, mobile Kommunikationssysteme, Energieversorgung und Funkstationen.

Nur einige wenige GE-Unternehmensbereiche waren zu der Zeit die Nummer 1 oder 2 in ihrer Branche – darunter das Lampengeschäft, Turbinen- und Kraftwerksbau sowie Motoren. Starke internationale Präsenz zeigten allein die Bereiche Kunststoffe, Gasturbinen und Flugzeugtriebwerke, wobei nur der Gasturbinenbereich weltweit in Führung lag.

Welch hatte sich zum Ziel gesetzt , Marktführerschaft bei überdurchschnittlicher Investitionsrentabilität zu erreichen und die vorhandenen GE-Stärken nach Möglichkeit zu optimieren:

> „Die Verknüpfung von Technologie und Markt und die Bereitstellung von unübertroffenen Service-Angeboten werden die Gewinnformel in allen drei [GE-] Kreisen sein."[285]

> „Das Konzept mit den drei Kreisen bietet die Möglichkeit, das Unternehmen und die Synergie zwischen seinen Teilen zu veranschaulichen, aber das Unternehmen ist keineswegs in dieser Form organisiert. So etwas wie einen Geschäftsführer für die einzelnen Kreise gibt es nicht."[286]

Nummer 1 oder Nummer 2 sein – sonst ist man „draußen"

> „Es gibt keinen strategischen Gesamtplan für ein Unternehmen mit so vielen Bereichen und Märkten wie General Electric. Unser strategisches Ziel ist vielmehr die Entwicklung zu einem Unternehmen, das in allen seinen Bereichen die Nummer 1 oder 2 ist."[287]

„Unserem Entschluß liegt die folgende Beobachtung zugrunde: Wenn ein Geschäftsbereich mit erstklassigen Marktanteilen einen Abschwung erleidet und einen ‚Schnupfen' bekommt, leidet Nummer 4 oder Nummer 5 häufig schon an ‚Schwindsucht'."[288]

1981 gab Welch vor Finanzanalysten eine ausführlichere Erklärung ab:

„Die Gewinner in diesem wachstumsschwachen Umfeld [der 80er Jahre] werden die sein, die sich die wirklichen Wachstumsbranchen aussuchen und dort am Markt partizipieren mit dem Ziel, Nummer 1 oder Nummer 2 in jedem ihrer Bereiche zu werden – Nummer 1 oder Nummer 2 als schlankester, kostengünstigster, weltweiter Anbieter von Qualitätsprodukten und Qualitätsdienstleistungen oder als Anbieter mit eindeutigem technologischem Vorsprung und eindeutigem Marktnischenvorteil."[289]

„Geben Sie sich nicht mit Geschäftsbereichen ab, die nicht gewinnen können. Geschäftsbereiche, die Nummer 3, Nummer 5 auf ihrem Markt sind – denen könnte selbst Christus nicht helfen. Die werden in jedem Fall zu den Verlierern gehören."[290]

„Das war ein ungeliebtes Konzept [bei Einführung im Jahr 1981], aber als das Umfeld der 80er Jahre in zunehmendem Maß nur noch Marktführer zu dulden schien, erwies sich das Konzept ‚Nummer 1 oder Nummer 2' als immer realistischer, so daß ein Unternehmen nach dem anderen dazu übergehen mußte."[291]

Doch GE pochte nicht nur auf Marktführerschaft – man mußte auch auf das richtige Spiel setzen:

> „Die Nummer 1 oder 2 beim Hula-Hoop zu sein hilft einem nicht viel weiter."[292]

Es reicht auch nicht, Marktführer auf einheimischen Märkten zu sein. Globalisierung ist angesagt:

> „Unsere Aufmerksamkeit Anfang der 80er Jahre galt, zu Recht, einem einzigen mächtigen Konkurrenten: Japan, Inc. Jetzt, an der Schwelle der 90er Jahre, haben wir es nicht nur mit einem noch mächtigeren Japan zu tun, sondern auch mit einem erstarkten, selbstbewußten Europa, das näher zusammenrückt und von kühnen, aggressiven Unternehmertypen geführt wird, wie wir sie in den 70er und frühen 80er Jahren gar nicht kannten. Dieser Riesenauftrag von Duke Power, den unser Geschäftsbereich Gasturbinen hereinholen konnte, hätte bei der Auftragssituation von vor 10 Jahren vermutlich ein nationales Wettrennen zwischen GE und Westinghouse bedeutet. Jetzt, 1989, mußten wir uns gegen Asea/Brown Boveri, eine schwedisch-schweizerische Firmengruppe, Siemens aus Deutschland und ein Westinghouse/Mitsubishi-Konsortium durchsetzen."[293]

Mit der Veräußerung derjenigen Geschäftsbereiche, die nie Nummer 1 oder 2 sein würden, ist es wie mit bitterer Medizin: Ab und zu muß man sie „schlucken", wenn man gesund werden will.

> „Nichts ist schlimmer als die Ungewißheit, wenn man sich an solchen Bereichen festklammert, die auf ihren Märkten, besonders auf stagnierenden Märkten, nur noch vor sich hindümpeln. Damit ist keinem geholfen. Die erwirtschaften kein Geld, die zahlen keine Steuern, die Mitarbeiter fragen sich allmorgend-

lich, wenn sie zur Arbeit kommen, ob dies wohl ihr letzter Arbeitstag sein könnte. Aus einer solchen Ungewißheit entstehen Ängste, die an die Substanz gehen."[294]

Kritiker haben Welch vorgeworfen, er reduziere GE auf Geschäftsbereiche, die in ihren Branchen an erster oder zweiter Stelle stehen, weil er die Konkurrenz scheue:

> „Da meinen manche, ich hätte Angst vor der Konkurrenz. Ich meine aber, ein Unternehmer hat auch die Pflicht, sich aus Schlägereien herauszuhalten und in Nischen vorzudringen, in denen er die Oberhand gewinnen kann. Das Grundziel lautet: sich aller Schwächen entledigen und ein geschütztes Plätzchen aufsuchen, wo einem niemand weh tun kann. Es ist keineswegs eine Tugend, Streit zu suchen. Sollten Sie in einen Konkurrenzkampf verwickelt werden, müssen Sie unbedingt gewinnen; sollten Sie nicht gewinnen können, müssen Sie den Rückzug antreten."[295]

Zu Beginn seiner Initiative ließ Welch verlauten:

> „In fünf Jahren bin ich vielleicht soweit, daß ich nur noch hier hocke und ‚Nummer 1, Nummer 2' vor mich hin murmele, aber wenn das intern funktioniert, wird es mit der Zeit auch extern funktionieren."[296]

Vom Hochzeitskuchen zum Wagenrad

Die Managementstruktur bei General Electric wurde einst beschrieben als ein kunstvoll aufgebauter Hochzeitskuchen mit vielen Schichten, die nach oben hin immer schmaler wurden. 1985 begann Welch mit einer Aktion, die der Ökonom Joseph Schumpeter als „kreative Destruktion" bezeichnete: Die 29 hierarchischen Ebenen wurden auf sechs Führungsebenen abgebaut. Als Welch fertig war, ähnelte die Struktur eher einem flach auf dem Boden liegenden Wagenrad: Das Topmanagement war die Radnabe, von der die übrigen Unternehmensteile wie Radspeichen ausgingen.

GE hatte Führungsebenen abgebaut:

> „In den 80er Jahren bauten wir unser Management Schicht für Schicht ab. Wir rissen die Mauern zwischen unseren Funktionen nieder. Wir reduzierten das Personal – die Kontrolleure und Besserwisser. Und dabei stellten wir fest, zuerst auf Bereichsleiterebene und später auch weiter unten in der Organisation, daß Leute, denen Freiraum – Vertrauen, Entscheidungsbefugnisse – zugestanden wurde, intensiver bemüht waren, gute Entscheidungen zu treffen."[297]

Der Abbau der Sektorenebene war ein kritischer Schritt, den Welch eigenen Aussagen zufolge zu lange hinausgezögert hatte, weil gute Manager betroffen waren, die er persönlich schätzte:

> „Allein durch den Abbau der Sektoren-Ebene als der höchsten Ebene im Unternehmen konnten wir 40 Millionen Dollar einsparen. Aber dieser Vorteil verblaßt im Vergleich zu dem urplötzlich freigesetzten Strom an Talent und Energie, der hervorbrach, nachdem all die Dämpfer, Ventile und Barrieren der Sektoren beseitigt waren. Wir können ohne Zögern behaupten, daß so gut wie alle positiven Entwicklungen der letzten Jahre in diesem Unternehmen zurückzuführen sind auf das liberalisierte Vorgehen eines einzelnen Mitarbeiters, eines Teams oder eines Geschäftsbereichs."[298]

„Wenn man schneller, produktiver und wettbewerbsfähiger werden will, muß man zuallererst die Energie, die Intelligenz und das rohe, störrische Selbstvertrauen des amerikanischen Arbeitnehmers freisetzen, der weltweit immer noch weitaus am produktivsten und innovativsten ist. ... Wenn man das Potential der Leute nutzbar machen will, darf man ihnen nicht im Nacken sitzen, sondern muß sie losbinden, sie gehen lassen – ihnen den Druck all der Führungsebenen nehmen, die bürokratischen Fesseln lösen und die funktionalen Barrieren aus dem Weg räumen."[299]

„Ohne all das Gedöns und Getöse, das stets mit Bürokratismus verbunden ist, reden die Leute nicht nur, sondern hören einander auch zu; und da es nicht mehr so viele sind, kennt und versteht man sich im allgemeinen auch."[300]

Einige Leute bei GE beschwerten sich, bei einer um die Hälfte reduzierten Belegschaft hätten sie nun das Doppelte an Arbeit:

„Beim Abbau all dieser Führungsebenen versuchen wir, den Leuten in der Organisation klarzumachen, daß sie nicht mehr all das tun können, was sie früher getan haben. Sie müssen Prioritäten setzen. Die weniger wichtigen Arbeiten müssen liegenbleiben. Der Versuch, dieselbe Menge an Arbeit mit weniger Leuten zu bewältigen, wäre genau das Gegenteil von dem, was wir erreichen wollten: ein schnelleres, stärker fokussiertes und zweckgerichtetes Unternehmen."[301]

Gefragt, wie man mit der sogenannten Zementschicht im mittleren Management verfährt, das sich dem Wandel so hartnäckig widersetzt, meinte Welch, Zement könne sich überall in einem Unternehmen verhärten:

„Keine Führungsebene hat ein solches Zementmonopol; das Mittelmanagement mit einer Zementschicht gleichsetzen zu wollen, wäre blödsinnig – und inkorrekt."[302]

Andererseits hat der Abbau von Führungsebenen Probleme bei Managern aufgedeckt, um die Welch zuvor nicht einmal gewußt hatte:

„Wie wir feststellen mußten, wurde nach Beseitigung der Führungsebenen plötzlich offenkundig, daß viele Manager gar keine Führungspersönlichkeiten waren."[303]

Downsizing

Die unvermeidliche Konsequenz aus all den Initiativen zur Umstrukturierung und zum Abbau von Führungsebenen ist ein kleineres, schlankeres Unternehmen. Welch meint, dieses *Downsizing* sei im Grunde genommen ein *Rightsizing* – ein Zurechtstutzen, das er mit großem Verantwortungsbewußtsein vorgenommen habe:

„Die Schließung eines Bereichs oder einer Anlage gehört zu den schwierigsten Aufgaben eines Managers. Niemand will damit etwas zu tun haben, und doch ist ein solches Vorgehen in manchen Situationen unvermeidlich."[304]

Und an anderer Stelle sagt er:

„Wir sind bemüht, schlank und einfühlsam zu sein."[305]

„Ich hoffe, daß ich die Entschlossenheit, Willensstärke und all die anderen positiven Eigenschaften besitze, die man mir nachsagt; daß ich hohe Standards setze, viel verlange, General Electric zum wettbewerbsstärksten, widerstandsfähigsten Unternehmen in der amerikanischen Wirtschaft mache. Aber ich will nicht, daß irgendeiner bei GE meint, daß Härte um der Härte willen praktiziert würde, daß Macho-Verhalten oder Gemeinheiten in diesem Unternehmen geduldet würden."[306]

„Das Grausamste, was eine Organisation tun kann, ist Unaufrichtigkeit gegenüber den Mitarbeitern. Dann ist es häufig zu spät für anderweitige Karrieremöglichkeiten, und das Unternehmen sieht sich mit Problemen konfrontiert, mit denen man sich hätte befassen müssen, als die Betroffenen noch mehr Optionen hatten."[307]

Downsizing war besonders schmerzvoll für die Kernenergie-Sparte von GE. Dieser Bereich mußte nicht nur den internen unternehmenskulturellen Schock verkraften, sondern hatte auch unter der nationalen Ernüchterung in bezug auf Kernenergie zu leiden:

„Unsere Mitarbeiter waren die besten und gescheitesten Leute. Sie hatten 30 Jahre ihres Lebens für die Kernenergie eingesetzt. Als ich dann 1981 erklärte, in den Vereinigten Staaten würden keine weiteren Kernkraftwerke mehr gebaut, reagierten sie bestürzt, waren zornig, schrieben Briefe. ... Selbst heute ist es doch so: Würde man eine Umfrage im Nuklearbereich starten, bekäme man auf die Frage, ob ihnen unsere Strategie gefiele, eine negative Antwort. Nicht, weil etwas an der GE-Strategie falsch wäre. Sie können einfach nicht verwinden, was ihnen in ihrem Umfeld passiert ist. Sie wollen die Realität nicht akzeptieren. Ich habe Verständnis für sie. Das ist in der Tat schwer. Aber die Welt hat nun einmal entschieden, daß Kernkraft nicht das ist, was sie will."[308]

„Die Umstrukturierungsmaßnahmen, die wir in den 80er Jahren vorgenommen haben, blieben nicht ohne Folgen – weder für die Gemeinschaft noch für Individuen. Aber aufgrund unserer starken Bilanz konnten wir den Betroffenen eine weiche Landung bieten; und weil wir die unliebsamen Entscheidungen rechtzeitig getroffen haben, sind wir heute stärker denn je zuvor."[309]

Stationen der GE-Schlankheitskur

Als Welch 1981 Chairman und CEO von General Electric wurde, beschäftigte der Konzern weltweit 440.000 Mitarbeiter. Mit der Zeit nahm die Belegschaft ab:

1988: Welch in einer Rede vor seinen Aktionären: „Dieses Managementsystem ist angetreten, die besten Leute aus den rund 300.000 Beschäftigten dieses Unternehmens auszusondern, und *genau das* geschieht zur Zeit."[310]

1991: Aktionärstreffen: „Eines der Privilegien, die mit meinem Job verbunden sind, ist die Tatsache, einmal im Jahr hier sitzen und über die Errungenschaften unserer 298.000 Beschäftigten in unserem Unternehmen berichten zu dürfen."[311]

1992: In einer Rede vor Wirtschaftsführern in North Carolina: „Die Erwartung, 284.000 [GE-] Leute erbrächten Leistungen ohne die Unterstützung, Betreuung und Ermutigung ihrer Vorgesetzten, ist absurd."[312]

1993: Aktionärstreffen: „Wir sind entschlossen, bei General Electric eine Unternehmenskultur aufzubauen, wo die gut 200.000 Mitarbeiter zur Arbeit kommen und ständig nach Verbesserungsmöglichkeiten suchen – jeden Tag."[313]

1996: 1996 hatte sich die GE-Belegschaft allem Anschein nach auf 240.000 bis 260.000 Mitarbeiter eingependelt.

Anmerkung: In seiner Amtszeit als GE-Vorsitzender hat Welch 509 Akquisitionen im Wert von 53,2 Milliarden Dollar und 310 Veräußerungen im Wert von 15,9 Milliarden Dollar vorgenommen. Es liegen keine Zahlen vor, wie viele Mitarbeiter im Zuge der verschiedenen Transaktionen gehen mußten beziehungsweise neu hinzukamen.

Die Software-Revolution

Die weichen Werte

Bis 1988, sieben Jahre nach Welchs Amtsübernahme bei GE, waren die strukturellen Hardware-Veränderungen größtenteils erfolgt. Nach einer Unterrichtsveranstaltung in Crotonville brachte Welch auf dem Heimflug per Hubschrauber gegenüber James Baughman, dem damaligen Leiter von Crotonville, seine Frustration und Verärgerung zum Ausdruck. Das Unternehmen war nicht so innovativ, offen, für Wandel aufgeschlossen, anpassungsfähig und kreativ, wie er es sich wünschte. Bald darauf lief die zweite Phase der GE-Revolution an:

> „In der ersten Hälfte der 80er Jahre haben wir unser Unternehmen umstrukturiert und ihm eine neue Gestalt gegeben. Das war der leichte Teil. In den letzten Jahren sehen wir uns mit der Herausforderung konfrontiert, uns selbst zu verändern – eine unendlich schwierigere Aufgabe, die, offen gestanden, nicht alle unserer Mitarbeiter in führenden Positionen zu bewältigen vermögen."[314]

Obgleich Welch bereits 1981 von „Soft Values" gesprochen hatte, waren die „weichen Werte" fünf Jahre später immer noch nicht tonangebend bei GE. Philip Krantz, ein früherer GE-Mitarbeiter, der später bei Intel beschäftigt war, schrieb in einem Brief an das *Fortune*-Magazin: „Ich fand genau das vor, was Jack verabscheut. Entscheidungen wurden nicht etwa von einem liberalisierten und ermächtigten Mittelmanagement getroffen – nein, von speziellen Präferenzen bei Lunch-Bestellungen einmal abgesehen wurden sämtliche Entscheidungen vom Geschäftsführer der jeweiligen Einheit getroffen. Die geistvoll-schlagfertigen Gespräche, in die Welch seine Führungskräfte verwickelt, sind dazu angetan, ihre Kenntnisse und ihr Engagement für ein Projekt zu fördern, wurden aber als persönliche ‚Majestätsbeleidigung' aufgefaßt. ... In meinem eigenen Geschäftsbereich stießen Versuche, die Produktivität durch

Abbau der Schicht mittelmäßiger (langgedienter) Leistungsträger auf Widerstand bei der Bereichsleitung. Unangeachtet dessen, was auf Konzernebene passierte – bei GECC hielt man Wandel weder für notwendig noch für erstrebenswert."[315]

Welch erläuterte sein Verständnis von „weichen Werten" wie folgt:

> „Ich erwarte, daß General Electric erheblich schneller wächst als das Bruttosozialprodukt. Aber ich erwarte nicht, daß wir das erreichen, indem wir uns Zahlenvorgaben machen. Ich erwarte vielmehr, daß wir das erreichen durch weiche Werte wie Qualität, persönliche Höchstleistung, Engagement, kreative Umgebung. All dies wird zur Entwicklung eines Unternehmens mit einem Angebot an wertvollen Produkten und Dienstleistungen führen, und damit werden wir schneller wachsen können als das Bruttosozialprodukt. Die Vorgabe numerischer Ziele könnte das nicht bewirken."[316]

> „Silicon Valley und Route 128 waren nicht nur technologische Phänomene, sondern auch menschliche Phänomene – und typisch amerikanische dazu. Ob unsere Nation in den 90er Jahren zu den Gewinnern zählen wird oder nicht, hängt davon ab, wie gut wir uns dieser Art von Kreativität und leidenschaftlicher Begeisterung in amerikanischen Unternehmen anzunähern vermögen."[317]

Len Schlesinger, den man als Berater zur Betreuung der GE-Mitarbeiter bei den „Software"-Veränderungen hinzugezogen hatte, sagt: „Dies ist einer der größten geplanten Ansätze zur Veränderung menschlichen Verhaltens seit der Kulturrevolution."[318]

Und dieser Ansatz mußte Welch zufolge so groß angelegt sein:

„Wenn sich nicht jeder für das einsetzt, was wir vorhaben, können wir überhaupt nichts ausrichten."[319]

Unter anderem zielte die unternehmenskulturelle Revolution bei GE darauf ab, die Arbeitsbelastung durch Weglassen aller unnötigen Aufgaben zu verringern:

„Wenn letztlich unsere maßgeblichen Leute mit finsterer Miene 16 Stunden am Tag arbeiten in dem Bemühen, dieselbe Datenmenge zu bewältigen wie vorher, dann haben wir es nicht richtig gemacht."[320]

Ein anderes Ziel war die Verbesserung der Interaktion zwischen Arbeitnehmerschaft und Management:

„Das Wort ‚Manager' ist auf einmal nicht mehr das Status-Wort, das es ein Jahrhundert lang bei GE gewesen ist. Da klingt so etwas wie ‚Nachhutstaffel' mit – an der Front stehen die Leute, die die Maschinen bedienen, die Produkte testen, mit den Kunden reden. Wir sind dabei, eine ganz neue Ehrfurcht vor dem Wissen dieser Leute zu entwickeln."[321]

„Wir setzen auf unsere Leute – wir ermächtigen sie, stellen ihnen die Ressourcen zur Verfügung und überlassen alles Weitere ihnen."[322]

„Mit unseren heutigen fortschrittlichen Informationssystemen und flachen Organisationsstrukturen hat jeder zeitgleich

> Zugang zu denselben Informationen; jeder kann mitmachen."[323]

> „Wenn wir die Reaktionsfähigkeit und Schnelligkeit erreichen wollen, die wir brauchen, dann müssen wir die Dinge vereinfachen und mehr delegieren – wir müssen ganz einfach mehr Vertrauen haben. Wir müssen Selbstvertrauen tief in der Organisation verankern. Ein Unternehmen kann kein Selbstvertrauen austeilen, aber es kann die Entwicklung von Selbstvertrauen fördern, indem es Führungsebenen abbaut und den Leuten die Chance zum Gewinnen gibt. Wir müssen uns von einem 100 Jahre alten Konzept lösen und die Manager davon überzeugen, daß es nicht ihre Aufgabe ist, die Leute zu kontrollieren und über den Dingen zu stehen, sondern daß sie ihre Leute führen, aktivieren und anregen müssen."[324]

Nicht nur GE war bereit für weichere Werte – das ganze Land schien bereit zu sein:

> „Man muß hart sein, um weich sein zu können. Man muß unter Beweis stellen, daß man fähig ist, harte, schwierige Entscheidungen – etwa in bezug auf das Schließen von Anlagen, Veräußerungen oder den Abbau von Führungsebenen – zu treffen, um auch dann glaubwürdig zu sein, wenn man versucht, weiche Werte zu fördern. Wir haben die Zahl der Beschäftigten reduziert und den Bürokratismus verringert und uns unangenehme Spitznamen gefallen lassen müssen, aber als wir dann von weichen Werten wie Offenheit, Fairneß und Realitätssinn sprachen, haben die Leute zugehört."[325]

Das Workout-Programm

Im Mittelpunkt der „Kulturrevolution" bei GE stand der sogenannte „Workout"-Prozeß. 1988 wurde ein Beraterteam mit der Ausarbeitung eines solchen Prozesses beauftragt. Die erste Workout-Sitzung bei GE fand im März 1989 statt.

Die zugrundeliegende Idee war, ein dreitägiges informelles „Stadttreffen" mit 40 bis 100 Mitarbeitern quer durch die GE-Reihen durchzuführen. [Anm. d. Übers.: Als Modell diente die Einrichtung von Stadttreffen in New England, bei denen die Bevölkerung Gelegenheit hat, mit den Stadtvätern auf einer Forumsdiskussion ins Gespräch zu kommen.] Der Boß leitete die Diskussion mit einem kurzen Bericht zum jeweiligen Bereich und zur anstehenden Tagesordnung ein und verließ dann die Versammlung. Die Mitarbeiter teilten sich in Gruppen auf und untersuchten unter Anleitung eines Moderators jeweils verschiedene Aspekte des Problems. Zum Schluß kam der Chef wieder, um sich die Lösungsvorschläge anzuhören. Er hatte nur drei Möglichkeiten: den Vorschlag der Mitarbeiter an Ort und Stelle zu akzeptieren, ihn abzulehnen oder aber weitere Informationen zu erbitten. Wünschte der Boß weitere Informationen, mußte er ein Team benennen und einen Termin für die endgültige Entscheidung bestimmen.

Zunächst zögerten die GE-Mitarbeiter, sich zu Wort zu melden, und umgekehrt waren manche Manager nicht ohne weiteres bereit, ihren Mitarbeitern die Lösung von Problemen anzuvertrauen. Doch allmählich setzte sich die Idee durch, und auf den Workout-Sitzungen wurde freimütig und intensiv diskutiert. Der Prozeß als solcher wurde zusehends informeller und fand schließlich im gesamten Unternehmen Anwendung.

> „Workout war ganz einfach: Man mußte nur Leute aus allen Ebenen und Funktionsbereichen – Manager, Sekretärinnen, Ingenieure, Linienmitarbeiter und zuweilen auch Kunden und Lieferanten – in einem Raum zusammenbringen, sie gezielt über ein Problem oder eine Marktchance diskutieren lassen und

dann schnell und entschieden die beste Idee weiterverfolgen – unabhängig von ihrer Herkunft."[326]

„Auf diesen Workout-Sitzungen wurden all die Dinge, über die sonst nur am Getränkeautomat hinter vorgehaltener Hand oder an den Wochenenden geredet wurde, in aller Offenheit diskutiert und in vielen Fällen auf der Stelle gelöst. Die Treffen basieren auf der Überzeugung, daß die Leute, die den Arbeitsabläufen am nächsten stehen, am besten in der Lage sind, diese zu verbessern."[327]

Mit dem Workout-Programm wurden vier große Ziele verfolgt:

1. Vertrauensbildung
2. Ermächtigung der Mitarbeiter
3. Vermeidung unnötiger Arbeiten
4. Schaffung eines neuen GE-Paradigmas – des Paradigmas von der grenzenlosen Organisation.

Ein typischer Workout-Prozeß umfaßt fünf Schritte:

1. Schritt: Herstellung eines Zusammenhangs zwischen schwacher Leistung und unproduktiven Arbeitspraktiken
2. Schritt: Einbeziehung von Kollegen in den Workout-Prozeß
3. Schritt: Überprüfung ineffizienter Verfahren und Praktiken
4. Schritt: Konsenserzielung seitens der funktionellen Gruppen im Hinblick auf die vorgeschlagenen Veränderungen
5. Schritt: Vorlage von Empfehlungen, die der Vorgesetzte entweder befürwortet oder ablehnt oder durch weitere Untersuchungen ergänzen läßt.

Dr. Steve Kerr hat in dem Team mitgearbeitet, das seinerzeit das Workout-Programm entwickelte. Er erläutert, was passiert, wenn ein Vorgesetzter der Realisierung eines Vorschlags zustimmt: „Jede Empfehlung muß einen ‚Champion' bekommen. Einer der Anwesenden, gleich, ob es sich um einen gerade erst eingestellten Mitarbeiter oder einen Sachbearbeiter auf unterster Ebene handelt, übernimmt die Verantwortung dafür, daß die Empfehlung umgesetzt wird. Und außerdem wird für jede Empfehlung eine ‚Straßenwacht' bestimmt – eine Führungskraft aus den höheren Rängen, die dafür sorgt, daß alle Hindernisse aus dem Weg geräumt werden."[328]

Die ‚Straßenwacht' nennt dem ‚Champion' ihre Telefonnummer oder sonst eine Möglichkeit, wie letzterer jederzeit direkt Kontakt zu ihr aufnehmen kann. Taucht irgendwo am Arbeitsplatz eine ‚Straßensperre' auf, muß die Führungskraft für deren Beseitigung sorgen.

Im Rahmen des Workout-Programms ist eine ganz eigene Sprache entstanden. So sind „tiefhängende Früchte" Probleme, die sich leicht lösen lassen. Als „Klapperschlangen" werden Probleme bezeichnet, die leicht zu erkennen sind, weil sie geräuschvoll auf sich aufmerksam machen. Demgegenüber sind „Pythonschlangen" Probleme, die sich wie Schlangen im Geäst der Bürokratie verbergen und verschlingen. Und Pythonschlangen geben nicht so schnell auf.

Bill DiMaio, Teamleiter bei den Brennkammer-Betrieben der GE-Produktionsanlage für Flugzeugtriebwerke in Lynn, Massachusetts, hat die Workout-Erfahrung wie folgt beschrieben: „Als Manager kommt man sich bei einer Workout-Sitzung manchmal etwas dämlich vor, weil man sich ganz einfach fragt, warum man eigentlich nicht schon früher darauf gekommen ist. Und manch einer denkt auch vielleicht: ‚Mensch, jetzt sitze ich hier auf heißen Kohlen, und wenn ich zögere, irgendeine Idee aufzugreifen, die nicht von mir, sondern von jemand anders stammt, dann sieht das so aus, als ob ich nicht wüßte, was ich tue.' Man muß da über seinen eigenen

Schatten springen. Ich selbst fühle mich nie verunsichert; ich fühle mich vielmehr bestärkt." Sicher gibt es hin und wieder auch absonderliche Ideen, aber 95 Prozent der Empfehlungen, sagt DiMaio, sind gute Ideen.[329]

Welch selbst beschreibt Workout folgendermaßen:

> „Eine unerbittliche, niemals endende unternehmensweite Suche nach Möglichkeiten zur Verbesserung sämtlicher GE-Aktivitäten."[330]

> „Wir formulieren das gern so: ‚Workout hat das Gebäude gesprengt.' Stellen Sie sich ein Gebäude vor – mit Wänden und Stockwerken. Die Wände grenzen die verschiedenen Funktionen ein, und die Stockwerke trennen die verschiedenen Führungsebenen. Workout hat alle Wände und Stockwerke eingerissen, und jetzt befinden sich alle Teile in einem einzigen großen Raum."[331]

Ein Workout-Erfolg würde ungeheure Vorteile bieten, sagt Welch:

> „Wir werden ein Unternehmen haben, das auf den einzigartigen Merkmalen der amerikanischen Mentalität beruht und von ihnen vorangetrieben wird – Respektlosigkeit, Neugierde, Individualismus, intellektuelle Gärung; ein Unternehmen, in dem ‚Fachchinesisch' und Doppelzüngigkeit und Bürokratismus verpönt sind, in dem Aufrichtigkeit und Offenheit verlangt wird. Ein solches Unternehmen bekommen wir nicht, indem wir schlaue Bücher lesen und andere Kulturen nachzuahmen versuchen."[332]

Auf seiner ersten Workout-Sitzung bekannte ein Mitarbeiter mittleren Alters, GE sei seiner Meinung nach auf dem richtigen Weg: „Ihr habt mich 25 Jahre lang für meiner Hände Arbeit bezahlt, wo ihr auch meinen Verstand hättet haben können – für umsonst.“[333]

> „Ich betrachte *Workout* als ein Instrument, das uns bei bedingungsloser und leidenschaftlicher Umsetzung letztlich zu Schnelligkeit, Einfachheit und Selbstvertrauen führt – zu den Voraussetzungen, die wir brauchen, um in den 90er Jahren und darüber hinaus als Gewinner hervorzugehen."[334]

Einfachheit

Welch konzentriert sich auf drei Konzepte, die GE ungeheure Energie vermitteln:

> „Schnelligkeit, Einfachheit und Selbstvertrauen. Wir sind in all den Jahren als ‚bestgeführtes' Unternehmen, als ‚Finanz-Hexenmeister' oder sonstwie betitelt worden. Wenn wir in den 90er Jahren wirklich die eindeutigen Gewinner sein wollen, dann müssen wir uns zum schnellsten, einfachsten und selbstbewußtesten Unternehmen der Welt entwickeln."[335]

> „Einfachheit ist eine Qualität, die derzeit eher belächelt wird in Unternehmenskulturen, die von ihren Konzepten erwarten, was sie am Wein schätzen: Nuancenreichtum, Feinheit, Komplexität, Andeutung dieser oder jener geschmacklichen Richtung. In den 90ern werden solche Kulturen komplizierte Entscheidungen hervorbringen, die, beladen mit allen möglichen Nuancen und Komplexitäten, den Bahnhof erst lange nach Abfahrt des Zuges erreichen."[336]

„Es ist unglaublich, wie schwer es den Leuten fällt, einfach zu sein – wie sehr sie das Einfachsein fürchten. Sie haben Sorge, wenn sie einfach wären, würden die Leute sie für einfältig halten. In Wirklichkeit ist natürlich genau das Gegenteil der Fall. Klare, willensstarke Menschen sind ausgesprochen einfach."[337]

„Bei GE streben wir nach Schlankheit und Agilität, nach schnelleren Bewegungen und nach Reduzierung bürokratischen Ballasts. Wir unterziehen jede Aktivität, jede Funktion einer höchst strikten Überprüfung und ziehen einen Trennstrich zwischen den Dingen, die wir absolut tun und wissen müssen, und solchen Zusammenhängen, die wir lediglich gern kennenlernen möchten."[338]

In der Absicht, das Arbeitsumfeld und die Denkweise seiner Manager zu vereinfachen, fordert Welch seine Leute auf, fünf strategische Fragen auf nicht mehr als einer Seite zu beantworten:

1. Wie wird die globale Wettbewerbssituation in Ihrer Branche in den nächsten Jahren aussehen?
2. Was hat Ihre Konkurrenz in den letzten drei Jahren unternommen, um Einfluß auf die globale Dynamik zu nehmen?
3. Was haben Sie in den letzten drei Jahren unternommen, um Ihrerseits Einfluß auf die Dynamik des Wettbewerbs zu nehmen?
4. In welcher Weise könnte Ihnen die Konkurrenz künftig gefährlich werden?
5. Welche Pläne haben Sie, um Ihrerseits die Konkurrenz zu übertreffen?[339]

„Vor einigen Jahren fanden die Fließbandarbeiter in unserem Unternehmensbereich Haushaltsgeräte in Louisville plötzlich zwei Schalthebel an ihrem Montageband vor. Mit dem einen

Hebel wurde das Band gestoppt. Der andere Schalthebel ließ ein Montageteil erst dann weiter, wenn ein Arbeiter dieses Teil für fehlerlos befand. Damit hatten die Fließbandarbeiter von heute auf morgen als maßgebliche Instanz über die Qualität ihrer Arbeit zu befinden. Als dieses System vorgeschlagen wurde, prophezeiten spöttische Zyniker Chaos und Produktion im Schneckentempo. Doch was geschah? Die Qualität verbesserte sich enorm, und das Band lief schneller und reibungsloser als je zuvor."[340]

Einfachheit, sagt Welch, ist gar nicht immer so einfach. Betrachten wir beispielsweise den Prozeß der Produktionsplanung. Bei GE wird mit komplexen, hochtechnischen Prozessen gearbeitet. Das Management lernte schnell, daß es einer genauen Abbildung des jeweiligen Prozesses bedurfte, wenn man etwas vereinfachen wollte.

Ein Verfahrensplan ist ein Fertigungsdiagramm, das jeden noch so kleinen Produktionsschritt aufzeigt. Manager, Arbeiter, Lieferanten und Kunden arbeiten an diesem Plan gemeinsam und setzen hier und dort Rauten, Kreise oder Quadrate, um die jeweiligen Aktionstypen zu kennzeichnen. So dauerte die Erstellung des Prozeßplanes für den GE-Turbinenantrieb mehr als einen Monat, und der Plan selbst wies die Länge eines großen Konferenzsaales auf. Doch nachdem dieser Plan vorlag, wußten die Mitarbeiter genau, was da passierte; entsprechend war leichter zu erkennen, welche Schritte beseitigt, kombiniert oder an anderer Stelle eingeschoben werden konnten, um größere Schnelligkeit und Effizienz zu erzielen.

„Einfachheit ist absolut unerläßlich, um den betroffenen Leuten auf sämtlichen organisatorischen Ebenen innerhalb wie außerhalb des Unternehmens das Arbeitsumfeld, die Vision, den Plan verständlich machen zu können."[341]

„Komplexität verlangsamt und erschöpft alles – mit Ausnahme der Bürokratie. Bürokratien verlangen geradezu danach. Ängstliche Bürokraten lieben Komplexität. Ich hasse Bürokratismus. Ich sehe doch, was den Leuten damit angetan wird."[342]

Schnelligkeit

Welch besteht darauf – nur schnelle Unternehmen werden überleben:

„Die 80er Jahre werden sich gegenüber den 90ern wie ein Spaziergang durch den Park ausnehmen. Uns steht ein Jahrzehnt bevor, das um Größenordnungen schwieriger sein wird als alles, was wir bisher erlebt haben. Die Japaner sind wettbewerbsstärker im eigenen Land, sie kaufen amerikanische Unternehmen auf und bauen Anlagen in Europa. Die Europäer begegnen uns in allen Branchen mit neuer Stärke. Praktisch jeder Auftrag in unserem Bereich Turbinen- und Kraftwerksbau in den Vereinigten Staaten hat gegen drei bis vier europäische und japanische Konkurrenten zu kämpfen, wo sich GE vor einigen Jahren nur gegen Westinghouse behaupten mußte. Korea und Taiwan waren noch vor wenigen Jahren allenfalls Bezugsquellen. Heute sind sie internationale Marktteilnehmer von Weltklasse-Format. Quintessenz aus all dem ist: Der Wandel wird sich schneller vollziehen als je zuvor – und wir müssen schneller werden."[343]

„Wir müssen schneller werden, wenn wir in einer Welt gewinnen wollen, in der nichts als ein sich immer schneller vollziehender Wandel voraussagbar ist. ... Auf unserem Aktionärstreffen im letzten April [1990] machten wir uns Gedanken über die politischen Erschütterungen in Osteuropa, den Fall der Berliner Mauer und die Unruhen in der Sowjetunion. Doch Saddam Husseins Name fiel in unserem Gespräch an keiner Stelle.

Keine sechs Monate später wurden die Ereignisse in Europa, die man als die bedeutsamsten seit einem halben Jahrhundert bezeichnet hatte, durch die Invasion in Kuwait, den Golfkrieg und den Sieg verdrängt. ... Wir können also kaum vorher wissen, welche Entwicklungen unsere Welt bis zum April nächsten Jahres verändern werden, aber eines wissen wir mit Bestimmtheit: Wir müssen schneller werden in unserem Bemühen, solchen Entwicklungen zuvorzukommen und entsprechend zu reagieren."[344]

„Unser heutiges globales Umfeld mit einem buchstäblich in Echtzeit erfolgenden Informationsaustausch verlangt den Institutionen Bereitschaft zu Schnelligkeit ab. Schneller ist so gut wie immer besser."[345]

„Schnelligkeit ist alles. Schnelligkeit ist unverzichtbarer Bestandteil von Wettbewerbsstärke. Schnelligkeit hält Unternehmen – und Leute – jung. Schnelligkeit ist wie eine Sucht und eine zutiefst amerikanische Vorliebe, die es weiterzuentwickeln gilt."[346]

Schnelligkeit und Einfachheit ergänzen einander, sagt Welch:

„Einfache Botschaften lassen sich schneller übermitteln, Produkte mit einfachem Design erreichen schneller den Markt, und die Beseitigung von Ballast ermöglicht eine schnellere Entscheidungsfindung."[347]

Schnelligkeit ist Welch zufolge ein entscheidendes Kriterium bei der Einführung neuer Produkte:

„Marktfenster öffnen und schließen sich schneller als je zuvor. Produktlebenszyklen, einst in Jahren gemessen, währen heute normalerweise nur noch Monate – oder gar Wochen."[348]

Um Produkte möglichst schnell aus den Labors auf die Märkte bringen zu können, fordert Welch:

„Ich möchte erleben, daß hochrangige Manager in die Labors gehen und die Chemiker am Kragen packen."[349]

Auf die Frage eines Journalisten von der *Business Week*, wie er zu dem Vorwurf stehe, GE übe zwecks Beschleunigung der eigenen Fertigungsabläufe und Auslieferungsprozesse sowie zur Verringerung von Lieferdefekten Druck auf seine Lieferanten aus, erwiderte Welch:

„Ich finde es in keiner Weise ungebührlich, wenn auf meine Forderung hin Druck auf die Leute ausgeübt wird. Da habe ich keine Skrupel. All diese kleinen Unternehmen, die uns beliefern, die Werksbetriebe im Umfeld unserer Anlagen, sind doch weg vom Fenster, wenn wir im Wettbewerb unterliegen. Wenn wir aus dem Turbinengeschäft in Schenectady aussteigen würden, gingen für all die dynamischen Jungunternehmer, die uns so hervorragend bedienen, doch die Lichter aus."[350]

Welch sagt, auch er müsse sich so schnell wie jeder andere anpassen:

„Ich erinnere mich noch, wie *The Wall Street Journal* anstelle von zwei Sektionen plötzlich drei hatte. Ich war 48 Stunden lang wie geschockt. Wo fand ich denn nun alles wieder? Wenn man es richtig bedenkt, bewirken solche Dinge tatsächlich eine Veränderung bei uns. Und wir müssen ständig darüber reden. Wenn ich in Crotonville bin, ist das mein wichtigstes Gesprächsthema – Wandel, Wandel, Wandel. Für Wandel bereit sein, Wandel erkennen, vorwegahnen, zuvorkommen, bewirken. Nicht stillsitzen. Wenn einer stillsitzt, da können Sie wetten, dem wird der Teppich unter den Füßen weggezogen."[351]

In der Tat: Welch und sein Team verstehen sich mittlerweile meisterhaft auf schnelle Geschäftsabschlüsse. So brauchte GE 1989 nur drei Tage, um eine Allianz mit dem britischen Unternehmen GEC zu besiegeln. Und der NBC reichte ein Wochenende, um sich die Exklusivrechte für die Übertragung der Olympischen Spiele bis 2008 zu sichern – für eine Summe von 4 Milliarden Dollar.

Selbstvertrauen

GE müsse Selbstvertrauen bei seinen Mitarbeitern aufbauen, sagt Welch:

„So wie Schnelligkeit aus Einfachheit resultiert, so gründet Einfachheit in Selbstvertrauen. Selbstvertrauen kann niemand entwickeln, der nur ein Anhängsel der Bürokratie ist, dessen Autorität auf Bürokratismus beruht ... dessen Autorität auf kaum mehr als einem Titel beruht. ... Leute, die aus der Enge ihres Kästchens im Organisationsdiagramm befreit werden, deren Status auf den eigenen realen Leistungen beruht, das sind die Leute, die das Selbstvertrauen entwickeln, einfach zu sein, jede ihnen zugängliche Information mit anderen zu teilen, Vorgesetzten, Mitarbeitern und Kollegen zuzuhören und dann mutig zu agieren."[352]

Welch sagt, er wolle für das GE-Management „das Vertrauen zum Führen und das Vertrauen zum Miteinander-Teilen“[353] erreichen.

„Die horizontalen Barrieren zwischen den Unternehmensfunktionen wachsen, weil das Sicherheitsempfinden des Mitarbeiters darauf basiert, daß er seinen Platz in der Bürokratie kennt und verteidigt. Die Mitarbeiter verlieren die Gesamtziele des Unternehmens aus dem Blickfeld. ... Wie verändert man Denkweisen, die mehr als ein Jahrhundert alt sind? ... Wir kennen die Antwort – das Gegengift; wir haben es, zumindest ansatzweise, in den 80er Jahren erlebt: *Selbstvertrauen*. Geben Sie den Leuten die Chance, einen Gewinnbeitrag zu leisten, lassen Sie das Selbstvertrauen in ihnen wachsen, das sich aus dem Wissen um den eigenen Beitrag ableitet – über kurz oder lang werden ihnen Statussymbole und bürokratisches Drum und Dran nicht mehr wichtig sein. So was brauchen sie einfach nicht mehr. ... Selbstvertrauen ist die Triebkraft für Produktivität und Kreativität, Entschlossenheit und Schnelligkeit.“[354]

Auf Selbstvertrauen, meint Welch, sei es zurückzuführen, daß sich die GE-Unternehmensbereiche Transportsysteme (in erster Linie Lokomotiven) und Turbinen- und Kraftwerksbau vor dem Abgrund retten konnten, als man im Management erkannte, daß die Märkte zeitlich falsch eingeschätzt worden waren. So hatte der Bereich Transportsysteme genau zu dem Zeitpunkt eine kostengünstigere, technisch noch ausgefeiltere neue Lokomotive auf den Markt gebracht, als es mit den Eisenbahngesellschaften bergab ging. Welch sagt, beide Bereiche hätten ihre Fehleinschätzung rechtzeitig erkannt und das Selbstvertrauen besessen, einen Wandel aus eigener Kraft herbeizuführen:

„Beide Bereiche mußten in den 80er Jahren durchs Fegefeuer, als sie ein jahrelanges Markttief durchzustehen hatten, wo es kaum Aufträge für Lokomotiven gab und Dampfturbinen überhaupt nicht gefragt waren."[355]

„Anstatt diese Bereiche nun zu schließen oder zu verkaufen, nahmen wir eine marktkonforme Reduzierung ihrer Kosten vor, investierten zwecks Steigerung ihrer Wettbewerbsfähigkeit (allein 300 Millionen Dollar in das Lokomotivengeschäft) und brachten sie so durch die mageren Jahre – nicht aus Sentimentalität oder Trägheit, sondern weil es sich um große, weltweit führende Unternehmen mit hohem Potential handelt und ein solches Vorgehen unserer Strategie entspricht. Und 1988 erlebten wir dann eine deutliche Marktbelebung im Lokomotivengeschäft sowie erste Anzeichen für eine Belebung in einigen Bereichen des Turbinengeschäfts."[356]

Mit dem Selbstvertrauen wächst auch die Eigenverantwortung, sagt Welch:

„Eigenverantwortung bedeutet, daß man die Freiheit hat, eine Marktchance zu ergreifen und schnell zu handeln, bevor einem gesagt wird, was man zu tun hat. Wenn die Leute auf sämtlichen Ebenen in der Organisation Eigenverantwortung übernehmen, bewirkt die Freiheit zum Handeln zugleich auch Verantwortung für die Konsequenzen ihres Handelns – auf die Unternehmensgewinne, auf das Ansehen des Unternehmens, auf die Qualität und auf das langfristige Wohlergehen des Unternehmens. Ich habe die Hoffnung, daß Eigenverantwortung ein Umfeld schafft, in dem Eigeninitiative erwartet wird, in dem die einzelnen Mitarbeiter bereit sind, Ideen vorzubringen und den Status quo zu hinterfragen. ... Wenn dieses Konzept von der Eigenverantwortung bedeutet, daß die Leute sich anstrengen und ihre Meinung frei äußern, dann sind die Manager auf allen Führungsebenen gezwungen, sich um Anpassung ans Tempo zu bemühen. Wir werden mit Gaspedal und Bremse arbeiten und brauchen uns keine Sorgen zu machen, ob noch genug Benzin im Tank ist."[357]

Es gibt Zeiten, warnt Welch, in denen es gefährlich ist, zu großes Selbstvertrauen an den Tag zu legen. Solche Zeiten sind gekommen, wenn ein Unternehmen mit außergewöhnlich guten Leistungen aufwarten kann:

„Erfolgsmanagement ist eine schwierige Aufgabe. Selbstvertrauen und Arroganz liegen dicht beieinander. Erfolg führt häufig zu beidem – und zu einer gewissen Abneigung gegenüber Wandel."[358]

„Management in schwierigem Umfeld ist ein verdammt besseres Training, als wenn man auf der Welle des Erfolgs schwimmt. Wenn das Schiff untergeht, weiß jeder, wie die Rettungsboote flottzukriegen sind."[359]

Gewerkschaften

Zwar hat GE seit 1969 keinen landesweiten Streik mehr erlebt, aber als Vertreter von 338.500 GE-Mitarbeitern erweisen sich die Gewerkschaften zuweilen als recht unbequeme Kritiker. So war Welch bei Beginn der Gewerkschaftsverhandlungen 1997 leicht angeschlagen.

In seinen Äußerungen zur Geschäftsführung im Januar 1997 nahm Welch unter anderem zu seiner Position in den laufenden Verhandlungen Stellung. Edward L. Fire, Vorsitzender der International Union of Electrical Workers, verlangte von GE Neutralität bei Rekrutierungsaktionen in nicht-gewerkschaftlich organisierten GE-Betrieben. Außerdem, sagte Fire, strebe er Maßnahmen zur Arbeitsplatzsicherung für GE-Mitarbeiter an, wie sie 1996 von den United Auto Workers in Detroit erzielt worden seien.

In einer hitzigen Rede bestand Welch darauf, diese und andere Gewerkschaftsforderungen kämen für GE überhaupt nicht in Frage: „Sie sollten sich mehr denn je gefaßt machen ... auf Streikbetrieb, und zwar ohne Ausweichmanöver.“[360]

Welchs Botschaft war eindeutig: „Wir brauchen keinen Dritten, der unseren Leuten als Sprachrohr dient.“[361]

Die *Business Week* berichtete, Fire sei über Welchs Äußerungen sehr erzürnt gewesen und habe dies in einem Brief zum Ausdruck gebracht. „Welch hat mit seinem Gerede einen großen Fehler begangen“, schrieb Fire.[362]

Als im Juli 1997 ein Vertrag mit der International Union of Electronic Workers and United Electrical Workers geschlossen wurde, mußte die Gewerkschaft Abstriche machen, hatte aber auch erheblich an Einfluß gewonnen – unter anderem 13 Prozent Lohn- und Gehaltserhöhung über drei Jahre, ein zusätzlicher Urlaubstag, Weiterbildungsmaßnahmen am Arbeitsplatz, Vorruhestandsregelung und bessere Wiedereinstellungsbedingungen.

Trotz aller Spannungen zeigt Welch Verständnis für die gewerkschaftliche Organisation der Arbeiter:

> „Es wird nie anders sein – die Mitarbeiter müssen ein Stimmrecht haben. Und wenn sie das nicht vom Management und vom Unternehmen bekommen, müssen sie es sich mit Hilfe einer Gewerkschaftsorganisation verschaffen. Bedauerlicherweise kommt es auch immer wieder vor, daß irgendein Vorgesetzter oder Chef so eine Situation entstehen

läßt, in der sich Mitarbeiter ungerecht behandelt fühlen. Und sich nicht frei äußern können und keine Wertschätzung erfahren. Ich sage unseren Leuten in meinen Lehrveranstaltungen in Crotonville immer: ‚Sie müssen den Mitarbeitern Stimme und Wertschätzung zuteil werden lassen. Das ist absolut entscheidend. Sie brauchen nicht genau das zu tun, was Ihre Leute sagen, aber Sie müssen zuhören. Sie müssen zu verstehen geben, daß Sie ihre Meinung achten und schätzen.' Deshalb ist es auch so wichtig, daß ‚Ideen von allen Ebenen aufgegriffen werden'. Denn es kommt nur auf die Qualität einer Idee an. Und wenn die Leute ein Mitspracherecht haben und wissen, daß sie ihre Meinung frei äußern können, besteht ganz von selbst kaum noch Bedarf an einer gewerkschaftlichen Organisation. ... Mein Vater war ein Produkt der Gewerkschaftsbewegung. Und gottlob war er in der Gewerkschaft. Sein guter Lohn ermöglichte mir den Schulbesuch und vieles andere. Das war damals so. Damals waren noch andere Zeiten. Die Zeiten ändern sich. Einmal hat mich ein Mann in Evendale, Ohio, gefragt, wie es um Jobs für seinen Sohn bestellt sei und ob sein Sohn einmal seinen Arbeitsplatz bekommen würde. Ich habe ihm geantwortet, das könnte ich nicht garantieren. Das wüßte ich nicht. Aber wenn ich an seiner Stelle wäre, würde ich ihn ganz bestimmt auf ein College schicken. Ich würde ihn so globalorientiert erziehen wie nur möglich. Ich würde ihm zu einer informationstechnologischen Ausbildung raten, denn da wüßte ich sicher, daß er einen Job bekommt. Ob er in 20 Jahren noch Ihren Beruf ausüben kann, weiß ich nicht. Ich weiß nicht, ob man dann noch an Drehmaschinen arbeitet. Ich hoffe schon. Nur dafür kann ich nicht garantieren. Aber ich garantiere, daß er mit einer guten Ausbildung und globalem Gespür Karriere machen wird."[363]

„Erhöhte Arbeitsplatzsicherheit und erhöhte Zufriedenheit mit dem eigenen Job wird es in solchen Unternehmen geben, die ihre Wettbewerbssituation klar erkennen, sich darauf einstellen und als Gewinner hervorgehen."[364]

Welch sagt, er hoffe, GE habe seinen Mitarbeitern nicht nur finanziellen Lohn, sondern auch ideellen Lohn zu bieten:

„Man sagt, die Jobs der meisten Leute seien – gemessen an ihrem Verstand – zu kleinformatig. Ich stelle mir ein Unternehmen vor, in dem wirklich jeder Arbeitsplatz so gestaltet ist, daß der Mitarbeiter seine Verstandeskräfte voll entfalten kann."[365]

Ein grenzenloses GE

Nicht genug damit, daß General Electric sich freizügig über alle nationalen Grenzen hinweg zu bewegen vermag – Welch will alle Grenzen abschaffen, die seine Mitarbeiter in der Wahrnehmung ihrer Aufgaben behindern könnten:

„Unser Traum für die 90er Jahre ist ein grenzenloses Unternehmen; ein Unternehmen, in dem wir die Wände niederreißen, die uns von den Kollegen innerhalb und den wichtigsten Partnern außerhalb des Unternehmens trennen. Das grenzenlose Unternehmen, das wir anstreben, wird die Barrieren zwischen Konstruktion, Fertigung, Marketing, Vertrieb und Kundendienst beseitigen; es wird keinen Unterschied mehr machen zwischen Betrieben im Inland und im Ausland – wir werden uns bei unseren Geschäftsaktivitäten in Budapest und Seoul genauso wohl fühlen wie in Louisville und Schenectady. Eine grenzenlose Organisation wird auf Etikettierungen wie ‚Management', ‚Gehaltsempfänger' und ‚Stundenlöhner' verzichten; dadurch wird die gute Zusammenarbeit der Leute nur behindert. Ein grenzenloses Unternehmen wird auch seine externen Mauern abreißen und wichtige Lieferanten zur Partnerschaft in ein und demselben Prozeß auffordern, in dem sie und wir gemeinsam – konkret und kreativ – einen einzigen Zweck verfolgen: die Zufriedenstellung der Kunden."[366]

Welch weiß – Grenzenlosigkeit (*boundarylessness*) ist kein schönes Wort. Aber es bringt genau das zum Ausdruck, was er erreichen möchte:

„Bei der Konstruktion eines Flugzeugs für höchste Geschwindigkeitsansprüche arbeiten Ingenieure unermüdlich daran, alle Unebenheiten auf der Oberfläche, die einen Strömungswiderstand darstellen, zu beseitigen oder zu glätten. Das Ergebnis ist eine saubere Konstruktion, die schnell und geschmeidig durch die Luft gleitet. In einem Unternehmen wird ein solcher ‚Strömungswiderstand' von Grenzen verursacht – von den Mauern, die zwischen Funktionsbereichen wie Finanzen, Marketing und Fertigung gezogen werden; Grenzen zwischen Lieferanten und dem Unternehmen; zwischen dem Unternehmen und seinen Kunden. Jede dieser Grenzen stellt einen Widerstand dar, der die Unternehmensabläufe verzögert. Jedes noch so kleine Terrain innerhalb dieser Grenzen wird von den Wachhunden der Bürokratie verteidigt. Der Prozeß beim Durchlaufen all dieser Funktionen kann so zeitraubend und komplex sein, daß sich die Organisation unter Umständen nur auf sich selbst und ihre internen Abläufe konzentrieren muß und ihren eigentlichen Auftrag – die Zufriedenstellung der Kunden – verfehlt."[367]

„Stellen Sie sich ein Gebäude vor. Alle Unternehmen stocken auf, wenn sie größer werden. Größe bedeutet unweigerlich mehr Stockwerke. Und Komplexität bedeutet mehr Mauern. Wir alle bauen Abteilungen auf – Transportabteilungen, Forschungsabteilungen. Das ist Komplexität. Mauern. Deshalb müssen wir alle dafür sorgen, daß das Gebäude wieder flacher wird und die Mauern fallen. Wenn wir das tun, werden wir erreichen, daß mehr Leute mehr Ideen und Vorschläge für all die Aktionen vorbringen, die in einem Unternehmen anstehen."[368]

„Grenzenloses Verhalten kann nur lachen über das Konzept der kleinen Königreiche, die da heißen Finanzwesen, Konstruktionsabteilung, Fertigung und Marketing und die sich gegenseitig Unterlagen und Aktennotizen schicken; statt dessen versammeln sich alle Beteiligten in einem Raum und setzen sich als Team mit den anstehenden Problemen auseinander."[369]

„Grenzenloses Verhalten beurteilt eine Idee aufgrund ihrer Qualität, nicht aufgrund der Ranghöhe der Person, die sie vorgebracht hat. Dabei liegt die Annahme zugrunde, daß es keinen Kunden in der ganzen Welt gibt, der nicht irgend etwas von Wert mitzuteilen hätte. Warum soll man ihm nicht einfach einen Kaffeebecher in die Hand drücken und ihn mit in den Raum nehmen, wo man gerade ein neues Produkt entwikkelt?"[370]

Das eingefleischte GE-Vorurteil gegen alles, was nicht von GE-Leuten stammt, mußte überwunden werden:

„Diese grenzenlose Lernkultur räumte auf mit der Auffassung, was bei GE gemacht würde, sei die einzige oder gar beste Vorgehensweise. Heute gehen wir in allem, was wir tun, davon aus, daß irgend jemand irgendwo eine noch bessere Idee hat; und sogleich fühlen wir uns verpflichtet, herauszufinden, wer diese bessere Idee hat und wie wir sie übernehmen und praktisch umsetzen können – und zwar schnell."[371]

Dazu ein Beispiel, wie es in einem grenzenlosen GE zugeht:

„Unser Unternehmensbereich Medizinische Systeme beispielsweise ist weltweit führend auf dem Gebiet der Ferndiagnose, wobei ein fest installierter GE-CT-Scanner von unserem Service-Personal während des Betriebs in einem Krankenhaus fernüberwacht werden kann. Unsere Leute können drohende Betriebsstörungen ermitteln und reparieren, manchmal im Online-Betrieb, manchmal sogar, bevor der Kunde überhaupt etwas von einem Problem merkt. Der Bereich Medizinische Systeme hat diese Technologie an unseren Unternehmensbereich Flugzeugtriebwerke, an die Bereiche Lokomotiven, Motoren und Steuerungen wie auch an den Unternehmensbereich Turbinen- und Kraftwerksbau weitergegeben, so daß nunmehr eine Echtzeit-Überwachung der Leistung von Triebwerken während des Fluges, von Lokomotiven im Güterverkehr, vom laufenden Betrieb in Papierfabriken und von Turbinen in Kunden-Kraftwerken möglich ist."[372]

Der GE-Wartungsdienst für den Bereich Medizinische Systeme ist im französischen Buc nahe Versailles stationiert und überwacht weltweit medizinische Einrichtungen über Satellit. Häufig gelingt es dem Personal, Defekte per Fernsteuerung zu beheben. Ein Rechenzentrum in Florenz, Italien, überwacht 11.000 GE-Turbinen in aller Welt, von Siberien bis Chile; nach Möglichkeit werden die Maschinen gewartet, bevor es zu einem Störfall kommt. Experten zufolge hat Welch GE durch drei Phasen geführt: Umstrukturierung, Globalisierung und jetzt Trend zu einem dienstleistungsorientierten Unternehmen. Welch besteht allerdings darauf, daß GE der Fertigung treu bleibt – alle GE-Service-Leistungen sind in der einen oder anderen Weise an GE-Produkte gekoppelt oder dienen zu deren Unterstützung.

> „Unsere Aufgabe ist es, mehr als nur den Kasten zu verkaufen."[373]

Welch meint, die Leute zögen überall ein grenzenloses Arbeitsumfeld vor:

> „Wohl in jeder Kultur möchten die Menschen grenzenlos sein können. In unserem Werk im ungarischen Tungsram haben wir 11 Anlagen, die untereinander ‚Best Practices' austauschen. Das ist ein ungeheures Energiepotential. Wir bringen das dort arbeitende Team in unsere amerikanischen Lampenbetriebe, um ihnen einige der ‚Workout'-Techniken zu zeigen, die das ungarische Team zur Verbesserung von Zykluszeiten und Prozessen einsetzt. Deshalb sind die Mitarbeiter in jeder GE-Anlage in allen Ländern gleich. Sie wollen stärker einbezogen werden. Keiner möchte in ein Kästchen eingesperrt sein."[374]

Peggy Quinn Neimer, eine GE-Anwältin, meint, die Philosophie der Grenzenlosigkeit könne besonders den weiblichen Beschäftigten zugute kommen: „Ich denke, der GE-Ansatz zur Grenzenlosigkeit bedeutet eine große Chance für Frauen, weil Grenzen seit jeher zur Ausgrenzung von Frauen dienen."[375]

> „Grenzenlosigkeit ist die Sprache, der Verhaltensmodifikator, die Kultur, die Seele eines wahrhaft globalen Unternehmens. Grenzenlosigkeit setzt sich hinweg über geographische Entfer-

nungen, Staatsgrenzen, Sprachunterschiede und Landeswährungen und vereint Menschen aller Kulturen."[376]

Weltweit auf der Suche nach „Best Practices"

Seit Edisons Zeiten ist GE ein Jungbrunnen für gescheite Ideen gewesen. Warum woanders nach besseren Methoden Ausschau halten? Die GE-Leute meinten, was nicht bei GE erfunden sei (*not invented here,* NIH), tauge nichts: „NIH-Produkte“ und „NIH-Verfahren“ wurden von vornherein abgelehnt. Doch als GE erst einmal damit begonnen hatte, seine Unternehmensaktivitäten zu hinterfragen, wurde deutlich, daß wohl kein Unternehmen ein Monopol für gute Ideen besitzt. Welch zufolge begann eine weltweite Suche nach „Best Practices“:

> „GE fing an, die Welt systematisch zu durchforsten, um bessere Vorgehensweisen in den besten Unternehmen der Welt kennenzulernen."[377]

> „Unser Verhalten wird durch eine grundlegende Überzeugung motiviert: Das Bestreben und die Fähigkeit einer Organisation, kontinuierlich und von jedweder Quelle zu lernen und das Gelernte möglichst schnell in die Tat umzusetzen, sind ihr ultimativer Wettbewerbsvorteil."[378]

> „Kürzlich benötigten wir in Louisville einen neuen Antrieb für eine Waschmaschine – ein Teil, das wir traditionsgemäß selbst konstruiert und dann von einem externen Lieferanten bezogen haben. Diesmal wurde aber kein GE-Team mit der Konstruktion des Teils beauftragt; vielmehr wandten wir uns an vier qualifizierte Lieferanten, die auf Komponenten wie diese spezialisiert sind, und fragten an, ob sie uns mit einer neuen Kon-

struktion weiterhelfen könnten; und sie konnten. Resultat: Wir haben jetzt einen besseren Antrieb, als wir ihn je hätten selbst konstruieren können, und wir bekommen ihn dank vierköpfiger Problembearbeitung schneller und preisgünstiger, als wenn wir es wie bisher gemacht hätten und hinter der horizontalen Grenze geblieben wären, die wir zwischen uns und der Außenwelt errichtet hatten."[379]

Einige „Best Practices" stammen von Wal-Mart – einem Unternehmen, das Welch bewundert:

„Wal-Mart hat meines Erachtens eindeutig eine Verbindung zwischen dem Kunden und jedem einzelnen Wal-Mart-Mitarbeiter geschaffen. Und die arbeiten tagtäglich daran. Die lassen einfach nicht zu, daß ein Kundenwunsch *nicht* erfüllt würde. Wenn denen in Minneapolis die Decken ausgegangen sind, wird per Computersystem unverzüglich Nachschub geliefert. Oder wenn die Frostschutzmittelvorräte in Chicago zu Ende gehen, in Kalamazoo aber noch viel am Lager ist, wird sofort umverteilt. Die sind immer darauf aus, den Kunden zu Gefallen zu sein. Und da die Vergütung des Personals seit Jahren an solches Verhalten gekoppelt ist, konnten in allen Bereichen dieser Warenhauskette enorme Gewinne erzielt werden."[380]

Wenn Welch von „Best Practices" spricht, dann meint er wirklich die *besten* Ideen und Vorgehensweisen:

„Die einzigen Ideen, die etwas taugen, sind die A-Ideen. Zweitbeste sind nicht gefragt. Das bedeutet, daß jeder in der Organisation mitmachen muß. Nur wenn das gewährleistet ist, gelangen die besten Ideen bis nach oben."[381]

„Wir wollen nicht behaupten, daß wir die globale Quelle für Managementideen sind, aber möglicherweise sind wir die unersättlichsten Verfolger großartiger Ideen – woher auch immer diese Ideen stammen mögen; und wir scheuen uns nicht, sie aufzugreifen und weiterzuentwickeln."[382]

„Wir halten nie zurück mit den großartigen Dingen, die jedem Unternehmen offenstehen, dessen Mitarbeiter allmorgendlich in dem Bewußtsein – in der Überzeugung – zur Arbeit kommen, daß es immer eine noch bessere Methode für all ihre Aktivitäten gibt; und die alles daransetzen, herauszufinden, wer eine solche Methode kennt und wie man sie erlernen kann."[383]

Teamarbeit

Teamarbeit ist seit der Software-Revolution bei GE leichter geworden:

„Das Bestreben, GE in diesem Jahrzehnt zum faszinierendsten und erfolgreichsten Unternehmen der Welt zu machen, wird seine Erfüllung finden im Produktionsbetrieb, im Büro, im Außendienst, in der persönlichen Beziehung zum Kunden, und jeder kennt und verfolgt den wesentlichen Auftrag eines Unternehmens: den Dienst am Kunden."[384]

In seinem Bemühen, den Teamgeist zu fördern, greift Welch auf eigene Erfahrungen zurück:

„Ich erinnere mich gut an einen Telefonanruf von irgendeinem Finanzsachbearbeiter in Fairfield, als ich noch den Bereich Kunststoffe leitete. Der erzählte mir, ich müßte mir die bereits bewilligten 60 Millionen Dollar Investitionskapital aus dem

Kopf schlagen. Und warum? Die Antwort lautete, daß die Sparte XYZ das Geld dringender benötigte als ich. Das führte dann dazu, daß man eine Abneigung gegen die anderen Bereiche entwickelte und gegen sie konkurrierte, anstatt mit ihnen zusammenzuarbeiten."

Heute sei das aber anders:

„Als der Bereich Haushaltsgeräte mit seinem Kompressorproblem [Kühlschränke] zu kämpfen hatte, erkannte man in den anderen Bereichen, daß Roger Schipke Pech gehabt hatte, und bot freiwillig Hilfe an – man sprang ein mit 20 Millionen Dollar hier, 10 Millionen Dollar dort und so weiter."[385]

Eine der Stärken im Qualitätsverbesserungsprogramm von GE ist die Zusammenstellung von Teams, in denen sowohl Kunden als auch Lieferanten vertreten sind:

„Anfang Juni [1977] war ich in London. Der Direktor der GE-Hypothekengesellschaft kam mit seinem Team und zwei Kunden herein. Er selbst war im Rahmen des Six-Sigma-Qualitätsprogramms zum ‚Black Belt' ausgebildet worden. Er sprach über Prozeßabwicklung und darüber, wie er an einer bestimmten Stelle zugunsten anderer Aspekte Zeit einsparte. Sein Kunde erzählte, wie es ihm gelungen war, zusätzliche Marktanteile zu gewinnen. Und der Direktor sprach vor dem Kunden offen über die eigenen Rentabilitätszahlen. Diese Beziehung ... war wie eine Momentaufnahme von GE im nächsten Jahrhundert."[386]

Stretch-Ziele

Welch sieht einen großen Unterschied darin, ob man auf die eigenen Mitarbeiter übermäßigen Leistungsdruck ausübt oder ob man es ihnen überläßt, sich selbst hohe Ziele zu setzen, deren Realisierung besonders viel Kreativität, Verstand und Kompetenz verlangt:

„Wenn wir von *Stretching* reden, meinen wir ganz einfach, daß herausgefunden werden muß, welche Leistungsziele – in bezug auf alles, von der Rentabilität bis zur Einführung neuer Produkte – realisierbar und vernünftig sind und im Rahmen der Möglichkeiten von GE liegen; und dann muß man höher schauen – noch höher – zu den Zielen ganz weit oben, zu Zielen, die außerhalb jeglicher Reichweite zu liegen scheinen, die nur mit übermenschlicher Anstrengung zu erreichen sind. Wir haben festgestellt, daß wir oft das scheinbar Unmögliche tatsächlich erreichen, wenn wir unsere Anstrengungen darauf konzentrieren. Und selbst wenn wir das Ziel nicht ganz erreichen, erreichen wir doch mehr, als wir es sonst getan hätten."[387]

„Eine Stretch-Atmosphäre tritt an die Stelle einer finsteren, lustlosen Entschlossenheit, gerade so gut zu sein wie man muß. Vielmehr wird nun gefragt: Wie gut kann ich sein?"[388]

„Stretching bedeutet, daß wir alle bemüht sind, ungeheure Fortschritte zu erzielen, ohne eigentlich zu wissen, wie das zu realisieren ist; aber unsere Leute finden immer Mittel und Wege, dorthin zu gelangen. Im Herbst war ich in Japan und habe dort den neuen Videokassettenrecorder von Toshiba kennengelernt. Die hatten sich ein Stretch-Ziel gesetzt: Produktion des VCR mit nur halb so vielen Komponenten in der halben Zeit zu halben Kosten. Sie beauftragten ein Team mit der Konstruktion des neuen Modells und erreichten letztlich eine Reduzierung der Komponentenzahl um 60 Prozent und eine Produktionszeit von einem Jahr anstelle der üblichen zwei Jahre."[389]

GE-Mitarbeitern gelingt es häufig, ihre Stretch-Ziele tatsächlich zu erreichen, aber manchmal klappt es auch nicht. GE hatte sich für 1995 zwei Stretch-Ziele gesetzt: 10 Lagerumschläge im Jahr und eine 15prozentige Zuwachsrate. Das waren ehrgeizige Ziele, denn das Unternehmen hatte nie auch nur fünf Lagerumschläge erreicht und bisher gerade 11 Prozent Gewinnzuwachs verbuchen können. In dem Jahr erzielte das Unternehmen neun Lagerumschläge und verfehlte sein Ziel damit um einen Punkt, aber die 15prozentige Zuwachsrate wurde erreicht. Und selbst das knapp verfehlte Ziel bedeutete eine große Leistungsverbesserung im Vergleich zur früheren Performance.

„Im GE von heute bedeutet ein solches Ergebnis keinen ‚Patzer', kein ‚gebrochenes Versprechen' oder gar ein ‚blaues Auge', sondern einen Triumph, der gefeiert werden muß, eine Leistung, die uns das Geld zur Finanzierung unserer Akquisitionen und Aktienrückkäufe einbringt."[390]

„Unser Managementteam arbeitet schon lange Zeit zusammen, und dadurch ist Vertrauen entstanden, und Vertrauen ist unverzichtbar, wenn ein Unternehmen große Stretch-Ziele verfolgen will. Die GE-Unternehmensführer laufen nicht das ganze Jahr über herum und grübeln nach, wie sie die unmögliche Zahl erreichen, die sie sich selbst zum Ziel gesetzt haben. Am Jahresende wird ihre Unternehmensleistung bemessen, aber nicht danach, ob sie ihr Stretch-Ziel erreicht haben, sondern wie gut sie unter den gegebenen Umständen gegenüber dem Vorjahr abgeschnitten haben. ... Ein faszinierendes Nebenprodukt beim Stretching ist die ungeheure Woge an Selbstvertrauen, die unser ganzes Unternehmen erfaßt hat, seit sich die Leute selbst Leistungsziele setzen, die sie sich früher überhaupt nicht zugetraut hätten."[391]

Welch ist davon überzeugt, daß sich die Leute weitaus mehr anstrengen, wenn sie ein selbstgestecktes Ziel erreichen wollen. GE hat sein Bonusprogramm mit Aktienoptionen von 400 Mitarbeitern in den 80er Jahren mit Stand von 1996 auf 22.000 Mitarbeiter ausgedehnt.

„Ich habe auch schon Fehlleistungen belohnt, indem ich Leute ausgezeichnet habe, die zwar ihr Ziel nicht erreichten, aber dennoch mit großem Schwung an die Sache herangegangen waren. Darauf kommt es an. Ich halte in Crotonville eine sechsstündige Lehrveranstaltung (vier bis sechs Stunden), wo es um Führungsqualitäten geht. Ich sage den Leuten immer, wenn der Vorsitzende Kidder Peabody kaufen und die Karre in den Dreck fahren kann, dann könnt ihr euch so etwas auch leisten. Das hat 19mal im *Wall Street Journal* auf dem Titelblatt gestanden. Wenn der Vorsitzende so was tun kann und trotzdem überlebt, dann solltet auch ihr die Möglichkeit haben, Risiken einzugehen. Schlimmeres könnt ihr kaum anrichten."[392]

„Wenn man Fehlleistungen bestraft, hat das garantiert zur Folge, daß keiner mehr etwas wagt."[393]

„Stretching ist nur in einem Umfeld möglich, in dem sich jeder einzelne Mitarbeiter einem strikten Kodex von Kernwerten – Integrität, Vertrauen, Qualität, Grenzenlosigkeit im Verhalten – verpflichtet fühlt und fest entschlossen ist, jeden globalen Konkurrenten unter allen Marktumständen zu übertreffen."[394]

Man solle „großzügig denken", sagt Welch:

„Dezimalstellen hinter dem Komma sind was für Bürokraten."[395]

„Ich hoffe, Sie halten mich nicht für melodramatisch, wenn ich sage, die Institution müsse sich so weit recken und strecken, bis sie fast aus dem Leim geht."[396]

Six-Sigma-Qualität

„Qualität bedeutet ein Leistungsangebot, das buchstäblich besser als das Beste und nicht nur besser als die meisten ist."[397]

In den frühen 80er Jahren, als GE seine Hardware umstrukturierte, um gegen ausländische Konkurrenten anzukämpfen, konnten sich Welch zufolge Unternehmen wie Motorola, Texas Instruments, Hewlett-Packard und Xerox diesen Luxus nicht leisten. Ihr Wettbewerbsvorteil war ausschließlich die Qualität ihrer Produkte. Und so entwickelten sich diese Unternehmen zu Experten für Qualitätskontrolle und Qualitätsverbesserung. In einer Meinungsumfrage unter den eigenen Mitarbeitern stellte GE fest, daß die meisten GE-Leute die Verbesserung der eigenen Qualität für wünschenswert und realisierbar hielten. Mit Unterstützung des Beraters Mikel Harry von der Six Sigma Academy in Scottsdale, Arizona, konzentrierte sich GE auf die Qualitätskontrolle: *Six Sigma* wurde zur Welchschen Passion der späten 90er.

Anmerkung: *Sigma* ist der Terminus, den die Statistiker zur Bemessung der Standardabweichung benutzen.

„Wir führen bei GE derzeit ein massives Qualitätsprojekt auf wissenschaftlicher Basis durch, das uns innerhalb von vier Jahren auf ein Leistungsniveau bringen wird, wo wir unternehmensweit pro Million Abläufe bei jedem Fertigungs- und Dienstleistungsprozeß weniger als vier Defekte haben. Das ist die anspruchsvollste und potentiell lohnenswerteste Initiative, die wir je bei General Electric unternommen haben."[398]

Anläßlich der GE-Jahreshauptversammlung in Charlottesville, Virginia, erläuterte Welch, was *Six Sigma* bedeutet:

> „Ein typischer Prozeß bei GE erzeugt rund 35.000 Defekte pro Million Abläufe, was sich nach viel anhört und auch viel *ist*, aber dennoch den Defektraten der meisten erfolgreichen Unternehmen entspricht. Diese Anzahl an Defekten pro Million Abläufe wird in der Fachsprache der Statistiker ganz genau als dreieinhalb Sigma bezeichnet. Sie persönlich, die Sie hierher nach Charlottesville geflogen sind, sitzen heute hier auf Ihren Plätzen, weil der Sicherheitsstandard der Fluggesellschaften beim Transport der Fluggäste von einem Ort zum anderen noch besser ist als sechs Sigma – mit weniger als einem halben Punkt Fehlleistung pro Million. ... Was die Fluggesellschaften betrifft, so leiten die gewissermaßen zwei Betriebe: Zum einen erfolgt Ihr Flug von Ort A zu Ort B mit einem Sicherheitsstandard zwischen sieben und acht Sigma. Ihr Gepäck wird bei drei Sigma transportiert."[399]

Nur ganz wenige Unternehmen der Welt – einige Firmen in Japan und Motorola in den Vereinigten Staaten – haben bisher ein Qualitätsniveau von sechs Sigma erreicht.

GE hat auch früher schon Programme zur Qualitätskontrolle durchgeführt, aber keines dieser Programme hat den Konzern derart erfaßt wie die Six-Sigma-Qualitätsinitiative.

> „Wir haben die alte Qualitätsorganisation aufgegeben, weil sie nicht richtig funktionierte. Jetzt ist Qualität Aufgabe des Unternehmensführers, Aufgabe des Managers, Aufgabe des Mitarbeiters – einfach jedermanns Job."[400]

„Man sagt uns nach, wir seien in diesem Punkt [Six Sigma] etwas ‚unnachgiebig'. Stimmt. Das sind wir."[401]

Welch weiß um die hohen Kosten qualitativ minderwertiger Produkte. 1981 büßte der Geschirrspüler-Bereich von GE 18 Prozent seines Marktanteils vom Vorjahr ein, und bei den Waschmaschinen gingen 16 Prozent Marktanteil verloren, weil die GE-Produkte qualitativ nicht mit der Konkurrenz mithalten konnten. Welch erkannte, daß man das Vertrauen der Verbraucher nicht so schnell wiedergewinnt, wenn man es erst einmal verspielt hat:

„Der Schlag ins Gesicht, den man einem Kunden versetzt, ist vielleicht nach zehn Jahren noch nicht vergessen."[402]

„Wir wollen die Wettbewerbslandschaft so verändern, daß wir nicht nur besser als unsere Konkurrenten sind, sondern Qualität auf ein gänzlich neues Niveau anheben. Wir wollen unsere Qualität zu etwas so Besonderem machen, zu einer für unsere Kunden so wertvollen und für ihren Erfolg so wichtigen Leistung, daß unsere Produkte die einzig richtige Wahl für sie sind."[403]

Die Six-Sigma-Initiative wurde Ende 1995 mit 200 Projekten eingeleitet. 1997 liefen bereits mehr als 6000 Projekte. GE hat bisher rund 500 Millionen Dollar investiert, rechnet aber allein für 1997 mit Einsparungen in Höhe von 500 bis 600 Millionen Dollar.

„40 Prozent der Prämie eines jeden Managers sind an seine Fortschritte in bezug auf Qualitätsergebnisse gekoppelt. Qualität ist der wichtigste Punkt auf der Tagesordnung eines jeden Unternehmensbereichs in unserem Konzern. Unternehmensführer, die nicht erkennen, wie entscheidend Qualität für unsere Zukunft ist, sind – wie die Unternehmensführer, die sich in den 80ern nicht zur Grenzenlosigkeit bekennen konnten – bei GE schlichtweg fehl am Platz."[404]

Die Six-Sigma-Initative zur Qualitätsverbesserung wird von GE-Mitarbeitern geleitet, die entsprechend ihrer Schulung als „Champion", „Master Black Belt", „Black Belt" oder „Green Belt" bezeichnet werden.

„Ab Januar 1998 wird kein Kandidat für irgendeinen Managementposten, auf welcher Ebene auch immer, auch nur die geringste Chance haben, wenn er nicht zumindest eine Green-Belt-Schulung absolviert hat. ..."[405]

Auf die Frage hin, wie Lieferanten auf die Forderung nach höherer Qualität reagieren, sprang Welch auf, rannte in sein Büro und kam mit den neuesten Berichten zurück:

„Die Verbesserungsmaßnahmen machen sich bereits bemerkbar. Viele Lieferanten wollen sich ebenfalls daran halten und sie in ihren Betrieben zur Anwendung bringen. Andere zieren sich noch. Entweder sie entschließen sich dazu, oder sie haben als Lieferant keine Chance mehr bei uns. Es kommen auch Lieferanten zu uns [nach Crotonville] und nehmen dort an einem Kursus teil. Allerdings machen wir die Lieferanten auch kostenpflichtig. Früher schickten die uns nur eine knappe Mitteilung, als es noch nichts kostete. Jetzt, seitdem wir Geld verlangen, wird die Qualität [der Lieferantenvertreter] erheblich besser; wir können nicht gerade reich davon werden. Aber wir erheben eine kleine Gebühr."[406]

Auf der GE-Jahreshauptversammlung 1997 berichtete Welch stolz über Six-Sigma-Erfolge:

„Unser GE-Unternehmensbereich Lampen hatte früher in der Rechnungsabteilung mit einem System gearbeitet, das an sich in Ordnung war, aber einen Nachteil aufwies: Die Elektronik paßte nicht so recht zum Einkaufssystem von Wal-Mart, einem unserer besten Kunden. Unser System funktionierte bei denen nicht und hatte wiederholt zu Auseinandersetzungen und Zahlungsverzögerungen geführt, und für Wal-Mart bedeutete es obendrein Zeitvergeudung. Ein Black-Belt-Team von GE nahm sich des Problems an und erarbeitete eine Lösung in Sinne von Wal-Mart. Es setzte Six-Sigma-Methoden ein, nutzte die Informationstechnologie und investierte 30.000 Dollar: Innerhalb von vier Monaten hatte sich die Zahl der Defekte um 98 Prozent verringert. Wal-Mart erzielte höhere Produktivität und Wettbewerbsstärke, und es gab viel weniger Diskussionen und Verzögerungen – was sich bar auszahlte. Für GE kamen die Investitionen um ein Vielfaches wieder herein."[407]

„So wie uns das Workout-Programm zu einer Kultur des Lernens und der Offenheit verholfen hat, die unsere Verhaltensweisen prägt, so wird Qualitätsverbesserung auf der disziplinierten Basis der Six-Sigma-Methode unsere Arbeitsweisen prägen."[408]

Welch erläutert, eine überlegene Qualität bei Produkten und Dienstleistungen sei wichtig, weil die Gesellschaften überall in der Welt zunehmend „Wertorientierung" entwickelt hätten:

„In diesem Umfeld muß ein Unternehmen als schlanker, kostengünstiger Hersteller von Qualitätsgütern und Qualitätsdiensten auftreten, um überleben – oder gar florieren – zu können."[409]

Technologie sei nach wie vor sehr wichtig, sagt Welch, aber der Markt verlagere seinen Schwerpunkt vom Technologieführer zum Hersteller und preisgünstigen Anbieter grundlegender, qualitativ hochwertiger Produkte. Veränderungen, wie sie Anfang der 80er Jahre im Bereich Medizinische Systeme bei den bildgebenden Diagnoseeinrichtungen erfolgten, vollzögen sich heute in vielen Branchen:

> „In den 60ern ging es bei den medizinischen Systemen in erster Linie um das Geschäft mit Röntgenstrahlen. Die Produktlebenszyklen wurden in Jahren gemessen, und wesentliche Veränderungen im Marktanteil waren eher die Ausnahme. Mitte der 70er Jahre kam die Computertomographie auf, und eine Branche, die über Jahrzehnte unverändert geblieben war, erlebte binnen 36 bis 48 Monaten eine Revolution. Es entstand ein riesiger neuer Markt mit vollkommen neuen Konkurrenten. Die Marktanteile erfuhren dramatische Veränderungen, und wir gehörten zu den Gewinnern. ... Heute [1984] hingegen sieht sich der Bereiche Medizinische Systeme mit zwei wichtigen Herausforderungen konfrontiert. Die eine ist wettbewerbsbedingt – es gilt, sich auf dem Gebiet der Magnetresonanz-Systeme als einer weiteren neuen Großtechnologie zu behaupten. Wie sich diese Branche entwickelt, wird sich im nächsten Jahr zeigen. Die zweite Herausforderung ist die Veränderung am Markt. Die Kunden – die Krankenhäuser – stehen unter enormem Kostendruck. Sie müssen ihre Kosten reduzieren, ihr Etat ist gekürzt worden. Der Bereich Medizinische Systeme darf sich nicht auf seinem CT-Scanner-Erfolg ausruhen."[410]

„Wir müssen in allem, was wir tun, die Besten sein."[411]

„Entweder ist man in allem, was man tut, der Beste, oder man kann sich auf Dauer nicht halten."[412]

Kritiker meinen, GE habe die Qualitätsbewegung nur zögerlich aufgegriffen. Joseph A. DeFeo vom Juran Institute stimmt zu: „GE hat es in den letzten zehn Jahren hervorragend verstanden, die Kosten bei seinen Systemen zu senken. Auf diesem Gebiet sind die wirklich gut. Während dieser ganzen Zeit habe ich, soweit ich mich erinnere, niemanden im Zusammenhang mit GE von Kunden reden hören. Das Wort *Kunde* fiel so gut wie nie. Die Kritik an GE war, daß die so großen Erfolg hatten, obwohl die Qualität nicht besonders war. Das Unternehmen hatte Erfolg auf der Kostenseite. Damit kann man weiter nicht kommen."

„Aber", fügt DeFeo hinzu, „ich kann Ihnen eines sagen, ganz im Sinne von Juran (Dr. Joseph Juran war Pionier der Qualitätsbewegung): Alle Unternehmen sind um Qualität bemüht, wenn sie sich dazu genötigt sehen. Wenn das zutreffen sollte, wird auch GE durch irgendwelche Anhaltspunkte dazu getrieben. Ich glaube nicht, daß es Jack Welchs Ego ist. Vermutlich ist ihnen die Gewinnsituation suspekt, oder sie verlieren Marktanteile auf bestimmten Gebieten."[413]

Wer qualitativ minderwertige Produkte und Dienstleistungen anbietet, so erläutert DeFeo, verursacht damit Kosten, die bis zu 20 oder 30 Prozent der Unternehmensumsätze ausmachen können.

Krieg der Waschmaschinen

Ein Unbehagen, wie es den amerikanischen Arbeitnehmern nur allzu vertraut ist, breitete sich im Herbst 1992 im Appliance Park aus – in dem 40 Jahre alten Werk, in dem GE auf einem sechs Quadratkilometer großen Gelände Haushaltsgeräte produziert. Die Anlage in Louisville, Kentucky, machte 45 Millionen Dollar Verlust im Jahr; das Unternehmen war drauf und dran, die Produktion des bisher im eigenen Land gefertigten Waschmaschinen-Sortiments ins Ausland zu verlagern, um Kosten zu sparen. Die Arbeiter wußten: Wenn der in Schwierigkeiten geratene Waschmaschinen- und Trocknerbereich ausgelagert wurde, war es nur eine Frage der Zeit, bis auch Kühlschränke, Küchenherde und Mikrowellen verschwinden würden. Und damit wären 9000 Arbeitsplätze gefährdet.

Aber auch die bei GE vertretenen Prinzipien standen auf dem Spiel. Was war mit dem „Nummer 1, Nummer 2"-Prinzip? Der Bereich Haushaltsgeräte war im eigenen Land die Nummer 2, aber auf dem internationalen Markt hatte es keine ernsthaften Verkaufskampagnen gegeben.

Und wie war es um das Workout-Programm bestellt? Wenn GE und seine Mitarbeiter die Probleme im Applicance Park nicht lösen konnten, wozu waren dann noch die drei Kernwerte *Einfachheit*, *Schnelligkeit* und *Selbstvertrauen* gut – was sollte dann das Konzept vom grenzenlosen Unternehmen und all das Gerede über Stretch-Ziele? Waren Welchs Management-Slogans doch nur „Eintagsfliegen"?

Wenn GE das Geschäft mit großen Haushaltsgeräten ohne ernsthaftes Bemühen um Rentabilität aufgeben sollte, hatten die Kritiker vielleicht doch recht mit ihrer Behauptung, GE sei eine Risikokapitalgesellschaft, die sich um die eigenen Mitarbeiter und Produkte nicht weiter scherte.

GE hatte die Wirtschaft schon einmal geschockt, als der Konzern sein Haushaltswaren-Geschäft gegen einen europäischen Hersteller bildgebender Diagnosegeräte eintauschte. Von den Unternehmensbereichen Flugzeugtriebwerke, Kunststoffe und Finanzdienstleistungen einmal abgesehen, beruht GE-internen Untersuchungen zufolge das Ansehen des Konzerns beim amerikanischen Verbraucher zu 78 Prozent auf GE-Haushaltsgeräten.

Wenn GE Appliance Park schließen würde, müßte der Konzern auch mit empfindlichen Verlusten rechnen. Mit Haushaltsgeräten werden 10 Prozent des GE-Jahresumsatzes erzielt. Die Branche ist zugegebenermaßen zäh. Aber wo gäbe es für GE noch einen Bereich für Kapitalinvestitionen, in dem der Konzern derart solide verankert ist und mit dessen Risiken er sich so gut auskennt?

Die Arbeiter wußten, daß sich Appliance Park in Schwierigkeiten befand, und die GE-Funktionsträger erkannten, daß als Lösung nur eine vollständige Neukonstruktion der alten GE-Waschmaschine in Frage kam: An der Konstruktion hatte sich seit einem Jahrzehnt nichts verändert, und die Maschine brachte dem Unternehmen nur finanzielle Verluste ein. GE hatte 35 Jahre lang ein und dieselbe Fertigungsbühne benutzt. Ein Konstruktionsteam sollte binnen 20 Tagen eine völlig neue Waschmaschine vorstellen.

Eines stand allerdings fest: Welch war keineswegs geneigt, das Waschmaschinen-Sortiment um jeden Preis zu erhalten. Also schuftete das Team vom Herbst bis nach Weihnachten. Zwischenzeitlich handelten die Gewerkschaftsführer der International Union of Electronic, Electrical, Salaried, Machine, and Furniture Workers (IUE) Zugeständnisse mit GE-Funktionsträgern aus. Die gesamte GE-Belegschaft in Louisville versammelte sich in einem alten Warenlager, um Vorschläge für die Erzielung größerer Effizienz auszuarbeiten. Selbst der Gouverneur von Kentucky und sein Stellvertreter unterstützten die „*Save the Park*“-Aktion.

Knapp vier Monate, nachdem die Arbeiter mit dem Problem konfrontiert worden waren, genehmigten die Mitglieder der lokalen IUE-Vertretung eine neue Waschmaschinenkonstruktion und stimmten einem 43-Punkte-Programm zur kostenwirksameren Produktionsgestaltung zu. Die neue Waschmaschine war der Inbegriff für „schlanke Konstruktion“: Anstelle von 800 Teilen wurden nur noch 380 Teile benötigt. Die neue Waschmaschine war um 60 Pfund leichter und – dank ihres umstrittenen Kunststoffkorbs – buchstäblich rostfrei.

Appliance Park in Louisville entwickelte sich zu einer der leistungsstärksten Vorzeige-Sparten von GE. 1996 erhöhte sich die Zuwachsrate auf 11,8 Prozent des Umsatzes in Höhe von 6,4 Milliarden Dollar – gegenüber einem Branchendurchschnitt von nur 5,7 Prozent. Im GE-Jahresbericht 1996 berichtete David M. Cote, Leiter des GE-Unternehmensbereichs Haushaltsgeräte, welche Fortschritte bisher erzielt worden waren: „Wir waren in der Lage ... unser Exportproduktangebot mit einem neuen internationalen Sortiment an Waschmaschinen für den Privatgebrauch zu stärken, die wir in Appliance Park in Louisville, Kentucky, produzieren. Dies war die letzte Phase einer 100-Millionen-Dollar-Investition ins Waschmaschinengeschäft, die uns mittlerweile zu einem deutlich höheren US-Marktanteil verholfen hat."[414]

Der GE-Sieg auf dem hart umkämpften Haushaltsgeräte-Markt sollte nicht von Dauer sein. So gelang es GE nicht, die Whirlpool-Waschmaschinen aus den Sears-Geschäften zu verdrängen. Und kürzlich hat Whirlpool den Konzern in Kanada verklagt: GE hätte die Konstruktion ihres Rührwerks – der zentralen Säule, die Wasser und Wäsche während des Waschvorgangs in Bewegung hält – geklaut. Doch die GE-Waschmaschinen verkaufen sich gut: Der Krieg der Waschmaschinen wird wohl noch weitergehen.

Bestandsaufnahme

Von Fehlschlägen und Mißerfolgen bei GE

„Mein Weg zum Erfolg war mit Mißerfolgen gepflastert", hat einst Thomas Alva Edison, Erfinder der Glühbirne und berühmtester Ahnherr von GE, einmal gesagt. Auch Jack Welch hat Fehlschläge überlebt – einige waren eher trivialer Natur, andere gerieten zum Trauma für das gesamte Unternehmen. Aber, sagt Welch, wie Edison habe auch er gelernt. Ganz zu Anfang flog ihm eine kleine Anlage in die Luft:

> „Es war eine Pilotanlage, ungefähr so groß wie das hier [der Konferenzraum]. Ich machte gerade einen Versuch, und die Reaktion lief mir weg – bums – und die Anlage flog in die Luft. Unser Boß war damals Charlie Reed, der ist inzwischen 85 Jahre alt. Und das war eine Seele von Mensch, so zuvorkommend, bedächtig und anteilnehmend. Der ließ mich kommen und wollte von mir hören, was denn passiert wäre. Ich ging zu ihm und erklärte ihm alles. Er ist selbst promovierter Chemieingenieur vom MIT, und Charlie Reed und ich hatten ein wirklich wunderbares Gespräch über das, was geschehen war und wie es geschehen konnte. Er war wie ein Vater zu mir."[415]

1978 genehmigte Welch als Sektorenleiter der Haushaltswaren-Gruppe einen Vorschlag für eine revolutionäre Waschmaschine, die nicht mit Wasser, sondern mit harmonischen Schwingungen arbeitete. Nach vier Jahren – und annähernd 20 Millionen Dollar Investitionsausgaben – hatte GE eine Waschmaschine von der Größe eines Raketen-Starttriebwerks (leicht übertrieben), die alles konnte – nur keine Wäsche waschen. Das Konzept wurde schließlich verschrottet. „Ich war neu im Geschäft, der Fall überzeugte und war gut dokumentiert, und da habe ich mich halt dafür eingesetzt“, sagt Welch mit Unschuldsmiene. „Aber das ist nicht der einzige Flop, den ich gelandet habe.“[416]

GE hat auch den unglückseligen Versuch unternommen, die Führung in Sachen Fabrikautomatisierung zu übernehmen.

> „Wir hatten uns den richtigen Markt ausgesucht, aber stümperhafter hätten wir nicht vorgehen können. Ich unterstützte alles, was [seitens des Teams] schieflief. Irgendwie haben die sich bei der praktischen Umsetzung total übernommen. Bevor wir unsere eigene Geschirrspüler-Herstellung automatisierten, wußten wir selbst nicht so genau, was das bedeutete. Wir stolperten, fielen auf den Bauch und versuchten dies und jenes, und zum Schluß klappte es. Das Automatisierungsgeschäft wurde in ein Gemeinschaftsprojekt mit Fanuc aus Japan eingebunden und läuft inzwischen sehr gut; die programmierbaren Kontrollen erwiesen sich als echter Gewinn. Daraus wird 1990 kein Multimilliarden-Geschäft [wie vorausgesagt], aber immerhin ein Milliarden-Geschäft mit 80 bis 120 Millionen Dollar Gewinn.“[417]

Nach fünfjähriger Amtszeit als CEO bei GE zeigte sich, daß es Welch in vielen Fällen nicht gelungen war, den Mitarbeitern seine Philosophie in vollem Umfang verständlich zu machen. Ein nicht näher benannter GE-Manager der mittleren Führungsebene meinte: „Jack sagt, man solle ruhig was riskieren – wenn was schiefginge, würde einem nichts passieren. Aber wenn man diese Aussage mit den übrigen Signalen im System unter einen Hut bringen will, hört sich das ganz anders an: Man riskiert was, hat keinen Erfolg und muß gehen. Die Leute haben nach wie vor das Gefühl, Risikoverhalten würde ungerecht belohnt.“[418]

Welch erkannte schließlich, daß er daran arbeiten mußte:

> „Ich habe die Angelegenheit mit einigen hundert Leuten aus der oberen Führungsriege des Unternehmens erörtert, aber ganz offensichtlich habe ich damit nicht die Hunderttausende sonstiger Mitarbeiter erreicht."[419]

1984 gestand Welch das Problem in der unternehmensinternen Publikation *Monogram* ein:

> „Ich sehe ein, daß meine Worte allein nicht ausreichen, um etwas zu bewirken. Und ich weiß, wenn ich einer von denen da draußen wäre, fände ich es auch schrecklich frustrierend, so etwas zu lesen, wenn ich bei meinen Geschäftsaktivitäten, in meinem Alltag, davon nichts zu spüren bekomme. Deshalb müssen wir uns alle der Herausforderung stellen, eine solche Atmosphäre zu schaffen. Keiner ist von der Aufgabe entbunden, eine solche Atmosphäre zu schaffen oder sich nachdrücklich dafür einzusetzen."[420]

Welch sagt, er hätte seine kommunikativen Bemühungen ausgeweitet und letztlich viele Mitarbeiter durch Vereinfachung und stures Wiederholen seiner Botschaft bei jeder sich bietenden Gelegenheit erreicht.

Ein singuläres Ereignis verhalf Welch dazu, von seinem Ruf als „Neutronen-Jack" wegzukommen: Jack Welch erhielt den Spitznamen „Krypton-Jack" in Anspielung auf den Stoff, der Superman unverletzlich macht. 1979 bereitete GE seine Lokomotiven-Fabrik in Erie, Pennsylvania, auf eine Wiederbelebung des amerikanischen Schienenverkehrs vor, über die damals viel geredet wurde. Nachdem GE einen Investitionsaufwand von 300 Millionen Dollar getrieben hatte, fand die Auferstehung nicht statt. Doch Carl Schlemmer, Leiter des Bereichs Lokomotiven, kam mit seiner Kurskorrektur zur Mitte hin zu Ruhm und Ehren. 1987 kürzte Schlemmer sein Budget um 65 Millionen Dollar und verwandelte einen massiven potentiellen Verlust in 34 Millionen Dollar Gewinn. Im Lauf der Zeit erfuhr der Lokomotiven-Markt weltweit neuen Aufschwung, und GE wurde zum führenden Hersteller.

„Das Lokomotiven-Geschäft unterscheidet sich in keiner Weise von dem, was wir im Kunststoffbereich und in anderen Bereichen gemacht haben. Wir haben lediglich eine Veränderung am Markt zeitlich falsch eingeschätzt. Zu Beginn des Programms gehörte uns etwa ein Drittel des Weltmarkts für Lokomotiven. Inzwischen müßten es an die 75 Prozent sein. Warum? Weil wir eine moderne Fabrik für die Anwendung einer neuen Technologie gebaut haben zum falschen Zeitpunkt. Aber zwei Jahre später war es soweit. Und da waren wir präsent. Kunststoffe – ich habe nie eine Kunststoffanlage zur richtigen Zeit gebaut. Für den Bau braucht man zwei Jahre; und das passiert immer dann, wenn die Wirtschaft am Kippen ist. Den richtigen Zeitpunkt habe ich noch nie getroffen. Wir sind ein großes Unternehmen. Wir können uns die Investition leisten. Wir können es uns leisten, die Nase vorn zu haben. Und wir können uns auch in der zeitlichen Einschätzung des Marktes irren."[421]

War die Akquisition von Kidder Peabody ein Fehler, oder lag Betrug vor? Oder spielte beides eine Rolle, so daß der Konzern letztlich damit Schiffbruch erlitt? GE erwarb 1986 für 600 Millionen Dollar eine 80prozentige Beteiligung an Kidder Peabody. 1995 gestand Welch ein, der Deal habe „einfach nicht funktioniert". Wall Street war in dem Jahr in eines seiner zyklischen Börsentiefs gerutscht, das auch für Kidder Konsequenzen hatte. Schlimmer aber waren die zwei anrüchigen Skandale, die Kidder anhingen.

Binnen weniger Monate nach Akquisition des Unternehmens durch GE sah sich Kidder im Mittelpunkt der Insider-Machenschaften um Ivan Boesky. Martin A. Siegel, Kidders ehemaliger Fusionsleiter, der noch vor der Akquisition durch GE aus dem Unternehmen ausgeschieden war, bekannte sich schuldig, vertrauliche

Informationen an Boesky weitergeleitet und an der Börse zum eigenen Vorteil genutzt zu haben. Siegel und Boesky erhielten eine Gefängnisstrafe.

> „Ich hätte Kidder nie gekauft, wenn ich gewußt hätte, daß Marty Siegel ein Betrüger war."[422]

Und dann büßte das Unternehmen 210 Millionen Dollar an Reingewinn ein, nachdem der Börsenhändler Joe Jett Scheingewinne in Höhe von 350 Millionen Dollar vorgelegt hatte. Jett hatte Wertpapier-Transaktionen erfunden, um seine eigene leistungsbezogene Vergütung aufzubessern. Nach Welchs Aussage betrieb Jett „als individueller Angestellter Phantomgeschäfte an der Börse, die nicht gegen die Kundschaft, sondern gegen das Unternehmen als solches gerichtet waren."[423]

Noch bevor die Episode beendet war, sah sich Welch gezwungen, seinen alten Freund und langjährigen Partner Michael A. Carpenter zu entlassen, dem der CEO die Leitung von Kidder kurz nach der Akquisition anvertraut hatte. Schließlich zog GE die Konsequenz und verkaufte Kidder an PaineWebber – gegen eine 25prozentige Beteiligung am Aktienkapital dieses Unternehmens. Im Rahmen des Deals wurden die Handelstätigkeiten von Kidder aufgelöst.

> „Die Kidder-Story mit ihren 1,2 Milliarden Dollar Verlusten ist nicht angenehm. Es reizt regelrecht, sie der Vergangenheit anzulasten, aber das geht leider nicht."[424]

Gegenüber den Aktionären gab Welch zu diesem Fehlschlag die folgende Erklärung ab: Problematisch sei gewesen, daß Kidder kein Marktführer war und deshalb der zweifachen Belastung durch Betrügereien einerseits und schwache Börsenmärkte andererseits nicht habe standhalten können.

„Dieser menschliche Faktor erinnert uns immer wieder daran, daß nichts wichtiger ist, als wettbewerbsfähig zu bleiben und Wettbewerbsvorteile zu behalten."[425]

Inzwischen spricht Welch gelassen vom Kidder-Peabody-Fiasko, aber seinerzeit konnte von Gelassenheit keine Rede sein. GE-Finanzdirektor Dennis D. Dammerman erinnert sich an Welchs Reaktion: „Er schrie, und ich schrie, und die Leute schrien zurück. Ob einer von uns an dem ganzen Wochenende zur Ruhe kam? Nein, man hätte uns für verrückt gehalten, wenn es an dem gewesen wäre."[426]

Welch rechnet damit, daß GE weitere Fehlschläge nicht erspart bleiben:

„Uns sind zig Millionen Mal Fehlentscheidungen, Fehlschritte unterlaufen. Wir haben so gut wie jeden Fehler gemacht, den man nur machen kann. Sehen Sie, der Luxus eines Großunternehmens ist doch der, daß man häufig was riskieren kann. Großsein würde keinen Sinn machen, wenn man nicht ständig was riskieren würde; dann könnte man ebensogut auch klein bleiben. Wenn man klein ist, ist man schneller. Deshalb muß man die eigene Größe nutzen, um Risiken einzugehen. Wenn beim Baseball ein Schlag 75 Prozent Weite erreicht, ist ein dreifacher direkter Umlauf möglich. Aber wenn man da hockt und sich [vor Angst] nicht traut, dann wird man von den kleinen Unternehmen übervorteilt. Die machen einen kaputt. Größenvorteile hat man nur, wenn man seine Größe nutzt. Man muß mehr aufs Spiel setzen, mehr riskieren. Davon bin ich fest überzeugt. Das ist ein echter Deal."[427]

„Es macht mir nichts aus, wenn ich mich irre. Wichtig ist nur, daß man weitaus mehr gewinnt als verliert."[428]

GE wird auch weiterhin Schwachstellen haben. Erst kürzlich ist es passiert, daß der GE-Unternehmensbereich Finanzdienstleistungen (GE Capital) 1 Milliarde Dollar in Montgomery Ward & Co. investierte. 1997 ging das Unternehmen in Konkurs. Welch schickte einen „Sanierer" – einen „Mr. Fix It" – von Toys „R" Us hin, der Ward aus seinen finanziellen Schwierigkeiten heraushelfen sollte. Auch der GE-Bereich Finanzdienstleistungen bietet Rettungsdienste. Montgomery Ward wird das eine oder andere unrentable Geschäft schließen, eine Umschuldung vornehmen und einen neuen Geschäftsplan erarbeiten. Der GE-Bereich Finanzdienstleistungen hofft, den Postversand-Handel von Ward für 1 Milliarde Dollar verkaufen und das Geld zur Schuldentilgung einsetzen zu können.[429]

Im nachhinein wünscht Welch zuweilen, er hätte schneller durchgegriffen:

„Mein größter Fehler war, daß ich mit schwierigen Entscheidungen zu lange gerungen habe. Das hätte ich schneller erledigen müssen. Aber wir sind alle nur Menschen. Zuweilen wollen wir uns unangenehmen Situationen nicht stellen; und einen rausschmeißen zu müssen ist wohl das Unangenehmste, was man im Leben zu tun hat. Ich wollte dem Unternehmen auf keinen Fall schaden. Im nachhinein weiß ich, daß ich mich generell zu lange mit solchen Ängsten aufgehalten habe. GE stünde heute besser da, wenn ich schneller gehandelt hätte."[430]

Jack Welch und seine Kritiker

General Electric wird seit jeher von verschiedenen Aktivisten ins Visier genommen, die sich für soziale, umweltorientierte und sonstige Reformen einsetzen. So wies die Glaubensgemeinschaft der Sisters of St. Francis aus Philadelphia im Jahr 1991 ihr College, ihre High School und ihre 12 Krankenhäuser an, GE-Produkte zu boykottieren. Außerdem stieß der Pensionsfonds der Glaubensgemeinschaft alle GE-Aktien bis auf einen symbolischen Betrag ab.

„Für uns geht es hier um Frieden und Gerechtigkeit", sagte Ordensschwester Miriam Eileen Murray. Die Sisters of St. Francis schlossen sich Infact an, einer Aktivisten-Gruppe aus Boston, um gemeinsam gegen die GE-Produktion von Kernwaffen zu protestieren. Infact erfaßte mit seiner gegen GE gerichteten Anti-Kernwaffen-Kampagne auch die Catholic Health Association, in deren Rahmen verschiedene Ordensgemeinschaften einen Boykott von GE-Produkten beschlossen – so lange, bis sich das Unternehmen mit dem Anspruch, „guten Dingen zum Leben zu verhelfen", aus dem Geschäft mit Tod und Zerstörung zurückzieht.[431]

Infact zufolge verliert GE durch den Boykott 30-Millionen-Dollar-Verkaufsverträge, die der Konzern andernfalls mit den meist religiös organisierten Krankenhäusern und medizinischen Service-Einrichtungen hätte abschließen können.[432] Demgegenüber sagte ein GE-Manager, GE habe von dem Boykott nie etwas zu spüren bekommen. Anfang der 90er Jahre verkaufte GE sein Luft- und Raumfahrt-Geschäft (um das es hier ging) im Rahmen der Branchenkonsolidierung an Martin Marietta.

Ins Kreuzfeuer der Kritik geriet GE auch wegen des Vertriebs von Lexan, einem seiner Kunststoffprodukte, an ein Unternehmen namens Tecnovar, das den Kunststoff als Komponente bei der Herstellung von Landminen benutzte. Über verschiedene Umwege gelangten die Landminen von Tecnovar nach Ruanda, wo sie von der Hutu-Regierung beim Massaker von 500.000 Tutsi-

Stammesangehörigen eingesetzt wurden. Die Menschenrechtsorganisation Human Rights Watch ruft alle Unternehmen, die solche auch für Landminen zu verwendenden Materialien herstellen, dazu auf, sicherzustellen, daß das Material nicht in Mordinstrumenten dieser Art zum Einsatz kommt. 17 Unternehmen, die entsprechende Materialien liefern, haben Vorbeugungsmaßnahmen zugesichert; GE gehört nicht dazu.[433]

Anmerkung: GE steht auf dem Standpunkt, der Konzern wolle – und werde – keine Kunststoffe an Landminen-Hersteller verkaufen. Die GE-Kunststoffprodukte seien möglicherweise über Dritte oder über nachgeordnete Lieferanten in die Landminen-Herstellung gelangt; diese Möglichkeit sei niemals gänzlich auszuschließen.

Möglicherweise war Kritik an Welchs Führungsstil der Auslöser für die „Software"-Revolution – die Kulturrevolution – bei GE. Der berühmte Unternehmensberater Tom Peters hat früher mal bei GE gearbeitet. Insider behaupten, Welch und Peters hätten eine Phase der „gegenseitigen Ernüchterung" erfahren. So hat Peters den Führungsstil von Welch einmal als „Management by Fear" bezeichnet – als „angstorientiertes Management".

Peters äußerte 1988 gegenüber dem *Wall Street Journal*, GE habe unter Welchs Führung in der Tat einen Wandel durchgemacht. Aus dem einst glanzvollsten Technologieunternehmen des Jahrhunderts sei ein Gemischtwarenkonzern geworden.[434]

In seinem 1987 erschienenen Buch *In Search of Excellence* schrieb Peters: „Wenn dieser Wahnsinnsknabe (Mad Jack) nicht ein bis zwei Unternehmen am Tag gekauft oder verkauft hat, ist das ein beschissener Tag für ihn. Welch ist auch so einer der J.P. Morgans und anderer Finanzmagier."[435]

Peters sagt, GE gehöre zu den wenigen Klienten, die er jemals habe fallen lassen.

In den letzten Jahren hören sich die Peters-Kommentare allerdings wieder wesentlich Welch-freundlicher an. So sagte Peters 1994 in einem *Forbes*-Interview:

„Der Vorsitzende redet in den 90ern von ‚Liberalisierung', von ‚klein und fein' und vom sogenannten ‚Workout', aber sein Jahrzehnt waren die 80er Jahre. Er hat aus seinen Hunden Hundefutter gemacht (indem er Einheiten wie Utah International abstieß) und (im wörtlichen wie im übertragenen Sinn) seinen an Boston Consulting orientierten Ansatz geprägt: Alle GE-Bereiche sollten Nummer 1 oder Nummer 2 oder Nummer 3 in ihrer Branche sein oder abdanken. Michael Porter gefiel das nicht. (Und ich war auch nicht gerade begeistert.) Aber es hat funktioniert. Guter Rat für die 90er Jahre: Melken Sie die Kühe, ernten Sie die Hunde, und machen Sie sich keine Gedanken, der Linguisten-Guru Bill Safire könnte Sie wegen metaphorischer Selbstverstümmelung an den Pranger stellen."[436]

Vincent Morelli, Geschäftsführer des GE-Bereichs Medizinische Systeme in Europa (GE-CGR), verteidigt Welch gegen die Vorwürfe von Peters: „Die Tatsache, daß Welch ein solch intelligenter und furchteinflößender Mensch ist, bedeutet nicht, daß hier von ‚angstorientiertem Management' die Rede sein könnte. Aber er verschreckt so manchen – auch gute Leute."[437]

„Loyalität rund um die Uhr", meinte ein nicht näher bezeichneter Mitarbeiter 1987. „Welch hat sich die Sympathien von einigen hunderttausend Mitarbeitern verscherzt. Er hat Beachtliches geleistet bei der Verlagerung des Unternehmensschwerpunkts. Aber hat das Unternehmen nicht einen zu hohen Preis gezahlt?"[438]

Selbst nachdem Welch dazu übergegangen war, einen einfacheren Arbeitsansatz zu propagieren, schrieb Mark Markovitz, ein Ingenieur aus dem GE-Werk in Schenectady, 1989 in einem Brief an das Magazin *Fortune*: „Jack Welch verärgert GE-Manager und professionelle Mitarbeiter, die 90 Wochenstunden arbeiten müssen, um ihre Arbeit getan zu kriegen. Ich kenne viele davon. Ich bin selbst einer der Betroffenen. Wir verbringen die Zeit mit Kundendienst, Konstruktion, Entwicklung, Fertigung, Kostensenkung, Qualitätskontrolle und Problemlösungsversuchen, weil viele unserer Kollegen von Welch ‚weggebombt' worden sind. Ist das denn bürokratische Arbeit? ... Jack Welchs Vorgänger – Ralph Cordiner, Fred Borch und Reginald Jones – päppelten die Unternehmensbereiche Flugzeugtriebwerke, Gasturbinen und Kunststoffe hoch, als diese noch kleine oder verlustbringende Bereiche waren. Welche Überlebenschance hätten sie wohl beim ‚Nummer 1, Nummer 2'-Test des Herrn Welch gehabt?"[439]

Trotz all der Reformen in den weiteren Amtsjahren von Welch gibt es bei GE immer noch Raum für Verbesserungsmöglichkeiten. „GE ist wie alle großen Organisationen zu politisch, aber der Konzern ist immer noch weniger politisch als die meisten anderen Unternehmen, mit denen ich zu tun gehabt habe", behauptet Steve Kerr, Leiter des GE-Managementinstituts in Crotonville.

Kerr fügt hinzu, Welch würde immer mehr zu einer Ikone, und je mehr seiner Zeitgenossen bei GE zu anderen Unternehmen überwechselten, desto stärker präge sich die Tendenz aus, „dem Boß beizupflichten. Die alten Kämpen sind weg. Ich würde es begrüßen, wenn mehr Leute Kontra gäben." Kerr sagt, Welch merke es zwar, wenn ihm einer nach dem Munde rede, scheine aber oft darüber hinwegzusehen.[440]

Jacques Robinson, ein ehemaliger Vice President von GE, brachte es auf den Punkt: „Jacks idealer Manager ist stark, eigenständig, eine großartige Führungspersönlichkeit und einer Meinung mit ihm."[441]

Nachdem GE die RCA samt ihrer „Rosine“ NBC akquiriert hatte, war Welch äußerst bemüht, den NBC-Chef Grant Tinker in seiner Position zu halten. Denn wie sich herausstellen sollte, war Welchs NBC nicht nach Tinkers Geschmack: „Ich sehe in Jack zwei Persönlichkeiten. Jack ist ein prima Kumpel, ein wirklich umgänglicher, patenter Kerl. Und derselbe Mann kommt in ein Büro, und die Leute sind für ihn nur noch Schachfiguren.“[442]

Tinker scheint – wie andere auch – in den letzten Jahren milder gestimmt zu sein. Nachdem im *Fortune*-Magazin ein Artikel über den GE-Erfolg mit NBC veröffentlicht worden war, schrieb Tinker an Welch:

„[Die Darstellung ist] eine gewissermaßen öffentliche Version dessen, was ich (und viele andere) seit Jahren in Sachen NBC gesagt habe. Die Leute da sind einfach zu gescheit und zu schnell für die Konkurrenz. Ich könnte ja ein Buch darüber schreiben, aber dann würde keiner mehr mein erstes lesen.“[443]

Als Ted Turner sein „Südstaaten-Lästermaul“ gegen Welch auftat, löste dies einen Medienwirbel aus. Das Magazin *Vanity Fair* veröffentlichte einen (später von mehreren Tageszeitungen aufgegriffenen) Bericht, demzufolge der Medienmagnat Ted Turner Welch als „Hitler“ bezeichnet hatte.

Turner soll dies gegenüber Steve Brill geäußert haben – im Verlauf einer Diskussion über die Details einer Vereinbarung, in deren Rahmen Warner das Brill-Magazin *American Lawyer* sowie Court TV erworben hatte. Brill wollte die Vermögenswerte mit finanzieller Rückendeckung von NBC zurückkaufen. Turner lehnte ab – aus Sorge, die NBC könnte die Kontrolle über das Magazin und den Fernsehkanal erlangen. „Welch ist ein Hitler, die bauen dort Atombomben, und ich werde nicht zulassen, daß die das kriegen“, soll Turner getönt haben.

Joyce Hergenhan als GE-Pressesprecherin kommentierte: „GE baut keine Atombomben, und zu dem, was Herr Turner gesagt haben mag oder auch nicht, enthalten wir uns jeglichen Kommentars.“ Turner hatte sich früher schon mal vor Leitern der jüdischen

Glaubensgemeinschaft dafür entschuldigt, Rupert Murdoch einen Hitler genannt zu haben.[444]

Anmerkung: In der Tat werden bei GE keine Kernwaffen hergestellt. Der Konzern hat früher einmal Kernkraftwerke gebaut und stellt heute noch Service-Leistungen für den Anlagenbetrieb bereit. GE hat auch nicht-nukleare Komponenten für Raketen hergestellt, die mit Kernwaffen bestückt werden können, aber dieser Fertigungsbereich wurde seinerzeit an Lockheed Martin verkauft.

Jack Welch aus deutscher Sicht

In seinem 1997 veröffentlichten Artikel „Sie müssen Extremist sein" hat das deutsche Magazin *Der Spiegel* den General-Electric-Chef ins Kreuzverhör genommen. Im folgenden sind einige der rund drei Dutzend Fragen aus dem *Spiegel*-Interview mit Welch wiedergegeben:

SPIEGEL: Sie gelten als der Mann, der die Fabrikhallen leergebombt hat. Trifft Sie das?
WELCH: Ich finde das übertrieben. Wir haben eine harte Zeit durchgemacht, das stimmt. Aber wir mußten da durch. Wir mußten Betriebe verkaufen und Leute entlassen. Das war schmerzhaft für jeden – und der schlimmste Teil meines Jobs. Aber wir haben den Leuten anständige Abfindungen gezahlt. Wir haben niemanden einfach so auf die Straße geworfen.

SPIEGEL: Während sich die Mitarbeiterzahl halbierte, hat sich der Aktienkurs fast verzwanzigfacht. Waren Ihnen die Portemonnaies der Aktionäre wichtiger als die Familien Ihrer früheren Angestellten?
WELCH: Nein. Als wir anfingen, General Electric umzubauen, war es leicht für jeden, neue Arbeit zu finden. Hätten wir gewartet,

wäre es für alle schlimmer geworden. Sie können in einer globalen Wirtschaft ein Unternehmen nicht paternalistisch führen, nur weil es sich besser anfühlt. Wenn Sie Ihren Laden nicht rechtzeitig in Ordnung bringen, wird er Ihnen irgendwann um die Ohren fliegen. Dann müssen Sie brutal werden und grausam.

SPIEGEL: Von allzu großer Freude in der Belegschaft kann wohl kaum die Rede sein. Sie sind berühmt für Ihre Stretch-Goals, mit denen Sie Ihren Mitarbeitern nahezu unmögliche Vorgaben machen.
WELCH: Wenn Sie 240.000 Leute von einer Idee begeistern wollen, können Sie nicht sanft und zart sein. Sie müssen schon ein Stück weit Extremist sein. Natürlich verfehlen wir immer wieder unsere Ziele. Aber unsere Leute versuchen es wenigstens mit allen Mitteln. Sie strengen sich wahnsinnig an, sie geben alles, was sie haben. Und sie wissen, daß sie belohnt werden, etwa mit Aktienoptionen. Bei uns greifen die Leute nach ihren Träumen. Das bekommen Sie nicht, wenn Sie langweilige Budgetvorgaben machen.

SPIEGEL: Sie haben die wertvollste Firma der Welt, Ihre Gewinnmargen werden von der ganzen Industrie bewundert. Und dennoch geben Sie keine Ruhe. Hat Wachstum für Sie keine Grenzen?
WELCH: Nein, nein, nein. Schon in den 80er Jahren sagten mir die Leute andauernd, ich hätte die Zitrone endgültig ausgequetscht. Sehen Sie sich an, wo wir heute sind. Meine Leute wachsen mit ihren Aufgaben, Jack Welch wächst jeden Tag, die ganze Firma wächst, weil wir eine so fruchtbare Atmosphäre haben. Produktivität kennt keine Grenzen, uns werden die Ideen nie ausgehen.

SPIEGEL: Ein normaler Arbeiter in Ihrer Firma müßte für die gleiche Summe [Verdienst von Welch] über tausend Jahre arbeiten. Ist das gerechtfertigt?

WELCH: Wir gehen nicht auf die Straße und zwingen Leute mit vorgehaltener Pistole in unsere Fabrikhallen. Jeder, der bei uns arbeitet, ist hier, weil er Geld verdienen und intellektuell wachsen will. Die Löhne, die ich zahle, sind ausreichend, und die Atmosphäre bei uns ist so aufregend, daß sie alle bleiben. Wo ist also das Problem?[445]

GE und das Gemeinwohl

Gesunde Unternehmen, sagt Welch, können der Gesellschaft besser dienen als schwache:

> „Gesunde Unternehmen zahlen Steuern. Gesunde Unternehmen sorgen für die Schaffung von Arbeitsplätzen. Gesunde Unternehmen haben ein Umfeld zu bieten, das weitaus attraktiver ist als Unsicherheiten und Spannungen, wie sie in schwachen Unternehmen anzutreffen sind. Deshalb halte ich es für meine Pflicht, gesunde Wachstumsbereiche zusammenzuführen und zu fördern, immer mehr Unternehmen in diese Kategorie aufzunehmen und zugleich Unternehmen, die sich in Schwierigkeiten befinden, zu reduzieren."[446]

In den 80er Jahren hat GE dem Staat teilweise wenig oder gar keine Steuern gezahlt. Das Unternehmen nutzte umfangreiche Abschreibungsmöglichkeiten, wie sie seinerzeit in den Bestimmungen für Investitionssteuervergünstigungen vorgesehen waren. In einer Rede aus dem Jahr 1986 verteidigte Welch den steuerfreien Status von GE und protestierte gegen die Abschaffung solcher Steuervergünstigungen durch die neue Bundesregierung:

> „Seit Präsident Reagan 1981 seine Steuerreform mit Steuererleichterungen für Investitionen und beschleunigter Kostenabschreibung eingeführt hat, haben General Electric und sein Fi-

nanzunternehmen 18 Milliarden Dollar in eigene Anlagen und in die Fabriken, Versorgungsbetriebe, Fluggesellschaften und Eisenbahngesellschaften Amerikas investiert, wodurch mindestens 250.000 Arbeitsplätze geschaffen wurden oder erhalten blieben. ... Abgesehen von der Arbeitsplatzsituation konnte GE dank dieser Steuerpolitik seine Fabriken modernisieren und automatisieren und damit seine Wettbewerbsfähigkeit auf den Weltmärkten verbessern. Diese Wettbewerbsstärke hat es uns ermöglicht, gegen den Importstrom anzukämpfen und allein im letzten Jahr einen Handelsüberschuß von 2,6 Milliarden Dollar zu erzielen. ... Steuerliche Anreize zum Investieren ... Konkurrieren ... und Gewinnen ... sind eine gute Sache. Sie haben meinem Unternehmen und ganz Amerika zum Wohl gedient."[447]

„Ich habe mir sagen lassen, die Steuerpolitik des Bundes sollte nicht als wirtschaftspolitisches Mittel eingesetzt werden. Meine Frage ist: Warum denn nicht? Wir nutzen Steuerabzüge, um wohltätige Einrichtungen und soziale Zielsetzungen zu unterstützen. Kirchen werden doch auch durch die Steuergesetzgebung gefördert, desgleichen der Wohnungsbau ... und hundert andere ehrenwerte Projekte."[448]

Anmerkung: Als die Steuervergünstigungen abgeschafft wurden, mußte GE wieder Steuerzahlungen an den Bund abführen – 1996 waren es 3,5 Milliarden Dollar Einkommenssteuer. Über die Höhe der Steuerzahlungen an die Bundesregierung beziehungsweise an die Regierungen der Bundesstaaten und anderer Länder, in denen GE tätig ist, lagen keine Angaben vor.

Welch sagt, Wirtschaft und Regierung müßten partnerschaftlich um die Schaffung einer funktionsfähigen, wohlhabenden Gesellschaft bemüht sein:

„Der Premierminister von Malaysia trifft sich ständig mit Unternehmensführern. Mahathir Mohamad heißt er. Der hat zu mir gesagt: ‚40 Prozent von Ihnen gehören mir. Sie sind meine Mitarbeiter. Ihr Erfolg ist entscheidend für meine Programme. Wenn ich Straßen bauen und Ausbildungsmöglichkeiten schaffen will, brauche ich Ihren Erfolg, weil ich 40 Prozent Ihrer Umsätze als Steuergelder einnehme. Ich bin Ihr größter Aktionär.' Diese Philosophie ist ungeheuer effektiv. Er sagte: ‚Mit Ihrem Erfolg kann ich den Malaysiern zu Erziehung und Bildung verhelfen, ich kann Straßen bauen. Ich kann die Vision 20/20 realisieren" – seine Vision von Malaysia, wenn jeder Bürger erst einmal eine Schulbildung erhalten hat. Er hat Tausende [von Schülern und Studenten] in aller Herren Länder geschickt, damit sie dort Hochschulen besuchen. Die müssen innerhalb von fünf Jahren wieder zurückkommen, wenn sie ein Stipendium in Anspruch nehmen wollen. Der Mann hat es kapiert. Der weiß: *Die Wirtschaft ist nicht Feind, sondern Partner.* Wirtschaftserfolge machen Malaysia zum Gewinner, denn der malaysische Staat ist der größte Aktionär. Ich glaube, diese Philosophie bringt sehr deutlich zum Ausdruck, welche Rolle die Regierung in der Wirtschaft spielt. Unser bei weitem größter Aktionär ist die Bundesregierung der Vereinigten Staaten. Die bekommen Milliarden Dollar Steuergelder von uns, das ist ihre Dividende. Die erhalten höhere Dividenden, als wir unseren Aktionären insgesamt zahlen. Dagegen will ich auch überhaupt nichts sagen. Ich will vielmehr sagen, wie positiv das alles ist. Schauen Sie sich doch den Erfolg von Malaysia an. Malaysia wird von Tag zu Tag Singapur ähnlicher – mit phantastischem Wachstum beim Bruttoszialprodukt, ohne Inflation. Das Modell funktioniert doch."[449]

General Electric ist sogar der Umweltschädigung bezichtigt worden, allerdings weist Welch diesen Vorwurf energisch als unfair zurück. Dennoch haben die River-Café- und die Water-Club-Restaurants in New York seit 1985 Schilder aufgestellt, auf denen es heißt, GE-Topmanager seien nicht willkommen, weil der Konzern „in offenkundiger, schädlicher und fortgesetzter Weise die Flußbarsch-Laichplätze im Hudson River verschmutzt“. Eine GE-Anlage in Hudson Falls, New York, hatte früher routinemäßig, jedoch unter Einhaltung der Gesetze, toxische PCBs (Polychlorbiphenyle) in den Hudson River entsorgt. Diese Vorgehensweise wurde 1977 eingestellt, als man erkannte, daß die PBCs für Fische und andere lebende Organismen schädlich waren. Nur sind die PCBs aber immer noch im Flußwasser nachzuweisen, und einige Umweltschützer verlangen, daß sie dort herausgefiltert werden. Umweltpolitischen Maßnahmen ist es zu verdanken, daß mittlerweile wieder Fische in großer Zahl im Hudson River leben; allerdings ist der Flußbarsch nach wie vor für den Verzehr ungeeignet.[450]

Doch GE, so behauptet Welch, treffe keine Schuld:

> „Es besteht gar keine Frage, daß niemand, der in den 50er und 60er Jahren zur Umweltverschmutzung beigetragen hat, sich dessen auch nur im geringsten bewußt war. Ich habe an einer angesehenen Hochschule in Verfahrenstechnik promoviert. Ich kam damals nach Pittsfield, Massachusetts, und *schwamm* in Phenol. In meinen Studienjahren von 1957 bis 1960 gab es nicht eine einzige Lehrveranstaltung zum Thema *Umwelt*. Das gehörte einfach nicht zu unserem Chemie-Lehrplan. Wir arbeiteten damit, wir schwammen darin. Wir machten alles mögliche damit. Ich sehe noch, wie die LKWs aus meiner Anlage fuhren, voll beladen mit Chemieabfällen, die ich an ein Abfallentsorgungsunternehmen verkauft hatte. Ich habe keine Ahnung, wo die gelandet sind. Und heute schimpfen wir über diese verruchten Umweltverschmutzer. Das geschah aber nicht aus niederer Gesinnung heraus.“[451]

Eines habe man wohl aus den Fehlern der 50er und 60er Jahre gelernt, sagt Welch:

> „Wenn man in ein Land kommt, in dem es keine Gesetze [zum Umweltschutz] gibt, muß man einfach davon ausgehen, daß irgendwann solche Gesetze auch dort erlassen werden. Denn das ist das einzig Wahre. Wir müssen unser heutiges Umweltbewußtsein global vertreten. Wir können nur dann in Mexiko tätig sein, wenn wir auch dort unsere guten Wassersysteme, Aufbereitungszentren und all das einsetzen. Auch wenn die heute noch keine diesbezüglichen Auflagen haben – in 20 Jahren wird das gesetzlich vorgeschrieben sein. Und das ist richtig so."[452]

Lange bevor die Politiker solches auf ihre Fahnen schrieben, wurden die GE-Mitarbeiter aufgefordert, sich freiwillig für die Verbesserung der Lebensbedingungen in Nachbarschaft und Gemeinden einzusetzen. 1990 erhielt GE eine Harvard-Auszeichnung für vorbildliches Engagement für das Gemeinwohl (*George S. Dively Award for Leadership in Corporate Public Initiative*).

Welch hat besonders viel Lob für GE-Mitarbeiter übrig, die sich freiwillig für die Verbesserung des Bildungsniveaus in dem Umfeld einsetzen, in dem sie leben und arbeiten:

> „Die amerikanische Wirtschaft ist nicht ursächlich an dem schuld, was derzeit in unseren Schulen in der Stadt wie auf dem Land geschieht – diese Vergeudung an intellektuellem Potential so vieler junger Leute. Ursache sind vielmehr weltwirtschaftliche Entwicklungen, die Technologie und wohl auch demographische Faktoren; trotzdem tragen wir eine Mitschuld, wenn wir nichts dagegen unternehmen. Keiner von uns kann sich den sozialen Kosten und den Zwängen entziehen, die mit dieser intellektuellen Vergeudung einhergehen."[453]

Welch bekam einmal einen Brief, in dem die Abschlußfeier einer High School in Burkville, Alabama, geschildert wurde. Die Gegend zählt zu den ärmsten Regionen im Land; GE betreibt dort eine Kunststoff-Anlage. Viele Absolventen erhielten ein GE-Stipendium:

„Die Briefschreiberin schilderte, wie Dutzende von GE-Stipendiaten, allesamt Kinder aus armen Verhältnissen, die sonst nie die Chance gehabt hätten, eine College-Ausbildung zu machen, nach vorn marschierten, um ihre Stipendienunterlagen in Empfang zu nehmen. Ihre Beschreibung von all dem Beifall, den Tränen, der Freude und der Hoffnung ließ eine außerordentlich bewegende Situation lebendig werden."[454]

Mitte der 80er Jahre faßte die GE-Management-Gesellschaft *Elfun* den Entschluß, der amerikanischen Jugend zu einer besseren Ausbildung zu verhelfen:

„Eine der ersten High Schools, derer sich die Elfun-Mitarbeiter annahmen, befand sich in Cincinnati, Ohio, wo wir unseren Unternehmensbereich Flugzeugtriebwerke betreiben. Diese Schule schickte drei Schüler im Jahr auf ein College – von insgesamt 305 Absolventen gerade mal 1 Prozent. Aber deren Schulleiter Jack Schroder setzt sich engagiert für eine Verbesserung der Situation ein. Mit seiner Unterstützung nahmen über hundert Leute von uns – langjährige Mitarbeiter, neu eingestellte Kandidaten, Pensionäre – Kontakt zu hilfsbedürftigen Schülern auf, betreuten sie als Mentoren und Berater und standen ihnen bei schulischen wie auch bei anderweitigen Problemen zur Seite. Sie waren ständig telefonisch zu erreichen und setzten sich wirklich tatkräftig ein. Sie stießen damit ein Fenster zu einer Welt auf, die diesen Kindern bisher verschlossen gewesen war – eine Welt der Arbeit, des Studiums, der Leistung und des Erfolgs. Nicht immer gelangen Volltreffer, aber eine Statistik soll die Entwicklung verdeutlichen: Gingen 1985 erst drei Schulabsolventen auf ein weiterführendes College, waren es in diesem Jahr schon 73 – eine Steigerung von jedem hundersten Schüler auf jeden vierten Schüler; und 1994 wird es sicher jeder zweite sein."[455]

Zu den solcherart geförderten Schülern zählte auch ein Mädchen aus Cincinnati, deren Eltern gegen eine College-Ausbildung ihrer Tochter gewesen waren.

„Mit Hilfe ihres GE-Mentors studiert das Mädchen nun im vierten Jahr ihres insgesamt fünfjährigen Architektur-Studiums an der University of Kentucky."[456]

Als Erklärung für den freiwilligen Einsatz von GE-Mitarbeitern insbesondere im Bildungsbereich führte Welch an:

„Die globalen Schlachten in buchstäblich jeder Fertigungsbranche werden heute nach den Kriterien *Produktivität, Schnelligkeit* und *Anpassungsfähigkeit* entschieden. Die in der Nachkriegszeit gutbezahlte Tätigkeit von ungelernten Hilfsarbeitern ist inzwischen nicht mehr gefragt, automatisiert oder in Niedriglohnländer in Übersee ausgelagert. Die Unternehmen können sich keine Mitarbeiter mehr leisten, die nicht schnell genug den Mehrwert schaffen können, der von einem immer anspruchsvolleren und hart umkämpften Markt gefordert wird. ... Dieses ständige Höherschrauben der erforderlichen Eingangsqualifikationen im Verbund mit den erschreckend maroden Erscheinungen unserer innerstädtischen und ländlichen Schulsysteme haben die unterste Sprosse der amerikanischen Karriereleiter so weit außerhalb der Reichweite vieler unserer jungen Leute gerückt, daß die gar nicht erst versuchen, Anschluß zu finden. Doch gerade in der jetzigen Zeit haben die amerikanischen Industrien mit ihrem brutalen Wettbewerb und ihren umwälzenden Veränderungen Bedarf an frischen, eifrigen, kreativen jungen Köpfen, die Wandel eher faszinierend

> als abschreckend und lähmend empfinden. Wie zutreffend ist doch das Motto des United Negro College Fund: Es ist schrecklich, auch nur auf den Verstand eines einzigen Menschen zu verzichten. Unser Verzicht geht in die Millionen."[457]

So sehr Welch den freiwilligen Einsatz begrüßt – staatliche Bürokratie bereitet ihm Verdruß:

> „Die Leute sagen, heutzutage, nachdem die Sowjetunion aus dem Geschäft ist, hätten wir keine Feinde mehr, die uns wirklich gefährlich werden könnten. Aber die Leute irren sich. Die Sowjets konnten uns nicht besiegen, während uns Bürokratie und Bürokraten wirtschaftlich sehr wohl zu schaffen machen können."[458]

Doch andererseits:

> „Es geht nicht an, daß wir uns über den aufgeblähten, fetten Bundesetat aufregen, wenn wir mit unseren eigenen Budgets nicht anders verfahren; oder daß wir über die Bürokratie im Staat schimpfen, wenn wir selbst bis zu den Ohren in einer solchen stecken. Oder daß wir Investitionsanreize fordern und dann nicht aggressiv investieren. Oder daß wir Washington als zusammengewürfelten Haufen lärmender Grüppchen behandeln, die nur ihren Partikularinteressen nachgehen und sich über eine kohärente, für alle optimale Politik kaum Gedanken machen."[459]

Welche politische Linie vertritt Welch denn nun persönlich? Den Präsidenten Reagan und Bush hat er während ihrer Amtszeit des öfteren Lob gezollt; Präsident Clinton hingegen erwähnt er nur selten öffentlich, obwohl er Clinton im Weißen Haus besucht hat. Welch beschreibt seine politischen Auffassungen wie folgt:

> „Ich stehe, fiskalisch gesehen, rechts von der Mitte, aber sozialpolitisch bin ich links von der Mitte. Früher war ich auch fiskalisch links von der Mitte. Als ich meinen Job hier antrat, kam es mir vor, als ob dieses Unternehmen – mit Ausnahme von Reg Jones – von einem Haufen rechtsgerichteter Fanatiker geleitet würde. Aber wenn man lange Zeit beim Unternehmen ist und mit der Regierung Geschäfte macht, bleibt es nicht aus, daß man sich fiskalisch nach rechts bewegt. Ich hoffe, ich erwecke keinen so schlechten Eindruck wie die damals, aber heute ist meine Argumentation der ihren sicher ähnlicher als bei meinem Amtsantritt vor 17 Jahren."

Und mit „links von der Mitte" in sozialpolitischen Fragen meint Welch:

> „Ich trete nachdrücklich für eine weiche Landung der Mitarbeiter ein. Ich bin wirklich fest davon überzeugt, daß wir den Leuten mehr Chancengleichheit bieten müssen. Wir müssen alles tun, was in unseren Kräften steht, um Barrieren abzubauen. Zweimal im Jahr treffe ich mich mit dem Afroamerikanischen Forum. Die Gleichberechtigung der Frauen ist inzwischen kein Thema mehr – wir hatten früher all diese Dinners, erst kürzlich war wieder eines. Betroffen sind in aller Regel die Afroamerikaner, wenn es um die freie Wahl des Arbeitsplatzes, um Angebote und um Chancengleichheit geht. ... Wir haben soeben unseren sechsten Tarifvertrag [unter Welchs Leitung und 10 insgesamt] ohne Wenn und Aber abgeschlossen. Das tun wir, weil wir uns für eine faire Behandlung stark machen. Wir haben uns Managementrechte vorbehalten, die wir für richtig erachten, und trotzdem ist unser Unternehmen so gut gepolstert, daß wir zahlen können, und wenn jemand [etwa durch Personalabbau] nachteilig betroffen ist und vielleicht nach 30 Dienstjahren gehen muß, dann erhält er eine großzügige Ab-

findung. Wir stehen zu unserer Belegschaft. Wir leben nicht im Streit miteinander. Wir sitzen alle im selben Boot."[460]

Und wieviel ist die Unternehmensführung wert?

Auf der GE-Jahreshauptversammlung 1997 machten Pensionsfonds-Manager der größten Gewerkschaft in den USA (*Teamsters Union*) den Vorschlag, das Jahresgehalt von Jack Welch sollte künftig auf maximal 1 Million Dollar begrenzt werden, sofern die Aktionäre nicht anders entschieden. 1996 bezog Welch ein Gehalt in Höhe von 6,3 Millionen Dollar, 15,1 Millionen Dollar aus einem langfristigen Anreizprogramm und 6,2 Millionen Dollar aufgrund von GE-Aktienoptionen – insgesamt an die 28,2 Millionen Dollar. Außerdem erhielt Welch fast 600.000 Dollar Nebenbezüge, beispielsweise in Form einer Lebensversicherung. Seine Bezüge, so beschwerten sich die Gewerkschaften, beliefen sich auf das 148fache dessen, was der durchschnittliche GE-Mitarbeiter verdiene.

Nach Schätzungen der *Business Week* war Welch darüber hinaus im Besitz weiterer 107 Millionen Dollar nicht ausgeübter Aktienoptionen. „Entscheidend ist der Wettbewerb am Markt“, sagte Welch zu den Aktionären. „Der Markt zahlt bis zu einer gewissen Obergrenze.“ Der Vorschlag zur Festlegung einer Obergrenze von Welchs Bezügen wurde abgelehnt – nur 9 Prozent der Aktionäre stimmten dafür.[461]

Ein Jahr zuvor hatte Welch, unter den höchstbezahlten CEOs der Vereinigten Staaten auf Platz 15, seine Gehaltssituation gegenüber einem japanischen Wirtschaftsmagazin wie folgt erläutert:

„Auch wir CEOs leben in einer Marktwirtschaft. Ein Unternehmen kann einen kompetenten CEO für 20 Millionen einkaufen, genauso wie einen professionellen Baseball-Spieler.

In den Vereinigten Staaten kursiert ein neuer Ausdruck – *CEO-Markt.*"[462]

Nach Meinung von Andrew Bary, Kolumnenschreiber für *Barron's* („The Trader"), verdient Welch sein Gehalt zu Recht:

„Welch ist wegen seiner Bezüge unter Beschuß geraten, die sich im letzten Jahr auf 21 Millionen Dollar beliefen, aber unter seiner Unternehmensführung hat GE mehr Werte für seine Aktionäre geschaffen als irgendein anderes Unternehmen in Amerika."[463]

Allan Sloan, Wirtschaftsredakteur der *Newsweek*, sieht das anders. In einer Berichterstattung über Topmanager-Gehälter, Welchs Bezüge eingeschlossen, schrieb Sloan: „Für Wall Street [die New Yorker Börse] sind diese Typen Götter, die gar nicht hoch genug bezahlt werden können. Für die Main Street [den Mann auf der Straße] ist eine solche Bezahlung keine leistungsbezogene Vergütung, sondern schlichtweg eine Sauerei."[464]

In Fortsetzung seines Kampfes gegen exzessive Topmanager-Bezüge hat der größte der amerikanischen Gewerkschaftsverbände AFL-CIO (*American Federation of Labor and Congress of Industrial Organizations*) eine Adresse im World Wide Web zur Information von Arbeitnehmern und Investoren eingerichtet: www.ctsg.com/ceopay.

Amtswechsel: Wer trägt die Fackel weiter?

Spekulationen um den Nachfolger im Amt

Zwei Jahre nach seiner Dreifach-Bypass-Operation sagt Welch:

> „Die Ärzte bestätigen mir, mein Gesundheitszustand sei nie besser gewesen. Ich treibe jeden Morgen Sport. Ich schaffe rund fünf Kilometer auf einem stramm eingestellten Laufband in recht guter Zeit. Ich spiele 36 Löcher beim Golf, ohne größere Anstrengung. Und die ganze Strecke mache ich zu Fuß. Ich möchte behaupten, ich habe mehr Energie als vor 10 Jahren."[465]

Welch reist sehr viel und bewältigt nach wie vor ein umfangreiches Arbeitspensum. Trotzdem wird er GE Ende des Jahres 2000 verlassen. Fragen zu seinen Nachfolgeplänen weicht Welch geschickt aus. Nach seinen Gedanken über die Zukunft gefragt, kontert er blitzschnell: „Ich denke über Six Sigma nach" – unter Bezugnahme auf das allumfassende GE-Qualitätsverbesserungsprogramm.

Eine GE-Führungskraft aus dem engeren Kreis um Welch befürwortete das Schweigen, das die Ruhestandspläne des CEO umgibt. „Ich weiß gar nicht, warum davon soviel Aufhebens gemacht wird. Es sind doch noch dreieinhalb Jahre bis dahin."[466]

Als Welch mit Herzbeschwerden ins Krankenhaus kam, war die Nachfolge bei GE in der Tat ein vieldiskutiertes Thema. Zunächst mußte sich der CEO einer Angioplastie unterziehen; noch während er sich davon erholte, verschickte er eine Notiz an zwei Dutzend Topmanager. Diesbezüglich war im *Fortune*-Magazin zu lesen: „Er verwies darauf, die GE-Aktien an der Wall Street seien am Tag nach Bekanntwerden seiner Herzbeschwerden um fast einen Dollar gestiegen. Obgleich dieser Kursanstieg ein überzeugender Beweis für das Vertrauen der Investoren in das GE-Managementteam sei, hege er nicht die Absicht, so teilte Welch seinen Funktionsträgern mit, nochmals einen solchen Kraftakt zu vollbringen, nur um ihnen eine Rechtfertigung zu liefern."[467]

Zehn Tage später mußte sich Welch einer fünffachen Bypass-Operation unterziehen. Der Aktienkurs blieb stabil, aber in den

Zeitungen ertönte ein Aufschrei: Es stünde eine Krise bevor, da es für Welch offensichtlich keinen Nachfolger gäbe. Weit gefehlt. In einem Interview mit dem französischen Magazin *L'Expansion* stellte Welch klar: „Das ist wie eine Obsession. Ich rede ständig darüber mit [Vice Chairman] Paolo Fresco, auch wenn wir uns nur so zum Drink treffen. Wie der Soundso ist, ob er die Dinge ausgewogen beurteilt und inwieweit er neue Ideen einbringt. Ich denke immerzu daran – den richtigen Nachfolger zu finden – ist das Wichtigste, was ich zur Zeit für meine Leute tun kann."[468]

Das *Fortune*-Magazin berichtete, es gäbe eine vertrauliche Liste mit zwei bis drei Kandidaten, die fähig wären, die Geschäftsführung bei GE zu übernehmen. Außerdem prüfen die GE-Bereichsleiter jeweils im Mai und im November die Aktenunterlagen von rund 15 Topmanagern. Unter anderem dokumentieren sie Beurteilungen aus langen Interviews mit Vorgesetzten, Kollegen und Mitarbeitern. „Die Bereichsleiter sondieren die Stärken und Schwächen der Manager, machen selbst Vorschläge bezüglich ihrer weiteren beruflichen Entwicklung und diskutieren künftige Aufgabenbereiche", sagt Welch. „Wenn der Tag kommt, an dem der Umschlag geöffnet wird, ist der Verwaltungsrat auf eine wohlüberlegte Entscheidung vorbereitet und in keiner Weise auf die Spontanempfehlung eines Insiders angewiesen."[469]

Trotz Welchs guter Gesundheit und strotzender Energie ist Steve Kerr überzeugt, daß der CEO die Absicht hat, wie geplant zurückzutreten: „Wenn eine Idee auftaucht, die ihm nicht behagt, sagt er: ‚Kommt auf die Liste 2001.'" Mit anderen Worten: Die Sache soll offensichtlich erst wieder diskutiert werden, wenn Welch nicht mehr im Amt ist.[470]

Vielleicht will Welch Unruhe im Unternehmen vermeiden und schweigt sich deshalb über seinen Rücktritt aus. Als er selbst zum neuen CEO bestellt wurde, hatten die Spitzenführungskräfte einen vier Jahre währenden zermürbenden Konkurrenzkampf hinter sich: Die Mitarbeiter waren demoralisiert – GE konzentrierte sich auf interne Probleme, anstatt dem Kunden zu Diensten zu sein, zusätzliche Geschäftsmöglichkeiten zu erarbeiten und neue Produkte zu entwickeln. Auch nach Welchs Meinung waren dies brutale Jahre.

Welch will die Frage seines Nachfolgers im Amt streßfreier geregelt sehen:

> „Ich hoffe es zumindest. Aber wissen Sie, der Prozeß hatte dann irgendwann ein Ende, so oder so. Wir haben fähige Leute verloren, aber ich glaube, man büßt immer Talente ein, auch wenn die Sache glatt abläuft. Die Leute sind einfach zu stark. Ich werde versuchen, es anders zu machen, ich will nicht, daß das ein so offenkundiges Wettrennen wird. Und bisher – toi, toi, toi – sehen wir keine Anzeichen für eine Beeinträchtigung der Teamarbeit. Beim letzten Mal spitzte sich die Situation so zu, daß eine ausgesprochen politische Angelegenheit daraus wurde. Untereinander. Nicht gegenüber Reg [Reginald Jones, Welchs Vorgänger]. Reg hat das hervorragend gemacht. Die Leute haben das unter sich ausgefochten; im Unternehmen bildeten sich Lager. Bitten Sie Gott, daß so etwas nicht wieder passiert."[471]

Insidern zufolge hat Welch den Kontrahenten eines klargemacht: Sollte sich jemand als „Halsabschneider" betätigen, wird er selbst derjenige sein, dem es an die Gurgel geht. Trotzdem – erste Gerüchte sind im Umlauf, es wird spekuliert. Im Sommer 1997 wurde ein halbes Dutzend hochkarätiger GE-Funktionsträger von einer Position in die andere „verschoben"; einerseits sollte ihnen wohl die Möglichkeit gegeben werden, mehr Erfahrung zu sammeln, aber andererseits konnten auf diese Weise auch zusätzliche Gutachten über ihre Fähigkeiten eingeholt werden. Ein *Forbes*-Artikel wußte zu berichten, GE-Führungskräfte über 51 kämen als Kandidaten nicht in Frage, da GE seine Geschäftsführer gern für längere Zeit im Amt sieht. So ein CEO verbringt gut und gern 12 bis 15 Jahre im Eckbüro mit Ausblick auf die Waldlandschaft, von der die GE-Zentrale umgeben ist.

> „Ein GE-CEO muß nicht 15 bis 20 Jahre im Amt bleiben, aber 10 Jahre sollten es meiner Ansicht nach schon sein, denn sonst kommt es zu diesen heillosen Umbrüchen. Ich habe das bei einigen Unternehmen erlebt. Während meiner Amtszeit als CEO hat es in einigen Firmen fünf CEOs gegeben; sogar hier und da sechs. Da kommt man zu Sitzungen, und schon wieder ist da ein anderer. Wenn die Leute nur ein paar Jahre im Amt sind, will jeder unbedingt etwas erreichen und schnell seinen Stempel aufdrücken. Deshalb meine ich, man sollte lieber mit den eigenen Fehlern leben. Daraus lernen. Im Unternehmen geht es um die Abfolge von Prozessen; und die sind nicht perfekt."[472]

In Anbetracht des Aufwands an Zeit und Geld, den GE der Vorbereitung von Kandidaten angedeihen läßt, wird der künftige Fackelträger vermutlich aus den eigenen Reihen kommen. Selbst wenn die älteren Spitzenführungskräfte von der Liste gestrichen werden – GE kann über einen Mangel an Kandidaten nicht klagen. Ganz vorn auf der Liste stehen: David Calhoun, 40, CEO des Unternehmensbereichs Lampen; David Cote, 44, CEO des Unternehmensbereichs Haushaltsgeräte; Jeffrey Immelt, 41, CEO des Unternehmensbereichs Medizinische Systeme; James McNerney, 47, CEO des Unternehmensbereichs Flugzeugtriebwerke; Robert Nardelli, 49, CEO des Unternehmensbereichs Turbinen- und Kraftwerksbau; Gary Reiner, 42, Senior Vice President, Leiter des Informationswesens bei GE; und James Rogers, 48, CEO des Unternehmensbereichs Industriesteuerungssysteme.

David Cote gilt bei vielen als aussichtsreichster Kandidat. Er ist jung und wurde bereits im *Wall Street Journal* und im *Fortune*-Magazin wegen seines kraftvoll-schlagfertigen Führungsstils und der Globalisierung des GE-Unternehmensbereichs Haushaltsgeräte gerühmt.

Formal gesehen, ist es nicht Welch, der seinen eigenen Nachfolger aussucht. Doch der Verwaltungsrat wird höchstwahrscheinlich Welchs Empfehlung folgen. Ein anonymer Insider meint: „Ich glaube, Jack sucht sich einen aus, der ihm ähnlich ist: jung, selbstbewußt, mit zwei Gehirnen und unbändiger Energie.“[473]

Letztlich hinterläßt Welch ein großes Vermächtnis – ein Unternehmen, das, wie er hofft, „die Fähigkeit besitzt, sich mindestens so schnell zu verändern wie die Welt, und das aus Mitarbeitern besteht, deren reales Einkommen aufgrund des eigenen Erfolgs gesichert ist und deren psychisches Einkommen steigt, weil jeder einzelne von ihnen einbezogen wird.“[474]

„Mein Nachfolger wird hoffentlich einige Karten ablegen und manches anders machen. Darum geht es doch, daß neue Ideen eingebracht werden; aber das hat nicht unbedingt mit dem zu tun, was der Vorgänger gemacht hat, zumindest nicht in meinem Fall. Mein Vorgänger hat Hervorragendes geleistet."[475]

„An dem Tag, an dem ich abtrete, werde ich mich ganz zurückziehen, und dann wird der Neue im Amt seinen Stil verwirklichen."[476]

Und was fängt Jack Welch mit seiner Zeit, seiner Energie und seinem Intellekt an, wenn er nicht mehr im Amt ist? So gut wie jeder Konzern der Welt würde ihn im eigenen Verwaltungs- oder Aufsichtsrat willkommen heißen oder gar als Geschäftsführer begrüßen. Und er könnte immer in der Lehre tätig sein. „Er ist ein idealer Student, wenn Sie der Professor sind; und er ist ein idealer Professor, wenn Sie der Dekan sind. Er ist genauso gut wie die anderen Dozenten, die ich hier habe“, sagt Kerr.[477]

Wohl wahr: Wenn Welch GE verläßt, wird er nicht mit einer goldenen Armbanduhr aus der Tür geschoben. Welch wird weiterhin bis zu 30 Tagen im Jahr als „Teilzeit-Botschafter“ für GE tätig sein und dafür nach Maßgabe seines Tagesverdiensts zum Zeitpunkt seines Rücktritts vergütet werden. Und er wird GE-

Einrichtungen und Infrastrukturen kostenlos in Anspruch nehmen können – vom Kopiergerät bis zum unternehmenseigenen Jet. Ein Sprecher des Unternehmens hat sich dahingehend geäußert: Angesichts der Rolle, die Welch bei der Schaffung von über 150 Milliarden Dollar Mehrwert für die Aktionäre gespielt habe, sei es im besten Interesse des Unternehmens, wenn Welch weiterhin mit seinem Rat zur Verfügung stehe.[478]

Welchs charismatischen Führungsqualitäten zum Trotz sagt Kerr: „Das Unternehmen wird auch nach Welch erfolgreich sein, weil das Unternehmen seit jeher erfolgreich gewesen ist."[479]

Resümee

Vielleicht ist die Grußbotschaft, die Jack Welch 1992 an den gerade gewählten Präsidenten Bill Clinton geschickt hat, in besonderer Weise geeignet, das zusammenzufassen, was Welch bei GE gelernt hat:

> „Wenn alle dem neu ins Amt gewählten Präsidenten Clinton unaufgefordert Ratschläge erteilen, dann, meine ich, kann ich das auch: Die Amerikaner sind von Natur aus ein Volk der Gewinnenden, nicht der Weinenden. Behandeln Sie solche Menschen nicht wie Kleinkinder, führen Sie sich nicht als Gönner und auch nicht als ihr Beschützer auf. Appellieren Sie an ihre Wettbewerbsfähigkeit, fordern Sie sie heraus, alle Barrieren niederzureißen, die sie untereinander isolieren und behindern. Halten Sie Bürokraten und strukturpolitische Typen von ihren Unternehmungen fern; lassen Sie den Leuten freien Lauf und beobachten Sie das Geschehen. Wer sich daran hält, ist noch nie enttäuscht worden."[480]

Nach Übernahme der GE-Geschäftsführung hat auch Welch noch persönliches Wachstum und Weiterentwicklung erfahren; viele halten gerade das für seine größte Stärke. So schreibt Noel Tichy: „Er, zu Anfang der Boß mit dem Lautsprecher, der die Leute anbrüllte, wenn sie nicht schnell genug arbeiteten, hat sich zu einer Art Mannschaftskapitän entwickelt, der auch mal bereit ist, (für Sekundenbruchteile) Pause zu machen, um anderen weiterzuhelfen.“[481]

Und wie schätzt Welch sich und sein Leben bei GE ein?

> „Ich habe an vielen Stellen Glück gehabt. Man braucht eine Menge Erfahrung, eine Menge Glück. Glück macht mindestens 60 Prozent aus.“[482]

Welch sieht sich in eine fortwährende Entwicklung eingebunden:

> „Ich habe GE nicht saniert. Mir wird oft zugeschrieben, ich hätte GE ‚saniert'. Ich habe mir GE lediglich vorgenommen und das Unternehmen auf die nächste Zukunft vorbereitet. Aber GE brauchte auch gar nicht soviel saniert zu werden. Meine Vorgänger haben es in gutem Zustand übergeben.“[483]

Und was würde Welch einem Jüngeren sagen, der Geschäftsführer in einem Unternehmen wie General Electric werden möchte?

> „Ich würde niemandem erzählen wollen, wie man CEO von GE wird, weil ich das selbst nicht weiß. Aber ich würde wohl das sagen, was ich den Leuten in meinen Lehrveranstaltungen [in Crotonville zum Thema *Unternehmensführung*] erzähle; was Energie, Einsatz und Entschlossenheit betrifft – ich nenne das E hoch drei. Man muß unglaublich viel Energie haben, um eine

Organisation zu führen. Man muß die Fackel weitertragen, wenn Sie so wollen. Das gehört dazu. Man muß mit seinem Einsatz die Leute aktivieren. Man muß sich um sie kümmern; und die müssen Ihnen abnehmen können, daß Sie sich um sie kümmern. Sie können noch soviel Energie haben – wenn Sie andere nicht mit Ihrer Energie anstecken, passiert gar nichts. Die Fähigkeit, andere mit der eigenen Energie zu aktivieren, anzuregen, einzubeziehen, zu teilen – das ist das Faszinierendste daran."[484]

Welch ist stolz darauf, daß GE seinen Mitarbeitern (beispielsweise mit Hilfe von Aktienoptionsplänen) zur Verwirklichung ihrer Träume verhelfen kann:

„Das muß man sich mal klarmachen! Deren Kinder können Schulen besuchen; die Familien können sich einen zweiten Wohnsitz leisten – alle möglichen Träume. Wir haben die Spielregeln dieser Bürokratie dahingehend verändert, daß mehr Leute teilhaben können."[485]

Es besteht kein Zweifel: Welch wird unverkennbare Spuren in der Unternehmenslandschaft hinterlassen, wenn er sich von GE zurückzieht. Paolo Fresco, der zweite Mann am Steuer, sagt, Welch sei schon jetzt der meistimitierte Unternehmensführer aller Zeiten: „Sollte Jack eines Morgens beschließen, einen Kopfstand zu machen und fortan auf den Händen zu laufen, dann würden das sofort alle nachmachen."[486]

General Electric und Jack Welch: Chronologischer Überblick

- **1878:** Gründung der Edison Electric Light Co. mit 300.000 Dollar zwecks Kommerzialisierung der von Thomas A. Edison erzielten Durchbrüche in der Elektrizität, insbesondere der Glühlampe. Die Technologie findet ihre erste praktische Anwendung in der Beleuchtung des Dampfschiffes Columbia im Jahr 1880. Kurz darauf baut die Edison Electric einzelgefertigte Beleuchtungssysteme für den Holborn Viaduct in London und die Pearl Street Station in New York City.

- **1889:** Fusion der Edison Electric mit der Thomson-Houston Electric Co. zur General Electric Co. Edison ist enttäuscht, daß das Unternehmen seinen Namen nicht beibehält, und nimmt nur noch an einer weiteren Verwaltungsratssitzung teil. Er steht aber weiterhin als Berater zur Verfügung und bezieht Lizenzeinkünfte für seine Erfindungen.

- **1895:** GE beginnt mit der Fertigung der weltweit stärksten Lokomotive.

- **1896:** Der Dow Jones Industrial Index wird eingeführt. General Electric zählt von Anfang an zu den 30 erfaßten Unternehmen.

- **1899:** GE zahlt seine erste Quartalsdividende. Seither erfolgt vierteljährlich eine Dividendenausschüttung.

- **1905:** GE produziert den ersten Toaster.

- **1915:** GE produziert den ersten elektrischen Kühlschrank.

- **1932:** GE bildet eine Verbraucherkredit-Sparte zur Finanzierung von Kühlschränken. Die erste Waschmaschine verläßt das Werk.

- **1935:** John Francis Welch Jr. kommt am 19. November als Sohn von John Francis und Grace Welch in Peabody, Massachusetts, zur Welt.

- **1942:** GE produziert sein erstes Flugzeugtriebwerk; die Fabriken arbeiten auf Hochtouren, um die Alliierten im zweiten Weltkrieg beliefern zu können.

- **1954:** GE konstruiert das erste Strahltriebwerk für ein Flugzeug mit zweifacher Schallgeschwindigkeit.

- **1956:** GE richtet sein Management Development Institute in Crotonville, New York, zur Aus- und Weiterbildung von Führungskräften ein.

- **1957:** Welch schließt sein Studium der Verfahrenstechnik (Bachelor of Science) an der University of Massachusetts mit Auszeichnung ab.

- **1959:** Welch heiratet Carolyn B. Osburn im November 1959. Mehrere hochrangige GE-Führungskräfte werden für schuldig befunden, Preisabsprachen mit Westinghouse getroffen zu haben. Die Führungskräfte werden entlassen, aber der Fall läßt Fragen bezüglich des aggressiven zielorientierten Führungsstils des damaligen CEO Ralph Cordiner („Management by Objectives") aufkommen.

- **1960:** Welch erwirbt den Doktorgrad (Verfahrenstechnik) an der University of Illiniois. Welch tritt einen Job im Kunststoffbereich von General Electric in Pittsfield, Massachusetts, an. Er ist für die technische Entwicklung von Noryl, einem Kunstharz, verantwortlich.

- **1961:** Welch reagiert auf eine halbherzige Gehaltserhöhung in seinem Kunststoffbetrieb mit der Annahme einer Position als Verfahrensingenieur in Chicago. Bevor er die neue Stelle antritt, holt ihn GE mit einer Gehaltserhöhung und einer Beförderung zurück.

- **1963:** Welch wird die Verantwortung für die chemische Forschung und Entwicklung übertragen.

- **1968:** Mit 33 Jahren wird Welch der jüngste Bereichsleiter, den GE je gehabt hat. Ihm wird die Verantwortung für den Bereich Kunststoffe übertragen, zu dem auch neue Produkte wie Lexan und Noryl gehören.

- **1972:** Welch wird zum Vice President befördert.

- **1973:** Mit 37 Jahren wird Welch Gruppenleiter für die Gruppe Komponenten und Materialien (1,5 Milliarden Dollar), zu der alle Kunststoffe sowie die Produkte des GE-Bereichs Medizinische Systeme zählen.

- **1977:** Welch wird zum Senior Vice President und zum Sektorenleiter für Verbrauchsgüter und Dienstleistungen ernannt. Gleichzeitig wird er Vice Chairman des GE-Unternehmensbereichs Finanzdienstleistungen.

- **1978:** GE baut die weltweit größte Kernkraftanlage (Tokai-Mura) in Japan.

- **1979:** Welch wird zum Vice Chairman und Vice Executive Officer ernannt. Der Störfall im Kernkraftwerk Three Mile Island zerstört das bereits ohnehin erschütterte Vertrauen der Verbraucher in die Kernenergie. Die Nachfrage nach GE-gebauten Kernreaktoren geht zurück.

- **1980:** GE gründet ein neues Produktionswerk für Geschirrspülmaschinen in Louisville, Kentucky – der erste Abschnitt im Rahmen eines Milliarden-Investitionsprojekts im Bereich Haushaltsgeräte.

- **1981:** Am 1. April wird John F. Welch, 45, zum achten GE-Vorsitzenden bestellt. Die GE-Aktien, splitbereinigt, werden mit rund 5 Dollar gehandelt, und der Marktwert des Unternehmens steht am Börsenmarkt mit 12 Milliarden Dollar an 11. Stelle. Die Gewinne betragen 1,65 Milliarden Dollar bei einem Umsatz von 27,24 Milliarden Dollar.

- **1982:** Welch leitet den ersten Abschnitt – die Umstrukturierung der Hardware – ein. GE investiert 300 Millionen Dollar in die Automatisierung seines Lokomotivenbereichs sowie weitere 130 Millionen Dollar zur Erweiterung des F+E-Zentrums in Schenectady, New York. Das Klimaanlagen-Geschäft wird verkauft. Die Fernsehshow *60 Minutes* kritisiert GE für das Schließen einer scheinbar rentablen Bügeleisenfabrik in Ontario, Kalifornien.

- **1983:** GE verkauft sein Haushaltswaren-Geschäft für rund 300 Millionen Dollar an Black & Decker.

- **1984:** Das *Fortune*-Magazin bezeichnet Welch als „rabiatesten Boß in Amerika“. GE verkauft die Utah-International-Bergwerksbetriebe für 2,4 Milliarden Dollar an BHP in Australien und erwirbt eine Spezialversicherung (Employers Reinsurance Corporation) für 1,1 Milliarden Dollar.

- **1985:** Im Dezember verkündet GE die Absicht, die Sendeanstalt Radio Corporation of America für den Barwert von 6,3 Milliarden Dollar zu erwerben. Dazu gehört auch NBC Television als eine RCA-Tochter. GE veräußert seine Anteile an australischen Kohlebergwerken für 390 Millionen Dollar. Die Hardware-Phase der Welch-Revolution ist abgeschlossen. In Vorbereitung zu Phase 2 beginnt Welch mit dem Abbau von Führungsebenen und Umstrukturierungen im Topmanagement. GE wird in einem Prozeß wegen unrechtmäßiger Lohnstundenangaben im Rahmen eines Vertrages mit dem US-Verteidigungsministerium schuldig gesprochen. Welch und seine Frau Carolyn lassen sich nach 28 Ehejahren scheiden und trennen sich angeblich in gegenseitigem Einvernehmen.

- **1987:** GE akquiriert eine Fernsehstation in Miami für 270 Millionen Dollar sowie D&K Financial für 100 Millionen Dollar, tauscht sein Unterhaltungselektronik-Geschäft gegen den Bereich Medizinische Ausrüstungen von Thomson S.A. ein und erwirbt die Gelco Corp. für 250 Millionen Dollar. GE stößt die North America Co. for Life & Health für 200 Millionen Dollar ab.

- **1988:** Welch beginnt ernsthaft mit der Software-Revolution bei GE. Am Anfang steht das „Workout"-Konzept. Das Halbleiter-Geschäft wird an die Harris Corporation verkauft. Desgleichen veräußert GE RCA Global Communications für 160 Millionen Dollar sowie fünf Radiostationen für 122 Millionen Dollar. GE akquiriert den Kreditkarten-Bereich von Montgomery Ward für 1 Milliarde Dollar, die Roper Corp. für 510 Millionen Dollar und das Kunststoff-Geschäft von Borg-Warner für 2,3 Milliarden Dollar.

- **1989:** Im April heiratet Welch die Investment-Anwältin Jane Beasley. GE führt sein innovatives Workout-Programm ein.
- **1991:** GE überholt IBM als das Unternehmen mit dem höchsten Marktwert der Nation.
- **1993:** Joe Jett betrügt Kidder Peabody mit seinen Phantomgeschäften an der Börse um 210 Millionen Dollar Reingewinn.
- **1994:** Der Wertpapierhandel von Kidder Peabody wird eingestellt; das Börsenmaklerunternehmen wird gegen eine 25prozentige Kapitalbeteiligung an PaineWebber veräußert.
- **1995:** Welch unterzieht sich einer fünffachen Bypass-Operation. GE leitet seine Six-Sigma-Qualitätsinitiative ein.
- **1996:** GE erzielt mit 150 Milliarden Dollar Marktkapitalisierung den weltweit höchsten Unternehmenswert. GE ist in den Vereinigten Staaten das Unternehmen mit der höchsten Ertragskraft.
- **1997:** Als erstes Unternehmen der Welt erzielt GE eine Marktkapitalisierung von 200 Milliarden Dollar. Welch wird in die National Business Hall of Fame in Cincinnati aufgenommen.
- **2000:** Jack Welch wird voraussichtlich im Alter von 65 Jahren von seinem Amt zurücktreten.

Anmerkungen

1. Tim Smart, „Jack Welch's Encore", *Business Week*, 28. Oktober 1996, S. 154.
2. Charles R. Day, Jr. und Polly LaBarre, „GE: Just Your Average Everyday $60 Billion Family Grocery Store", *Industry Week*, 2. Mai 1994.
3. Marilyn Harris, Zachary Schiller, Russell Mitchell und Christopher Power, „Can Jack Welch Reinvent GE?" *Business Week*, 30. Juni 1986, S. 62.
4. R. Corelli und V. Dwyer, „Jack Welch Reinvents GE – Again", *The Economist*, 30. März 1991, S. 59.
5. Laura Landro, „GE's Wizards Turning from the Bottom Line to Share of the Market", *The Wall Street Journal*, 12. Juli 1982.
6. Janet Guyon, „GE Chairman Welch, Though Much Praised, Starts to Draw Critics", *The Wall Street Journal*, 4. August 1988.
7. Tim Smart, „Jack Welch's Encore", *Business Week*, 28. Oktober 1996, S. 154.
8. Ralph Nader und William Taylor, *The Big Boys: Power and Position in American Business* (New York: Pantheon Books, 1986), S. xv.
9. Mark Potts, „GE's Management Mission", *The Washington Post*, 22. Mai 1988.
10. David Warshaw, „Sharing at Every Level", *Monogram*, Januar - Februar 1987.
11. Christopher Lorenz, „Life Under Jack Welch: Opportunistic and Tough", *Financial Times*, 15. Mai 1998.
12. Russell Mitchell und Judith H. Dobrzynski, „GE's Jack Welch: How Good a Manager Is He?" *Business Week*, 14. Dezember 1987.
13. Frank Swoboda, „Jack Welch and the Boundaryless Company", *The Washington Post*, 27. Februar 1994.
14. Eric Gelman und Penelope Wang, *Newsweek*, 23. Dezember 1985.
15. J. P. Donlon, „Chief Executive of the Year", *Chief Executive*, Juli/August 1993.
16. Noel Tichy und Stratford Sherman, *Control Your Own Destiny or Someone Else Will* (New York: Currency Doubleday, 1993), S. 126.
17. Jack Egan, „What Makes GE Keep Growing", *U.S. News and World Report*, 23. November 1987.

18. Ken Auletta, *Three Blind Mice: How the TV Networks Lost Their Way* (New York: Random House, 1991), S. 17.
19. Ibid., S. 240.
20. Ibid., S. 545.
21. Janet Guyon, „GE Chairman Welch, Though Much Praised, Starts to Draw Critics“, *The Wall Street Journal*, 4. August 1988.
22. Ken Auletta, *Three Blind Mice: How the TV Networks Lost Their Way* (New York: Random House, 1991), S. 326.
23. Ibid.
24. Janet Guyon, „GE Chairman Welch, Though Much Praised, Starts to Draw Critics“, *The Wall Street Journal*, 4. August 1988.
25. Ken Auletta, *Three Blind Mice: How the TV Networks Lost Their Way* (New York: Random House, 1991), S. 393.
26. Ibid., S. 327.
27. Ibid., S. 222.
28. Ibid., S. 481.
29. Jill Andresky Fraser, „Women, Power and the New GE“, *Working Woman*, Dezember 1992.
30. Gunther, „How GE Made NBC No. 1“, *Fortune*, 3. Februar 1997.
31. Kyle Pope, „TV Networks Face Pressure to Trim Budgets“, *The Wall Street Journal*, 15. August 1997.
32. Gunther, „How GE Made NBC No. 1“, *Fortune*, 3. Februar 1997.
33. Jack Welch, Interview mit der Autorin, Fairfield, CT, 3. Juli 1997.
34. Ibid.
35. Stratford P. Sherman, „The Mind of Jack Welch“, *Fortune*, 27. März 1989, S. 39.
36. Betsy Morris, „Robert Goizueta and Jack Welch: The Wealth Builders“, *Fortune*, 11. Dezember 1995.
37. Marilyn A. Harris und Christopher Power, „He Hated Losing – Even in Touch Football“, *Business Week*, 30. Juni 1986, S. 65.
38. Ken Auletta, *Three Blind Mice: How the TV Networks Lost Their Way* (New York: Random House, 1991), S. 16.
39. Jack Welch, Interview mit der Autorin, Fairfield, CT, 3. Juli 1997.
40. Betsy Morris, „Robert Goizueta and Jack Welch: The Wealth Builders“, *Fortune*, 11. Dezember 1995.
41. Jack Welch, Interview mit der Autorin, Fairfield, CT, 3. Juli 1997.
42. Marilyn A. Harris und Christopher Power, „He Hated Losing – Even in Touch Football“, *Business Week*, 30. Juni 1986, S. 65.
43. Ibid, S. 65.

44. Ikuo Hirata, „Moving toward Small-Company Soul in a Big-Company Body“, *Nikkei Business*, 21. Februar 1994.
45. Betsy Morris, „Robert Goizueta and Jack Welch: The Wealth Builders“, *Fortune*, 11. Dezemer 1995.
46. Ibid.
47. Jack Welch, Interview mit der Autorin, Fairfield, CT, 3. Juli 1997.
48. Ibid.
49. Ibid.
50. Ibid.
51. Betsy Morris, „Robert Goizueta and Jack Welch: The Wealth Builders“, *Fortune*, 11. Dezember 1995.
52. Betsy Harris und Christopher Power, „He Hated Losing – Even in Touch Football“, *Business Week*, 30. Juni 1986, S. 65.
53. Jack Welch, Interview mit der Autorin, Fairfield, CT, 3. Juli 1997.
54. Frank Swoboda, „Jack Welch and the Boundaryless Company“, *The Washington Post*, 27. Februar 1994.
55. Betsy Morris, „Robert Goizueta and Jack Welch: The Wealth Builders“, *Fortune*, 11. Dezember 1995.
56. Ken Auletta, *Three Blind Mice: How the TV Networks Lost Their Way* (New York: Random House, 1991), S. 10.
57. Peter Petre, „The Man Who Brought GE to Life“, *Fortune*, 5. Januar 1986.
58. Jack Welch, Interview mit der Autorin, Fairfield, CT, 3. Juli 1997.
59. Ibid.
60. Ibid.
61. Ibid.
62. Betsy Morris, „Robert Goizueta and Jack Welch: The Wealth Builders“, *Fortune*, 11. Dezember 1995.
63. John F. Welch, Rede beim Seventh Annual Awards Dinner des Work in America Institute, New York, 12. November 1990.
64. Ken Auletta, *Three Blind Mice: How the TV Networks Lost Their Way* (New York: Random House, 1991), S. 97.
65. Jack Welch, Interview mit der Autorin, Fairfield, CT, 3. Juli 1997.
66. Jack Welch, Rede anläßlich der Verleihung des Private Sector New Englander of the Year Award (1992, New England Council), Boston, MA, 11. November 1992.
67. Jack Welch, Interview mit der Autorin, Fairfield, CT, 3. Juli 1997.
68. „A Conversation with Robert Goizueta and Jack Welch“, *Fortune*, 11. Dezember 1995.

69. Tom Peters und Nancy Austin, *A Passion for Excellence: The Leadership Difference* (New York: Random House, 1985), S. 138.
70. Jack Welch, Interview mit der Autorin, Fairfield, CT, 3. Juli 1997.
71. Betsy Morris, „Robert Goizueta und Jack Welch: The Wealth Builders“, *Fortune*, 11. Dezember 1995.
72. „Passing the Torch“, *Monogram*, Januar - Februar 1981, S. 6.
73. Thomas C. Hayes, „GE Names Welch, 45, Chairman“, *The New York Times*, 20. Dezember 1980.
74. „Passing the Torch“, *Monogram*, Januar - Februar 1981, S. 6.
75. Robert Barker, „Commanding General“, *Barron's*, 15. Oktober 1984.
76. Stratford Sherman, „A Master Class in Radical Change“, *Fortune*, 13. Dezember 1993.
77. John F. Welch, Rede anläßlich der National Plastics Exposition, Chicago, 18. Juni 1991.
78. Jack Welch, Interview mit der Autorin, Fairfield, CT, 3. Juli 1997.
79. Eric Gelman und Penelope Wang, „Jack Welch: GE's Live Wire“, *Newsweek*, 23. Dezember 1985, S. 48.
80. Charles R. Day, Jr. und Polly LaBarre, „GE: Just Your Average Everyday $60 Billion Family Grocery Store“, *Industry Week*, 2. Mai 1994.
81. Frank Swoboda, „Jack Welch and the Boundaryless Company“, *The Washington Post*, 27. Februar 1994.
82. Stratford P. Sherman, „The Mind of Jack Welch“, *Fortune*, 27. März 1989, S. 39.
83. Tim Stevens, „Follow the Leader“, *Industry Week*, 18. November 1996.
84. Charles R. Day, Jr. und Polly LaBarre, „GE: Just Your Average Everyday $60 Billion Family Grocery Store“, *Industry Week*, 2. Mai 1994.
85. Ken Auletta, *Three Blind Mice: How the TV Networks Lost Their Way* (New York: Random House, 1991), S. 398.
86. Noel M. Tichy und Stratford Sherman, *Control Your Own Destiny or Someone Else Will* (New York: Currency Doubleday, 1993), S. 148.
87. Richard Tanner Pascale, *Managing on the Edge* (New York: Simon & Schuster, 1990), S. 205.
88. Noel M. Tichy und Stratford Sherman, *Control Your Own Destiny or Someone Else Will* (New York: Currency Doubleday, 1993), S. 110.
89. J. P. Donlon, „Chief Executive of the Year“, *Chief Executive*, Juli/August 1993.

90. Peter Petre und Margaret A. Elliott, „Jack Welch: I Got a Raw Deal", *Fortune*, 7. Juli 1986, S. 45.
91. Jack Welch, Rede vor dem Economic Club of Detroit, 16. Mai 1994.
92. „An Interview with GE's Eighth Chief Executive Officer", *Monogram*, September-Oktober 1981, S. 4.
93. Peter Petre, „The Man Who Brought GE to Life", *Fortune*, 5. Januar 1987, S. 76.
94. Tom Peters und Nancy Austin, *A Passion for Excellence: The Leadership Difference* (New York: Random House, 1985), S. 180.
95. Karl Weick, „Fatigue of the Spirit in Organizational Theory and Organizational Development", *Journal of Applied Behavioral Science*, 1. September 1990.
96. John F. Welch, Jr., Memo an Reginald Jones zum Thema „Selbsteinschätzung mit Erfolg", 2. Juni 1980.
97. J. P. Donlon, „Chief Executive of the Year", *Chief Executive*, Juli/August 1993.
98. Steven Flax, „The Toughest Boss in America", *Fortune*, 6. August 1984.
99. Jack Welch, Rede vor dem Economic Club of Detroit, 16. Mai 1994.
100. Ibid.
101. Tim Smart, „GE's Welch: Fighting Like Hell to Be No. 1", *Business Week*, 8. Juli 1996, S. 48.
102. Jack Welch, Brief an die Aktionäre, GE-Jahresbericht 1980.
103. John F. Welch, Rede anläßlich der National Plastics Exposition, Chicago, 18. Juni 1991.
104. Karl Weick, „Fatigue of the Spirit in Organizational Theory and Organizational Development", *Journal of Applied Behavioral Science*, 1. September 1990.
105. Jack Welch, Rede vor dem Economic Club of Detroit, 16. Mai 1994.
106. Ken Auletta, *Three Blind Mice: How the TV Networks Lost Their Way* (New York: Random House, 1991), S. 97.
107. Janet Guyon, „GE Chairman Welch, Though Much Praised, Starts to Draw Critics", *The Wall Street Journal*, 4. August 1988.
108. Betsy Morris, „Rober Goizueta and Jack Welch: The Wealth Builders", *Fortune*, 11. Dezember 1995.
109. Noel M. Tichy und Stratford Sherman, *Control Your Own Destiny or Someone Else Will* (New York: Currency Doubleday, 1993), S. 82.
110. Russell Mitchell und Judith Dobrzynski, „GE's Jack Welch: How Good a Manager Is He?" *Business Week*, 14. Dezember 1987.

111. Marilyn A. Harris, Zachary Schiller, Russell Mitchell und Christopher Power, „Can Jack Welch Reinvent GE?“ *Business Week*, 30. Juni 1986, S. 62.
112. Janet Guyon, „GE Chairman Welch, Though Much Praised, Starts to Draw Critics“, *The Wall Street Journal*, 4. August 1988.
113. Dr. Steve Kerr, Interview mit der Autorin, Crotonville, NY, 10. Juli 1997.
114. Ibid.
115. John Curran, „GE Capital: Jack Welch's Secret Weapon“, *Fortune*, 10. November 1997.
116. Richard Tanner Pascale, *Managing on the Edge* (New York: Simon & Schuster, 1990), S. 210.
117. Frank Swoboda, „Jack Welch and the Boundaryless Company“, *The Washington Post*, 27. Februar 1994.
118. Ibid.
119. John F. Welch, Rede anläßlich der National Plastics Exposition, Chicago, IL., 18. Juni 1991.
120. „A Troubled Star Starts Over“, *Fortune*, 3. Februar 1997.
121. Jack Welch, GE-Jahreshauptversammlung, Charlotte, NC, 23. April 1997.
122. John F. Welch, „Linkages and Leadership“, Rede vor dem Commercial Club, Cincinnati, OH, 17. Oktober 1985.
123. Stratford P. Sherman, „The Mind of Jack Welch“, *Fortune*, 27. März 1989, S. 39.
124. Noel M. Tichy und Stratford Sherman, *Control Your Destiny or Someone Else Will* (New York: Currency Doubleday, 1993), S. 6.
125. Jack Welch, GE-Jahreshauptversammlung, Charlotte, NC, 23. April 1997.
126. Nick Turner, „Equifax Inc.'s McGlaughlin, Giving Good Directions, Then Getting Out of the Way“, *Investor's Business Daily*, 26. Dezember 1996.
127. Noel Tichy und Ram Charan, „Speed, Simplicity and Self-Confidence: An Interview with Jack Welch“, *Harvard Business Review*, September-Oktober 1989, S. 112.
128. R. Corelli und V. Dwyer, „Jack Welch Reinvents General Electric - Again“, *The Economist*, 3. März 1991, S. 59.
129. Peter Petre, „The Man Who Brought GE to Life“, *Fortune*, 5. Januar 1987, S. 76.
130. Jack Welch, Interview mit der Autorin, Fairfield, CT, 3. Juli 1997.

131. Marshall Loeb, „Jack Welch Lets Fly on Budgets, Bonuses, and Buddy Boards“, *Fortune*, 29. Mai 1996.
132. Charles R. Day, Jr. und Polly LaBarre, „GE: Just Your Average Everyday $60 Billion Family Grocery Store“, *Industry Week*, 2. Mai 1994.
133. Jack Welch, Rede vor den Aktionären, GE-Jahreshauptversammlung, Greenville, SC, 26. April 1989.
134. Jack Welch, Rede anläßlich der 50. Jahresversammlung der North Carolina Citizens for Business and Industry, Raleigh, NC, 18. März 1992.
135. Jack Welch, Rede vor dem Economic Club of Detroit, 16. Mai 1994.
136. Ibid.
137. Jack Welch, Rede anläßlich der 50. Jahresversammlung der North Carolina Citizens for Business and Industry, Raleigh, NC, 18. März 1992.
138. Marshall Loeb, „Jack Welch Lets Fly on Budgets, Bonuses, and Buddy Boards“, *Fortune*, 29. Mai 1996.
139. Charles R. Day, Jr. und Polly LaBarre, „GE: Just Your Average Everyday $60 Billion Family Grocery Store“, *Industry Week*, 2. Mai 1994.
140. Jack Welch, Rede vor den Aktionären, GE-Jahreshauptversammlung, Waukesha, WI, 27. April 1988.
141. Charles R. Day, Jr. und Polly LaBarre, „GE: Just Your Average Everyday $60 Billion Family Grocery Store“, *Industry Week*, 2. Mai 1994.
142. Richard Tanner Pascale, *Managing on the Edge* (New York: Simon & Schuster, 1990), S. 192.
143. Stratford P. Sherman, „The Mind of Jack Welch“, *Fortune*, 28. März 1989, S. 39.
144. Jack Welch, Rede anläßlich der Verleihung des Private Sector New Englander of the Year Award (1992, New England Council), Boston, MA, 11. November 1992.
145. John F. Welch, „Growing Fast in a Slow-Growth Economy“, Rede vor Finanzanalysten, Hotel Pierre, New York City, 8. Dezember 1981.
146. Noel M. Tichy und Stratford Sherman, *Control Your Own Destiny or Someone Else Will* (New York: Currency Doubleday, 1993), S. 71.
147. Ibid., S. 159.

148. Dr. Steve Kerr, Interview mit Janet Lowe, Crotonville, NY, 10. Juli 1997.
149. Ibid.
150. Ibid.
151. Ibid.
152. John F. Welch, Brief an die Aktionäre, GE-Jahresbericht 1996.
153. Linda Grant, „GE's Smart Bomb Strategy", *Fortune*, 21. Juli 1997, S. 109.
154. Noel Tichy und Ram Charan, „Speed, Simplicity, Self-Confidence: An Interview with Jack Welch", *Harvard Business Review*, September - Oktober 1989, S. 112.
155. „Jack Welch: 'I Got a Raw Deal'", *Fortune*, 7. Juli 1986.
156. Mike Boyer, „Wrongful-Firing Lawsuit Will Offer Look Inside GE", *Gannett News Service*, 10. Februar 1994.
157. William M. Carley, „The Whistle-Blower's Bug", *The Wall Street Journal*, 28. Dezember 1994.
158. Ibid.
159. David Warshaw, „Sharing at Every Level", *Monogram*, Herbst 1988.
160. Jack Welch, Interview mit der Autorin, Fairfield, CT, 3. Juli 1997.
161. Noel M. Tichy und Stratford Sherman, *Control Your Own Destiny or Someone Else Will* (New York: Currency Doubleday, 1993), S. 111.
162. „The Spirit and the Letter of Our Commitment", General Electric, Fairfield, CT, 1993.
163. „General Electric: The Financial Wizards Switch Back to Technology", *Business Week*, 16. März 1981, S. 110.
164. Jack Welch, Kommentare gegenüber GE-Führungskraft, Crotonville, NY, 2. Februar 1987.
165. John F. Welch, Brief an Aktionäre, GE-Jahresbericht 1992.
166. Frank Swoboda, „Jack Welch and the Boundaryless Company", *The Washington Post*, 27. Februar 1994.
167. Bill Lane, „Liberating GE's Energy", *Monogram*, Herbst 1989, S. 3.
168. Russell Mitchell und Judith Dobzrynski, „GE's Jack Welch: How Good a Manager Is He?" *Business Week*, 14. Dezember 1987.
169. Richard Tanner Pascale, *Managing on the Edge* (New York: Simon & Schuster, 1990), S. 205.
170. Jack Welch, Rede vor den Aktionären, GE-Jahreshauptversammlung, Waukesha, WI, 27. April 1988.
171. Frank Swoboda, „Talking Management with Chairman Welch", *The Washington Post*, 23. März 1997.

172. Noel M. Tichy und Stratford Sherman, *Control Your Own Destiny or Someone Else Will* (New York: Currency Doubleday, 1993), S. 212.
173. Charles R. Day, Jr. und Polly LaBarre, „GE: Just Your Average Everyday $60 Billion Family Grocery Store“, *Industry Week*, 2. Mai 1994.
174. Bill Lane, „Liberating GE's Energy“, *Monogram*, Herbst 1989.
175. Noel M. Tichy und Stratford Sherman, *Control Your Own Destiny or Someone Else Will* (New York: Currency Doubleday, 1993), S. 10.
176. John F. Welch, „Growing Fast in a Slow-Growth Economy“, Rede vor Finanzanalysten, Hotel Pierre, New York City, 8. Dezember 1981.
177. Jack Welch, Rede anläßlich der 50. Jahresversammlung der North Carolina Citizens for Business and Industry, Raleigh, NC, 18. März 1992.
178. Jack Welch, Rede vor der Stern School of Business (New York University); zitiert aus einem Bericht von Marshall Loeb, *Fortune*, 29. Mai 1996.
179. General Electric, Brief an die Aktionäre, 9. Februar 1996, S. 2.
180. „An interview with GE's Eighth Chief Executive Officer“, *Monogram*, September - Oktober 1981, S. 4.
181. Tim Smart und Judith H. Dobrzynski, „Jack Welch on the Art of Thinking Small“, *Business Week*, Enterprise 1993, S. 212.
182. General Electric, Brief an die Aktionäre, 9. Februar 1996, S. 2.
183. Jack Welch, Rede vor den Aktionären, GE-Jahreshauptversammlung, Fort Wayne, IN, 28. April 1992.
184. Tim Smart und Judith H. Dobrzynski, „Jack Welch on the Art of Thinking Small“, *Business Week*, Enterprise 1993, S. 212.
185. Jack Welch, Rede beim Seventh Annual Awards Dinner des Work in America Institute, New York, 13. November 1990.
186. Thomas A. Stewart, „GE Keeps Those Ideas Coming“, *Fortune*, 12. August 1991, S. 41-49.
187. Noel M. Tichy und Stratford Sherman, *Control Your Own Destiny or Someone Else Will* (New York: Currency Doubleday, 1993), S. 73.
188. Jack Welch, Interview mit der Autorin, Fairfield, CT, 3. Juli 1997.
189. J. F. Welch, Rede vor dem Bay Area Council, San Francisco, CA, 6. Juli 1989.
190. Russell Mitchell und Judith Dobrzynski, „GE's Jack Welch: How Good a Manager Is He?“ *Business Week*, 14. Dezember 1987.

191. Noel M. Tichy und Stratford Sherman, *Control Your Own Destiny or Someone Else Will* (New York: Currency Doubleday, 1993), S. 246.
192. Peter Petre, „What Welch Has Wrought at GE“, *Fortune*, 7. Juli 1986, S. 43.
193. Egon Zehnder International, „Focus: Value Management“, Januar 1997.
194. Ikuo Hirata, „The Past Is an Impediment in Changing Times“, *Nikkei Business*, 18. November 1996.
195. Jack Welch, GE Management Conference, Oktober 1981.
196. Jack Welch, Interview mit der Autorin, Fairfield, CT, 3. Juli 1997.
197. Richard Tanner Pascale, *Managing on the Edge* (New York: Simon & Schuster, 1990), S. 204.
198. Jack Welch, Rede vor Aktionären anläßlich der GE-Jahreshauptversammlung, Fort Wayne, IN, 28. April 1993.
199. Tichy und Sherman, *Control Your Own Destiny or Someone Else Will*, S. 139.
200. David Warshaw, „An Interview with Jack Welch“, *Monogram*, Herbst 1984, S. 10.
201. Jack Welch, Rede vor den Aktionären, GE-Jahreshauptversammlung, Erie, PA, 25. April 1990.
202. Jack Welch, Rede vor den Aktionären, GE-Jahreshauptversammlung, Waukesha, WI, 27. April 1988.
203. „CEO of the Year“, *Financial World*, 3. April 1990, Leitartikel.
204. David Warshaw, „Sharing at Every Level“, *Monogram*, Herbst 1988.
205. Jack Welch, Brief an die Aktionäre, GE-Jahresbericht 1987.
206. Peter Petre, „What Welch Has Wrought at GE“, *Fortune*, 7. Juli 1986.
207. Egon Zehnder International, „Focus: Value Management“, Januar 1997.
208. John F. Welch, Jr., „Shun the Incremental: Go for the Quantum Leap“, Hatfield Fellow Lecture an der Cornell University, Nachdruck in *Financier*, Juli 1984.
209. Jack Welch, Rede anläßlich des Bereichsleitertreffens in Boca Raton, Januar 1987.
210. Noel M. Tichy und Stratford Sherman, *Control Your Own Destiny or Someone Else Will* (New York: Currency Doubleday, 1993), S. 83.
211. Ibid.

212. Marilyn A. Harris, Zachary Schiller, Russell Mitchell und Christopher Power, „Can Jack Welch Reinvent GE?“ *Business Week*, 3. Juni 1986, S. 62.
213. Richard Tanner Pascale, *Managing on the Edge* (New York: Simon & Schuster, 1990), S. 211.
214. GE Home Page, Overview, Leadership & Training, www.ge.com
215. Noel M. Tichy und Stratford Sherman, *Control Your Own Destiny or Someone Else Will* (New York: Currency Doubleday, 1993), S. 246.
216. Tim Stevens, „Follow the Leader“, *Industry Week*, 18. November 1996.
217. Stratford Sherman, „A Master Class in Radical Change“, *Fortune*, 13. Dezember 1993.
218. Egon Zehnder International, „Focus: Value Management“, Januar 1997.
219. Jack Welch, Rede anläßlich der 50. Jahresversammlung der North Carolina Citizens for Business and Industry, Raleigh, NC, 18. März 1992.
220. „Unions: A Blast from Neutron Jack“, *Business Week*, 24. März 1997, S. 178.
221. General Electric, Brief an die Aktionäre, 9. Februar 1996, S. 5.
222. Jack Welch, Rede anläßlich der 50. Jahresversammlung der North Carolina Citizens for Business and Industry, Raleigh, NC, 18. März 1992.
223. General Electric, Brief an die Aktionäre, 9. Februar 1997, S. 5.
224. Jack Welch, Rede anläßlich der 50. Jahresversammlung der North Carolina Citizens for Business and Industry, Raleigh, NC, 18. März 1992.
225. Ibid.
226. General Electric, Brief an die Aktionäre, 9. Februar 1997, S. 5.
227. Jack Welch, Rede anläßlich der 50. Jahresversammlung der North Carolina Citizens for Business and Industry, Raleigh, NC, 18. März 1992.
228. General Electric, Brief an die Aktionäre, 9. Februar 1997, S. 5.
229. Jack Welch, Rede anläßlich der 50. Jahresversammlung der North Carolina Citizens for Business and Industry, Raleigh, NC, 18. März 1992.
230. Richard Tanner Pascale, *Managing on the Edge* (New York: Simon & Schuster, 1990), S. 211.

231. Steve Kerr, Interview mit der Autorin, Crotonville, NY, 10. Juli 1997.
232. „GE“, *Management Today*, 1. Mai 1978.
233. „An Interview with GE’s Eighth Chief Executive Officer“, *Monogram*, September-Oktober 1981, S. 5.
234. John F. Welch, Jr., „Shun the Incremental: Go for the Quantum Leap“, Hatfield Fellow Lecture an der Cornell University, Nachdruck in *Financier*, Juli 1984.
235. Jack Welch, Rede vor den Aktionären, GE-Jahreshauptversammlung, Greenville, SC, 26. April 1989.
236. Noel Tichy und Ram Charan, „Speed, Simplicity, Self-Confidence: An Interview with Jack Welch“, *Harvard Business Review*, September-Oktober 1989, S. 112.
237. Marilyn A. Harris, Zachary Schiller, Russell Mitchell und Christopher Power, „Can Jack Welch Reinvent Ge?“ *Business Week*, 30. Juni 1986, S. 62.
238. Dr. Steve Kerr, Interview mit der Autorin, Crotonville, NY, 10. Juli 1997.
239. Mark Potts, „GE’s Management Mission“, *The Washington Post*, 22. Mai 1988.
240. Richard Tanner Pascale, *Managing on the Edge* (New York: Simon & Schuster), S. 204.
241. Tim Smart, „Jack Welch’s Encore“, *Business Week*, 28. Oktober 1996, S. 154.
242. John F. Welch, Brief an die Aktionäre, GE-Jahresbericht 1989.
243. Stratford Sherman, „A Master Class in Radical Change“, *Fortune*, 13. Dezember 1993.
244. Frank Swoboda, „Talking Management with Chairman Welch“, *The Washington Post*, 23. März 1997.
245. Jack Welch, Rede vor dem Economic Club of Detroit, 16. Mai 1994.
246. Jack Welch, Rede vor den Aktionären, GE-Jahreshauptversammlung, Erie, PA. 25. April 1997.
247. Noel M. Tichy und Stratford Sherman, *Control Your Own Destiny or Someone Else Will* (New York: Currency Doubleday 1993), S. 210.
248. Ibid., S. 211.
249. Dr. Steve Kerr, Interview mit der Autorin, Crotonville, NY, 10. Juli 1997.

250. John F. Welch, Jr., „Shun the Incremental: Go for the Quantum Leap“, Hatfield Fellow Lecture an der Cornell University; Nachdruck in *Financier*, Juli 1984.
251. Noel M. Tichy und Stratford Sherman, *Control Your Own Destiny or Someone Else Will* (New York: Currency Doubleday, 1993), S. 245.
252. Jack Welch, Vortrag an der Cornell University, 26. April 1984.
253. John F. Welch, Jr., „Shun the Incremental: Go for the Quantum Leap“, Hatfield Fellow Lecture an der Cornell University; Nachdruck in *Financier*, Juli 1984.
254. Charles R. Day, Jr. und Polly LaBarre, „GE: Just Your Average Everyday $60 Billion Family Grocery Store“, *Industry Week*, 2. Mai 1994.
255. John F. Welch, Jr. „Shun the Incremental: Go for the Quantum Leap“, Hatfield Fellow Lecture an der Cornell University; Nachdruck in *Financier*, Juli 1984.
256. John F. Welch, Ansprache vor dem Commercial Club, Cincinnati, OH, 17. Oktober 1985.
257. John F. Welch, Brief an die Aktionäre, GE-Jahresbericht 1985.
258. Jack Welch, „A Master Class in Radical Change“, *Fortune*, 13. Dezember 1993.
259. Marshall Loeb, „Jack Welch Lets Fly on Budgets, Bonuses, and Buddy Boards“, *Fortune*, 29. Mai 1996.
260. Jack Welch, Rede anläßlich der 50. Jahresversammlung der North Carolina Citizens for Business and Industry, Raleigh, NC, 18. März 1992.
261. Ibid.
262. Ibid.
263. Noel M. Tichy und Stratford Sherman, *Control Your Own Destiny or Someone Else Will* (New York: Currency Doubleday, 1993), S. 76.
264. Jack Welch, Rede vor dem Economic Club of Detroit, 16. Mai 1994.
265. Noel M. Tichy und Stratford Sherman, *Control Your Own Destiny or Someone Else Will* (New York: Currency Doubleday, 1993), S. 167.
266. John F. Welch, Brief an die Aktionäre im GE-Jahresbericht, 11. Februar 1994.
267. John F. Welch, Rede vor dem Bay Area Council, San Francisco, CA, 6. Juli 1989.
268. Jack Welch, Rede anläßlich der 50. Jahresversammlung der North Carolina Citizens for Business and Industry, Raleigh, NC, 18. März 1992.

269. Charles R. Day, Jr. und Polly LaBarre, „GE: Just Your Average Everyday $60 Billion Family Grocery Store“, *Industry Week*, 3. Mai 1994.
270. Jack Welch, Rede vor dem Economic Club of Detroit, 16. Mai 1994.
271. Marshall Loeb, „Jack Welch Lets Fly on Budgets, Bonuses, and Buddy Boards“, *Fortune*, 29. Mai 1996.
272. General Electric, Brief an die Aktionäre, 10. Februar 1995, S. 7.
273. „General Electric: The Financial Wizards Switch Back to Technology“, *Business Week*, 16. März 1981, S. 110.
274. Jack Welch, Rede vor den Aktionären, GE-Jahreshauptversammlung, Charlottesville, VA, 24. April 1996.
275. John F. Welch, Rede vor den Aktionären, GE-Jahreshauptversammlung, Greenville, SC, 26. April 1989.
276. Ikuo Hirata, „Moving toward Small-Company Soul in a Big Company Body“, *Nikkei Business*, 21. Februar 1994.
277. Ikuo Hirata, „The Past Is an Impediment in Changing Times“, *Nikkei Business*, 28. November 1996.
278. Peter Petre und Margaret A. Elliott, „Jack Welch: I Got a Raw Deal“, *Fortune*, 7. Juli 1986, S. 45.
279. Ken Auletta, *Three Blind Mice: How the TV Networks Lost Their Way* (New York: Random House, 1991), S. 95.
280. Jack Welch, Interview mit der Autorin, Fairfield, CT, 3. Juli 1997.
281. John F. Welch, Brief an die Aktionäre, GE-Jahresbericht 1989.
282. Jack Welch, Interview mit der Autorin, Fairfield, CT, 3. Juli 1997. ANMERKUNG: Welch wird mit diesem Ausspruch häufig und in ganz unterschiedlichen Medien zitiert.
283. Ibid.
284. David Warshaw, „An Interview with Jack Welch“, *Monogram*, Herbst 1984, S. 11.
285. Ibid., S. 12.
286. Jack Welch, Interview mit der Autorin, Fairfield, CT, 3. Juli 1997.
287. „An Interview with GE’s Eighth Chief Executive Officer“, *Monogram*, September-Oktober 1981, S. 3.
288. General Electric, Brief an die Aktionäre, 9. Februar 1996, S. 2.
289. John F. Welch, „Growing Fast in a Slow-Growth Economy“; Rede vor Finanzanalysten, Hotel Pierre, New York City, 8. Dezember 1981.
290. Betsy Morris, „Robert Goizueta, and Jack Welch: The Wealth Builders“, *Fortune*, 11. Dezember 1995.

291. Jack Welch, Rede vor den Aktionären, GE-Jahreshauptversammlung, Greenville, SC, 26. April 1989.
292. Ann M. Morrison, „Trying to Bring GE to Life“, *Fortune*, 25. Januar 1982.
293. John F. Welch, Bemerkungen auf der GE-Jahreshauptversammlung, Greenville, SC, 26. April 1989.
294. „An Interview with GE's Eighth Chief Executive Officer“, *Monogram*, September - Oktober 1981, S. 3.
295. Noel M. Tichy und Stratford Sherman, *Control Your Own Destiny or Someone Else Will* (New York: Currency Doubleday, 1993), S. 75.
296. Ann M. Morrison, „Trying to Bring GE to Life“, *Fortune*, 25. Januar 1982.
297. Jack Welch, Rede anläßlich der 50. Jahresversammlung der North Carolina Citizens for Business and Industry, Raleigh, NC, 18. März 1992.
298. Jack Welch, Rede vor den Aktionären, GE-Jahreshauptversammlung, Waukesha, WI, 27. April 1988.
299. Jack Welch, Rede anläßlich der Verleihung des Private Sector New Englander of the Year Award (1992, New England Council), Boston, MA, 11. November 1992.
300. John F. Welch, Rede vor den Aktionären, GE-Jahreshauptversammlung, Waukesha, WI, 27. April 1988.
301. Ibid.
302. Bill Lane, „Liberating GE's Energy“, *Monogram*, Herbst 1989, S. 4.
303. Stephen W. Quickel, „Welch on Welch“, *Financial World*, 3. April 1990.
304. David Warshaw, „An Interview with Jack Welch“, *Monogram*, Herbst 1984, S. 13.
305. Eric Gelman und Penelope Wang, „Jack Welch: GE's Live Wire“, *Newsweek*, 23. Dezember 1995, S. 48.
306. David Warshaw, „An Interview with Jack Welch“, *Monogram*, Herbst 1984, S. 15.
307. Ibid., S. 11.
308. Noel M. Tichy und Stratford Sherman, *Control Your Own Destiny or Someone Else Will* (New York: Currency Doubleday, 1993), S. 82.
309. Jack Welch, Rede vor den Aktionären, GE-Jahreshauptversammlung, Erie, PA, 25. April 1990.
310. Jack Welch, Rede vor den Aktionären, GE-Jahreshauptversammlung, Waukesha, WI, 27. April 1988.

311. Jack Welch, Rede vor den Aktionären, GE-Jahreshauptversammlung, Decatur, IL, 24. April 1991.
312. Jack Welch, Rede anläßlich der 50. Jahresversammlung der North Carolina Citizens for Business and Industry, Raleigh, NC, 18. März 1992.
313. Jack Welch, Rede vor den Aktionären, GE-Jahreshauptversammlung, Fort Wayne, IN, 28. April 1993.
314. John F. Welch, Botschaft an die Aktionäre, GE-Jahresbericht 1991.
315. Philip C. Krantz, „Letters to the Editor", *Fortune*, 24. April 1988, S. 338.
316. „An Interview with GE's Eighth Chief Executive Officer", *Monogram*, September-Oktober 1981.
317. Jack Welch, Rede anläßlich der Verleihung des George S. Dively Award for Leadership in Corporate Public Initiative für 1989/1990; Harvard University, Boston, MS, 17. Oktober 1990.
318. Thomas A. Stewart, „GE Keeps Those Ideas Coming", *Fortune*, 12. August 1991, S. 41.
319. GE-Bereichsleitertreffen, Phoenix, AZ, 1983.
320. Russell Mitchell und Susan Dobrzynski, „GE's Jack Welch: How Good a Manager Is He?" *Business Week*, 14. Dezember 1987.
321. Jack Welch, Rede beim Seventh Annual Awards Dinner des Work in America Institute, New York, NY, 13. November 1990.
322. Thomas A. Stewart, „GE Keeps Those Ideas Coming", *Fortune*, 12. August 1991, S. 41.
323. Jack Welch, „The Information Age - Finally"; Rede vor dem World Economic Forum, Davos, Schweiz, 30. Januar 1997.
324. John F. Welch, „Today's Leaders Look to Tomorrow", *Fortune*, 26. März 1990.
325. Noel M. Tichy und Stratford Sherman, *Control Your Own Destiny or Someone Else Will* (New York: Currency Doubleday, 1993), S. 245.
326. Jack Welch, Rede anläßlich der GE-Jahreshauptversammlung, Charlotte,, NC, 23. April 1997.
327. Jack Welch, Rede vor den Aktionären, GE-Jahreshauptversammlung, Decatur, IL, 24. April 1991.
328. Dr. Steve Kerr, Interview mit der Autorin, Crotonville, NY, 10. Juli 1997.
329. Judy Quinn, „The Welch Way", *Incentive*, September 1994.
330. Jack Welch, Rede vor den Aktionären, GE-Jahreshauptversammlung, Erie, PA, 25. April 1990.

331. Egon Zehnder International, „Focus: Value Management", Januar 1997.
332. Jack Welch, Botschaft an die Aktionäre, GE-Jahresbericht 1994.
333. Jack Welch, Rede beim Seventh Annual Awards Dinner des Work in America Institute, New York, NY, 13. November 1990.
334. Bill Lane, „Liberating GE's Energy", *Monogram*, Herbst 1989, S. 3.
335. John F. Welch, Rede vor den Aktionären, GE-Jahreshauptversammlung, Greenville, SC, 26. April 1989.
336. Ibid.
337. Noel Tichy und Ram Charan, „Speed, Simplicity, Self-Confidence: An Interview with Jack Welch", *Harvard Business Review*, September-Oktober 1989, S. 112.
338. John F. Welch, Botschaft an die Aktionäre, GE-Jahresbericht 1983.
339. Auszüge aus GE-Dokumenten und anderen Quellen.
340. John Welch, Rede vor den Aktionären, GE-Jahreshauptversammlung, Waukesha, WI, 27. April 1988.
341. Bill Lane, „Liberating GE's Energy", *Monogram*, Herbst 1989, S. 3.
342. Ibid.
343. Ibid., S. 2.
344. Jack Welch, Rede vor den Aktionären, GE-Jahreshauptversammlung, Decatur, IL, 24. April 1991.
345. General Electric, Brief an die Aktionäre, 10. Februar 1995, S. 4.
346. Jack Welch, Rede anläßlich der Verleihung des Private Sector New Englander of the Year Award (1992, New England Council), Boston, MA, 11. November 1992.
347. General Electric, Brief an die Aktionäre, 9. Februar 1997, S. 4.
348. Jack Welch, „The Information Age – Finally"; Rede vor dem World Economic Forum, Davos, Schweiz, 30. Januar 1997.
349. „General Electric: The Financial Wizards Switch Back to Technology", *Business Week*, 16. März 1981, S. 110.
350. Tim Smart und Judith H. Dobrzynski, „Jack Welch on the Art of Thinking Small", *Business Week*, Enterprise 1993, S. 212.
351. Jack Welch, Interview mit der Autorin, Fairfield, CT, 3. Juli 1997.
352. Jack Welch, Rede vor den Aktionären, GE-Jahreshauptversammlung, Greenville, SC, 26. April 1989.
353. Peter Petre, „What Welch Has Wrought at GE", *Fortune*, 7. Juli 1986, S. 43.
354. Jack Welch, Rede vor den Aktionären, GE-Jahreshauptversammlung, Charlottesville, VA, 24. April 1991.

355. John F. Welch, Brief an die Aktionäre, GE-Jahresbericht, 10. Februar 1989.
356. Ibid.
357. David Warshaw, „An Interview with Jack Welch“, *Monogram*, Herbst 1984, S. 14.
358. Stratford Sherman, „A Master Class in Radical Change“, *Fortune*, 13. Dezember 1993.
359. Ibid.
360. Aaron Bernstein, „High Tension at General Electric“, *Business Week*, 24. März 1997.
361. Ibid.
362. Ibid.
363. Jack Welch, Interview mit der Autorin, Fairfield, CT, 3. Juli 1997.
364. David Warshaw, „An Interview with Jack Welch“, *Monogram*, Herbst 1984, S. 10.
365. Bill Lane, „Liberating GE's Energy“, *Monogram*, Herbst 1989, S. 5.
366. Jack Welch, „Today's Leaders Look to Tomorrow“, *Fortune*, 26. März 1990.
367. Jack Welch, Rede vor den Aktionären, GE-Jahreshauptversammlung, Decatur, IL, 24. April 1991.
368. „Create a Company of Ideas“, *Fortune*, 30. Dezember 1991.
369. Jack Welch, Rede vor dem Economic Club of Detroit, 16. Mai 1994.
370. Ibid.
371. Jack Welch, GE-Jahreshauptversammlung, Charlotte, NC, 23. April 1997.
372. Ibid.
373. Tim Smart, „Jack Welch's Encore“, *Business Week*, 28. Oktober 1996, S. 154.
374. Charles R. Day, Jr. und Polly LaBarre, „GE: Just Your Average Everyday $60 Billion Family Grocery Store“, *Industry Week*, 2. Mai 1994.
375. Jill Andresky Fraser, „Women, Power, and the New GE“, *Working Woman*, Dezember 1992.
376. Jack Welch, Rede vor dem Economic Club of Detroit, 16. Mai 1994.
377. John F. Welch, Brief an die GE-Aktionäre, 7. Februar 1997.
378. Ibid.
379. Jack Welch, Rede vor den Aktionären, GE-Jahreshauptversammlung, Fort Wayne, IN, 28. April 1993.

380. Tim Smart und Judith H. Dobrzynski, „Jack Welch on the Art of Thinking Small“, *Business Week*, Enterprise 1993, S. 212.
381. Thomas A. Stewart, „Brain Power“, *Fortune*, 17. März 1997.
382. Jack Welch, Brief an die GE-Aktionäre, 12. Februar 1993.
383. John F. Welch, Brief an die GE-Aktionäre, 7. Februar 1997.
384. Jack Welch, Rede vor den Aktionären, GE-Jahreshauptversammlung, Erie, PA, 25. April 1990.
385. Stephen W. Quickel, „Welch on Welch“, *Financial World*, 3. April 1990.
386. Jack Welch, Interview mit der Autorin, Fairfield, CT, 3. Juli 1997.
387. Jack Welch, Rede vor den Aktionären, GE-Jahreshauptversammlung, Charlottesville, VA, 24. April 1996.
388. Brief an die GE-Aktionäre, 10. Februar 1995, S. 5
389. Jack Welch, Vortrag vor der Stern School of Business (New York University); zitiert aus einem Bericht von Marshall Loeb, *Fortune*, 29. Mai 1996.
390. John F. Welch, Brief an die GE-Aktionäre, 10. Februar 1995, S. 6.
391. Ibid.
392. Jack Welch, Interview mit der Autorin, Fairfield, CT, 3. Juli 1997.
393. John F. Welch, Jr., „Shun the Incremental: Go for the Quantum Leap“, Hatfield Fellow Lecture an der Cornell University; Nachdruck in *Financier*, Juli 1984.
394. John F. Welch, Brief an die GE-Aktionäre, 10. Februar 1995, S. 6.
395. Charles R. Day, Jr. und Polly LaBarre, „GE: Just Your Average Everyday $60 Billion Family Grocery Store“, *Industry Week*, 2. Mai 1994.
396. John F. Welch, Jr., „Shun the Incremental: Go for the Quantum Leap“, *Financier*, Juli 1984.
397. „An Interview with GE's Eighth Chief Executive Officer“, *Monogram*, September-Oktober 1981.
398. Jack Welch, „The Information Age – Finally“, Rede vor dem World Economic Forum, Davos, Schweiz, 30. Januar 1997.
399. Jack Welch, Rede vor den Aktionären, GE-Jahreshauptversammlung, Charlottesville, VA, 24. April 1996.
400. Jack Welch, Interview mit der Autorin, Fairfield, CT, 3. Juli 1997.
401. Jack Welch, GE-Jahreshauptversammlung 1997, Charlotte, NC, 23. April 1997.
402. „General Electric: The Financial Wizards Switch Back to Technology“, *Business Week*, 16. März 1981, S. 110.

403. Jack Welch, Rede vor den Aktionären anläßlich der GE-Jahreshauptversammlung 1996, Charlottesville, VA, 24. April 1996.
404. GE-Jahresbericht, 7. Februar 1997.
405. Jack Welch, GE-Jahreshauptversammlung 1997, Charlotte, NC, 23. April 1997.
406. Jack Welch, Interview mit der Autorin, Fairfield, CT, 3. Juli 1997.
407. Jack Welch, GE-Jahreshauptversammlung 1997, Charlotte, NC, 23. April 1997.
408. John F. Welch, Brief an die Aktionäre, GE-Jahresbericht, 7. Februar 1997.
409. John F. Welch, Brief an die Aktionäre, GE-Jahresbericht, 26. Februar 1982.
410. David Warshaw, „An Interview with Jack Welch“, *Monogram*, Herbst 1984.
411. Richard Tanner Pascale, *Managing on the Edge* (New York: Simon & Schuster, 1990), S. 204.
412. Jack Welch, Brief an die Aktionäre, GE-Jahresbericht 1983.
413. „Technology Lets Firms Look Beyond Quality“, *Investors Business Daily*, 4. Juni 1996.
414. John F. Welch, GE-Jahresbericht 1996.
415. Jack Welch, Interview mit der Autorin, Fairfield, CT, 3. Juli 1997.
416. Marilyn A. Harris, Zachary Schiller, Russell Mitchell und Christopher Power, „Can Jack Welch Reinvent GE?“ *Business Week*, 30. Juni 1986, S. 62.
417. „Jack Welch: 'I Got a Raw Deal'“, *Fortune*, 7. Juli 1986.
418. Richard Tanner Pascale, *Managing on the Edge* (New York: Simon & Schuster, 1990), S. 205.
419. David Warshaw, „An Interview with Jack Welch“, *Monogram*, Herbst 1984.
420. Ibid.
421. Jack Welch, Interview mit der Autorin, Fairfield, CT, 3. Juli 1997.
422. Janet Guyon, „GE Chairman Welch, Though Much Praised, Starts to Draw Critics“, *The Wall Street Journal*, 4. August 1988.
423. Thomas A. Stewart, „Ideas and Solutions: The Leading Edge“, *Fortune*, 10. Juni 1996.
424. John F. Welch, General Electric, Brief an die Aktionäre, 10. Februar 1995, S. 7.
425. Ibid., S. 8.

426. Betsy Morris, „Robert Goizueta and Jack Welch: The Wealth Builders“, *Fortune*, 11. Dezember 1995.
427. Jack Welch, Interview mit der Autorin, Fairfield, CT, 3. Juli 1997.
428. Noel Tichy und Stratford Sherman, *Control Your Own Destiny or Someone Else Will* (New York: Currency Doubleday 1993), S. 91.
429. Tim Smart und Susan Chandler, „The Monkey on GE's Back“, *Business Week*, 19. Mai 1997, S. 40.
430. Stratford Sherman, „A Master Class in Change“, *Fortune*, 13. Dezember 1993.
431. Lisa Driscoll, „The Gnat Trying to Sting an Elephant called GE“, *Business Week*, 24. Juni 1991, S. 44.
432. Barbara Presley Noble, „Going After GE“, *The New York Times*, 16. Juni 1991.
433. Christina Del Valle und Monica Larner, „A New Front in the War on Land Mines“, *Business Week*, 28. April 1997, S. 43.
434. Janet Guyon, „GE Chairman Welch, Though Much Praised, Starts to Draw Critics“, *The Wall Street Journal*, 4. August 1988.
435. Tom Peters, *In Search of Excellence* (New York: Harper Collins 1987); zitiert in Russell Mitchell und Judith H. Dobrzynski, „GE's Jack Welch: How Good a Manager Is He?“ *Business Week*, 14. Dezember 1987.
436. Tom Peters, „Contradicting Myself 13 Ways“, *Forbes* ASAP Supplement, 6. Juni 1994.
437. Christopher Lorenz, „Life under Jack Welch: Opportunistic and Tough“, *Financial Times*, 16. Mai 1988.
438. Mitchell und Dobrzynski, „GE's Jack Welch: How Good a Manager Is He?“
439. Briefe an *Fortune*, 8. Mai 1989.
440. Dr. Steven Kerr, Interview mit der Autorin, Crotonville, NY, 10. Juli 1997.
441. Janet Guyon, „GE Chairman Welch, Though Much Praised, Starts to Draw Critics“, *The Wall Street Journal*, 4. August 1988.
442. Janet Guyon, „Combative Chief: GE's Jack Welch“, *The Wall Street Journal*, 4. August 1988, S. 1.
443. Brief von Grant A. Tinker an John F. Welch, 27. Januar 1997.
444. Paul Tharp, „Turner Mouths Off“, *New York Post*, Mittwoch, 9. Juli 1997.
445. „Sie müssen Extremist sein“, *Der Spiegel*, 14. Juli 1997.

446. „An Interview with GE's Eighth Chief Executive Officer", *Monogram*, September - Oktober 1981, S. 2.
447. John F. Welch, „Linkages and Leadership", Rede vor dem Commercial Club, Cincinnati, OH, 17. Oktober 1985.
448. Ibid.
449. Jack Welch, Interview mit der Autorin, Fairfield, CT, 3. Juli 1997.
450. Michael H. Martin, „The Restaurant that Banned Jack Welch: GE-Free Dining", *Fortune*, 14. Oktober 1996.
451. Jack Welch, Interview mit der Autorin, Fairfield, CT, 3. Juli 1997.
452. Ibid.
453. Jack Welch, Rede anläßlich der Verleihung des George S. Dively Award for Leadership in Corporate Public Initiative (1989-1990), Harvard University, Boston, MA, 17. Oktober 1990.
454. Ibid.
455. Ibid.
456. Ibid.
457. Ibid.
458. Jack Welch, Rede anläßlich der Verleihung des Private Sector New Englander of the Year Award (1992, New England Council), Boston, MA, 11. November 1992.
459. John F. Welch, Rede vor dem Commercial Club, Cincinnati, OH, 17. Oktober 1985.
460. Jack Welch, Interview mit der Autorin, Fairfield, CT, 3. Juli 1997.
461. Michael Connor, „GE CEO defines $ 28,2 Million Paycheck", *Reuters Business Report*, 23. April 1997.
462. Ikuo Hirata, „The Past Is an Impediment in a Changing World", *Nikkei Business*, 18. November 1996.
463. Andrew Bary, „GE Is a Powerhouse in the S&P 500, But a Relative Weakling in Some Portfolios", *Barron's*, 19. Mai 1997, S. MW3.
464. Allan Sloan, „How Much Is Too Much?" *Newsweek*, 17. März 1997.
465. Frank Swoboda, „Talking Management with Chairman Welch", *The Washington Post*, 23. März 1997.
466. Joyce Hergenhan, Interview mit der Autorin, Fairfield, CT, 3. Juli 1997.
467. Linda Grant, „GE: The Envelope Please", *Fortune*, 26. Juni 1995.
468. Marc Nexon, „The Secrets of the Finest Company in the World", *L'Expansion*, 10. - 24. Juli 1997.
469. Linda Grant, „GE: The Envelope Please", *Fortune*, 26. Juni 1995.

470. Dr. Steve Kerr, Interview mit der Autorin, Crotonville, NY, 10. Juli 1997.
471. Jack Welch, Interview mit der Autorin, Fairfield, CT, 3. Juli 1997.
472. Ibid.
473. Linda Grant, „GE: The Envelope Please“, *Fortune*, 26. Juni 1995.
474. Thomas A. Stewart, „GE Keeps Those Ideas Coming“, *Fortune*, 12. August 1991, S. 41.
475. Jack Welch, Interview mit der Autorin, Fairfield, CT, 3. Juli 1997.
476. „We're Driven by Soft Values“, *Business Today*, 7. - 21. Februar 1995.
477. Dr. Steve Kerr, Interview mit der Autorin, Crotonville, NY, 10. Juli 1997.
478. Jennifer Reingold, „Where Parting Is Such a Sweet Deal“, *Business Week*, 31. März 1997.
479. Steve Kerr, Interview mit der Autorin, Crotonville, NY, 10. Juli 1997.
480. Jack Welch, Rede anläßlich der Verleihung des Private Sector New Englander of the Year Award (1992, New England Council), Boston, MA, 11. November 1992.
481. Noel M. Tichy und Stratford Sherman, *Control Your Own Destiny or Someone Else Will* (New York: Currency Doubleday, 1993), S. 210.
482. Jack Welch, Interview mit der Autorin, Fairfield, CT, 3. Juli 1997.
483. Ibid.
484. Ibid.
485. Ibid.
486. Marc Nexon, „The Secrets of the Finest Company in the World“, *L'Expansion*, 10. Juli 1997.

Genehmigungen

Die folgenden Verlage und Institutionen haben ihre Genehmigung zu den im amerikanischen Original verwendeten Zitaten erteilt:

Business Week

Chief Executive

Der Spiegel

Control Your Destiny or Someone Else Will von Noel M. Tichy und Stratford Sherman. Copyright © 1993: Noel M. Tichy und Stratford Sherman. Mit freundlicher Genehmigung von Doubleday als Sparte der Bantam Doubleday Dell Publishing Group, Inc.

Financial Times

Fortune

Nachdruck mit freundlicher Genehmigung von *Harvard Business Review*. Auszug aus: „Speed, Simplicity and Self Confidence: An Interview with Jack Welch" von Noel M. Tichy und Ram Charan, September/Oktober 1989. Copyright 1989: President and Fellows of Harvard College; alle Rechte vorbehalten.

Incentive

Nachdruck mit freundlicher Genehmigung von *Industry Week*. Auszug aus „GE, Just Your Average Everyday $60 Billion Family Grocer Store" von Charles R. Ray, Jr. und Polly LaBarre, 2. Mai 1994. Copyright: Penton Publishing, Inc., Cleveland, Ohio.

Investor's Business Daily

Karl Weick, „Fatigue of the Spirit in Organizational Theory and Organizational Development", *Journal of Applied Behavioral Science*, 1. September 1990.

Aus *Newsweek*, „Jack Welch: GE's Live Wire", von Eric Gelman und Penelope Wang. © 1985: Newsweek, Inc. Alle Rechte vorbehalten. Nachdruck mit freundlicher Genehmigung.

Nikkei Business

Aus *Three Blind Mice* von Ken Auletta. Copyright © 1991: Ken Auletta. Nachdruck mit freundlicher Genehmigung von Random House, Inc. und International Creative Management, Inc.

Nachdruck mit freundlicher Genehmigung von Simon & Schuster aus *Managing on the Edge* von Richard Tanner Pascale. Copyright © 1990: Richard Pascale.

Auszugsweiser Nachdruck mit freundlicher Genehmigung von *The Wall Street Journal*, © 1988: Dow Jones & Company, Inc. Alle Rechte weltweit vorbehalten.

The Washington Post

Stichwortverzeichnis

E

F

G

H

S

T

U

V